# 2

## ESO

# LENGUA Y LITERATURA

SALVADOR GUTIÉRREZ, REMEDIOS LUNA,
DESIRÉE PÉREZ, JOAQUÍN SERRANO



Usa este código para:

Acceder al **BANCO DE RECURSOS** y descargar el **LIBRO DIGITAL** disponibles en www.anayaeducacion.es

ANAYA

# ASÍ ES TU LIBRO

## APERTURA

**Lectura** cuyo tema está vinculado a un ODS.

Un **vídeo,** un **texto** y unas **preguntas** para reflexionar sobre el tema de la lectura inicial.

**Anexo de ortografía** que permite consultar las normas y ponerlas en práctica.

## COMPRENSIÓN LECTORA Y VOCABULARIO

Actividades especialmente diseñadas para mejorar tu **comprensión oral** y **lectora.**

**Actividades** de ampliación y enriquecimiento de un **vocabulario** relacionado con la lectura.

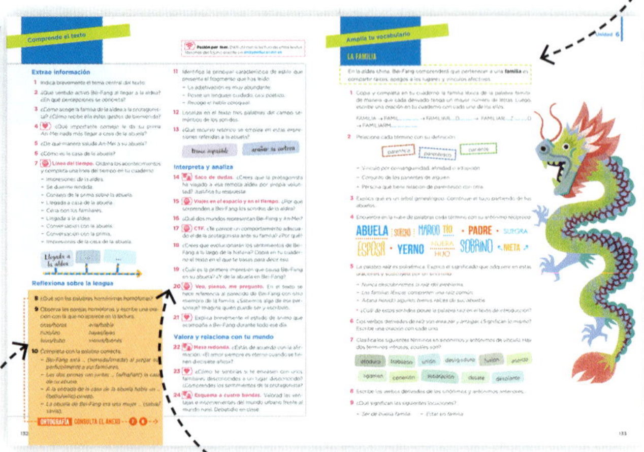


Actividades para fijar la **ortografía.**

**Iconos** que sugieren qué clave del proyecto puede aplicarse en cada caso.

## DESARROLLO DE LOS CONTENIDOS

**Organizadores visuales** para favorecer el aprendizaje.

**Actividades resueltas** que sirven de modelo.

**Recursos digitales** para ampliar los contenidos.

## LAS CLAVES DEL PROYECTO

### Compromiso ODS

Descubre los Objetivos de Desarrollo Sostenible y forma parte activa de nuestro compromiso para lograr un mundo más igualitario y habitable.

### Plan Lingüístico

Pon en práctica tus destrezas comunicativas en los diferentes tipos de texto que te proponemos. El lenguaje siempre está presente, ¡comunícate!

### Desarrollo del pensamiento

Trabaja estrategias de pensamiento: reflexiona sobre los contenidos que estás aprendiendo, genera ideas, organízalas, priorízalas, arguméntalas, exponlas...

### Aprendizaje cooperativo

Implícate en tu aprendizaje y participa en el de todo el grupo; comprobarás que cooperar mejora el rendimiento y la convivencia en clase.

## TALLER DE COMUNICACIÓN

**Taller de comunicación:** una interesante propuesta para mejorar tus **destrezas comunicativas** en un contexto cercano y atractivo.

Proyectos para desarrollar tus **habilidades emprendedoras.**

Lee

Escribe

Escucha

Habla

Reflexión sobre un **ámbito profesional.**

## APLICA LO APRENDIDO

Un repaso práctico que contiene una **actividad** solucionada **paso a paso.**

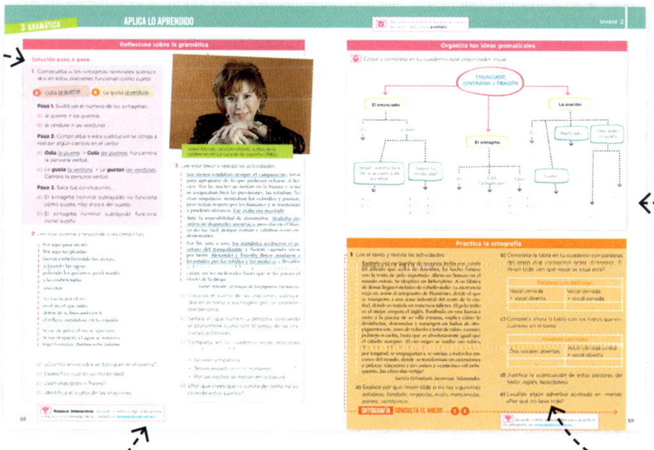


**Organizador visual** de los contenidos gramaticales.

Más actividades para fijar la **ortografía.**

Más **recursos digitales** para fijar los contenidos.

### Educación emocional

Aprende a conocerte; identifica las situaciones que te generan emociones bloqueantes y gestiónalas con experiencias de autoafirmación constructiva.

### Cultura emprendedora

Confía en tus aptitudes y conocimientos, desarrolla la creatividad, adáptate a las situaciones cambiantes y ten una actitud proactiva y responsable.

### TIC

Aprende a obtener información, seleccionarla y aplicarla; a planificar, gestionar y elaborar trabajos; a colaborar en Red de forma ética y segura.

### Orientación académica y profesional

Valora tus capacidades personales, descubre y despierta tu vocación, entrénate en la toma de decisiones y aprende a orientarte entre distintas opciones.

### Evaluación

Descubre diversas estrategias para analizar qué has aprendido y cómo lo has aprendido; entrénate para asumir compromisos o superar dificultades.

# ASÍ ES EL PROYECTO DIGITAL

www.anayaeducacion.es

Regístrate en **www.anayaeducacion.es**. Solo necesitas tener un correo electrónico, el código que se indica en la primera página de este libro y el permiso de tu padre, madre, tutor o tutora legales. Así podrás acceder al banco de recursos y descargar el libro digital.

## LIBRO DIGITAL

Una versión digital de tu libro, que podrás usar en condiciones *offline* y *online*, con acceso a los recursos digitales tanto agrupados por tipologías como asociados a los contenidos de cada unidad.

## BANCO DE RECURSOS

Un espacio con recursos, técnicas y actividades, diseñado para afianzar tus conocimientos.

### RECURSOS RELACIONADOS CON LAS CLAVES DEL PROYECTO

Más sobre las claves

**Compromiso ODS,** con microvídeos que te ayudarán a conocer cuáles son las metas para alcanzar los Objetivos de Desarrollo Sostenible trabajados en el proyecto.

**Plan Lingüístico,** con infografías que te darán las pautas para abordar el trabajo por medio de distintos tipos de textos (descriptivo, narrativo, expositivo, etc.).

**Desarrollo del pensamiento,** donde se incorporan explicaciones sobre cómo aplicar las distintas estrategias de pensamiento planteadas en el proyecto.

**Aprendizaje cooperativo,** que incluye la descripción de las técnicas de aprendizaje cooperativo propuestas en el proyecto.

**Educación emocional,** con orientaciones para superar la inquietud generada en diferentes situaciones de tu proceso de aprendizaje (inicio del curso, enfrentarte a un examen, etc.).

**TIC,** mediante fichas que reforzarán tu uso saludable, correcto y seguro de las tecnologías de la información y la comunicación.

**Orientación académica y profesional,** con información sobre diferentes profesiones vinculadas a los contenidos tratados en la asignatura.

**Evaluación,** se presentan orientaciones para hacer tu portfolio, así como rúbricas y dianas que facilitan tu autoevaluación.

## RECURSOS DESTACADOS DE LA MATERIA

- La brújula del español
- Visualiza la gramática
- Webquest
- Ortografía
- Repaso interactivo
- Portfolio

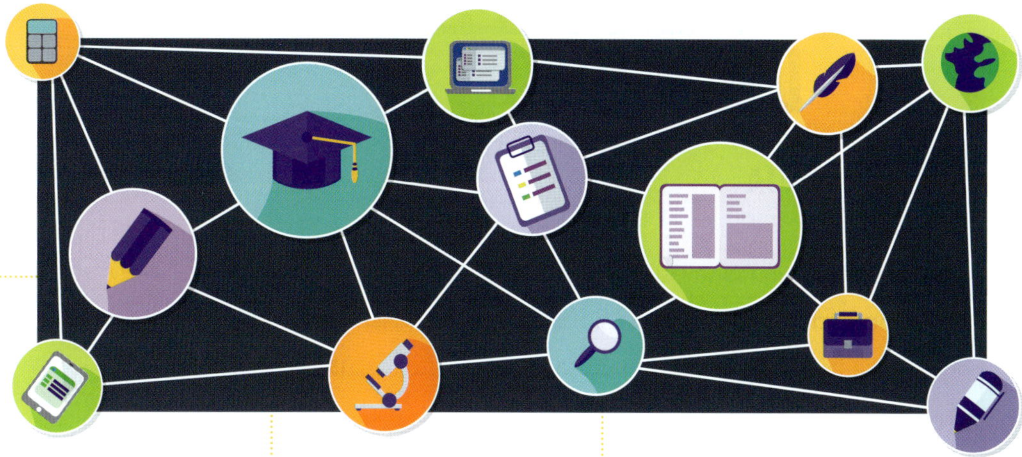

## RECURSOS CLASIFICADOS POR UNIDADES

Todos los recursos clasificados para que puedas localizar fácilmente los relacionados con cada apartado de tu unidad.

ASÍ SON

# LOS CONTENIDOS DEL CURSO

# 7 BICHOS FASCINANTES



# 8 CRUCE DE CAMINOS



# 9 MEJOR CON UNA SONRISA

# ANEXO I



# ANEXO II

1

# AGUA LIMPIA

Vivificante, purificadora, transparente, deseada... Desde el cielo en forma de lluvia o surgiendo de las entrañas de la tierra. El agua está ligada a la vida y a sus innumerables manifestaciones. Fluye y manifiesta su fecundidad para restaurar las energías vitales y garantizar la supervivencia.

Sin embargo, tal como queda reflejado en la lectura de la unidad, el acceso a este bien esencial ha representado desde siempre un gran reto para la humanidad y en la actualidad se ha convertido en un verdadero desafío, pues la escasez de agua afecta a más del 40 % de la población mundial.

**Plano abierto.** Accede al vídeo de la unidad en el banco de recursos de **anayaeducacion.es**.

## Intercambia opiniones

EL AGUA

- ¿Por qué es tan importante el agua para la vida?
  - ¿Qué problemas importantes conlleva su escasez?
- ¿En qué crees que consiste el doble desafío de acceso al agua?
  - ¿Calidad del agua?
  - ¿Cantidad de agua?
- ¿Por qué el agua limpia es fundamental para preservar la salud de las personas?
  - ¿Qué medidas pueden tomarse para garantizar su acceso en todo el mundo?

# QUÉ VAS A ENCONTRAR EN ESTA UNIDAD

## 1 LECTURA ODS

En la lectura de la unidad disfrutarás de un texto en el que se alternan dos historias: una describe cómo Lalla y otros niños y niñas observan y escuchan extasiados al pescador Namán; la otra es el cuento fantástico que el anciano pescador comparte con los niños, un relato que nos transporta a un mundo en el que el agua es un bien escaso y muy deseado. Consulta los vídeos en **anayaeducacion.es** y reflexiona sobre la necesidad de agua limpia: metas ONU 6.1., 6.2. y 6.3.

## 2 COMUNICACIÓN

El texto es una unidad lingüística comunicativa formada por uno o más enunciados. ¿Sabes qué condiciones ha de cumplir una secuencia de enunciados para constituir un texto?

## 3 GRAMÁTICA

La vida de las palabras a veces es sencilla y otras veces es compleja, cambiante y llena de aventuras. Por eso se inventaron los diccionarios, para recordarnos los ecos del pasado que nos traen las palabras, entender lo que nos dicen del presente y abrirnos a su evolución en el futuro.

**ORTOGRAFÍA** Al final de este libro encontrarás un anexo con reglas ortográficas y actividades que te ayudarán a solucionar las propuestas a lo largo de esta unidad: **reglas generales de acentuación.**

## Comprensión oral

Escucha el texto locutado de la lectura y responde a las siguientes preguntas:

- ¿Quién narra la historia de Balaabilú? ¿A quién se la cuenta?
- ¿Quién es Balaabilú?
- ¿Cuándo ocurrieron los acontecimientos de la historia que narra Namán?
- ¿Qué consecuencias provocó la sequía en aquel reino?
- ¿Quién lanzó la maldición sobre el reino?
- ¿Qué sacrificio hizo el joven enamorado por la princesa Leila?

**Hipertexto.** Conoce al autor y contextualiza su obra en el banco de recursos de anayaeducacion.es.

## Balaabilú

«¿Te he hablado ya de Balaabilú?».

Lalla menea la cabeza. Es feliz: es ni más ni menos el momento de oír una historia, así, en la playa, mirando el fuego que alimenta el chapoteo de la pez en la olla, la mar muy azul, sintiendo el viento tibio que zarandea el humo, con las moscas y las avispas zumbando, y no muy lejos, el ruido de las olas de la mar, que vienen hasta la vieja barca volcada en la arena. [...]

El viejo Namán murmura el nombre del ruiseñor como si tratase de recordar con detalle todo lo que hay en la historia. Unta los palos en la pez caliente y empieza a pintar el casco de la barca por donde están los refuerzos de estopa, entre las junturas de las tablas.

«Fue hace mucho tiempo», dice Namán, «esto ocurrió en una época que no conocimos ni yo, ni mi padre, ni siquiera mi abuelo, pero no obstante queda buena memoria de lo que pasó. En aquel tiempo no había la misma gente que ahora, y no se sabía nada de los romanos ni de lo que es de otros países. Por eso todavía existían los *zhun*, porque nadie los había expulsado. Bueno, pues en aquel tiempo había en una gran ciudad de oriente un emir poderoso que tenía una hija única llamada Leila, la Noche». [...]

El atardecer cae despacio en el cielo y va oscureciendo más el azul de la mar, y la espuma de las olas parece todavía más blanca. El viejo Namán hunde los pinceles en la cacerola de pez con regularidad y los pasa, haciéndolos rodar un poco, por las rendijas reforzadas con estopa. El líquido ardiente penetra en los intersticios y chorrea sobre la arena de la playa. Todos los niños, y Lalla, miran las manos de Namán.

«Entonces ocurrió algo terrible en ese reino», continúa Namán, «sobrevino una gran sequía, un azote de Dios para todo el reino, y no quedaba agua en los ríos ni en las albercas, y todo el mundo se moría de sed, los árboles y las plantas primero, luego los rebaños de animales, los corderos, los caballos, los camellos, los pájaros, al fin los hombres, que morían de sed en los campos, al borde de los caminos; era terrible de ver y por eso la gente se acuerda todavía...».

Las moscas planas vienen, se posan en los labios de los niños, les zumban en los oídos. Es el olor acre de la pez lo que las emborracha, y también el humo que, con sus pesadas volutas, se arremolina entre las dunas. Hay también avispas, pero nadie las espanta, porque cuando el viejo Namán cuenta una historia es como si se volvieran un tanto mágicas también ellas, como los *zhun*.

«El emir de este reino estaba triste y ordenó convocar a los sabios para pedirles consejo, pero nadie sabía cómo hacer para detener la sequía. Entonces vino un viajero extranjero, un egipcio, que sabía magia. El emir lo convocó también, y le pidió que pusiera fin a la maldición que pesaba sobre el reino. El egipcio escudriñó una mancha de tinta y hete aquí que de pronto se asustó, se puso a temblar y se negó a hablar. ¡Habla!, le decía el emir, habla y haré de ti el hombre más rico de este reino». [...]

Cuando Namán deja de hablar para introducir los pinceles en la cacerola, los niños, y Lalla, no se atreven casi ni a respirar. Escuchaban las crepitaciones del fuego y el ruido de la pez que hierve en la olla. [...]

«Entonces el egipcio preguntó al emir: ¿no mandaste castigar antaño a un hombre por haber robado oro a un comerciante?. Sí, lo hice, contestó el emir, porque era un ladrón. Has de saber que ese hombre era inocente, le repuso el egipcio, y fue acusado sin fundamento, y lanzó sobre ti una maldición; él es quien ha enviado esta sequía, pues es un aliado de los espíritus y de los demonios».

Cuando cae la tarde, así, en la playa, es un poco como si el tiempo ya no existiera, como si hubiera vuelto atrás, a otro tiempo muy largo y suave, y a Lalla le gustaría que la historia de Namán no acabase nunca, aunque tuviera que durar días y noches, y a ella y a los otros niños los ganara el sueño; cuando despertasen estarían todavía allí para escuchar la voz de Namán.

«¿Qué hay que hacer para contrarrestar esa maldición?, inquirió el emir, y el egipcio lo miró fijamente a los ojos: has de saber que hay un solo remedio, y voy a decírtelo, dado que me exiges que te lo revele. Es preciso que sacrifiques a tu hija única, a la que amas más que a nadie. Ve, conviértela en pasto de las bestias salvajes del bosque, y la sequía que castiga a tu nación tocará a su fin. El emir rompió a llorar y a lanzar alaridos de dolor y de cólera, pero como era hombre de bien dejó que el egipcio partiera en libertad. Cuando el pueblo se enteró de esto, también lloró, porque amaba a Leila, la hija de su rey. Pero era preciso consumar el sacrificio, y el emir decidió conducir a su hija al bosque para entregarla como pasto a las bestias salvajes. No obstante, había en el reino un joven que amaba a Leila más que los demás y estaba dispuesto a salvarla. Había heredado de un pariente mago un anillo que otorgaba a quien lo poseía el poder de transformarse en animal, pero nunca podría recuperar su forma primera, y sería inmortal. Llegó la noche del sacrificio; el emir partió hacia el interior del bosque en compañía de su hija…». […]

El rugido de las olas en la playa es más nítido por momentos, como si arribara la mar. Pero no es más que el viento, que sopla, y cuando se enrosca en el seno de las dunas, esparce trombas de arena que se mezclan con el humo.

«En el bosque, atada al árbol, la pobre Leila temblaba de miedo y pedía socorro a su padre, porque no tenía valor para morir así, devorada por las bestias salvajes… Ya un lobo de gran tamaño se acercaba a ella, que veía brillar sus ojos como llamas en la noche. De pronto se oyó una música en el bosque. Era una música tan bella y pura que Leila cesó de tener miedo, y todas las bestias feroces del bosque se detuvieron a escuchar. […] Entonces Leila regresó en la mañana a la casa de su padre, después de caminar toda la noche, y la música la había acompañado hasta las puertas del palacio. Cuando la gente vio aquello, se sintió muy feliz, porque quería mucho a la princesa. Y nadie prestó atención a un pajarito que volaba discreto de rama en rama. Y esa misma mañana empezó a caer la lluvia sobre la tierra…».

Namán deja un instante de usar los pinceles; los niños y Lalla miran su cara cobriza en la que brillan sus ojos verdes. Pero nadie hace preguntas, nadie interviene para que acabe.

«Y bajo la lluvia seguía cantando el pájaro Balaabilú, porque él había salvado la vida a la princesa a la que amaba. Y como ya no podía recobrar su forma primigenia, vino a posarse cada noche en la rama de un árbol que daba a la ventana de Leila, para cantarle su bella música».

Jean Marie Gustave Le Clézio, *Desierto,* Tusquets.

## Vocabulario

Pez: en femenino, sustancia pegajosa que, mezclada con estopa, sirve para impermeabilizar la superficie de los barcos de madera.

Estopa: material obtenido del lino o del cáñamo que se emplea para fabricar cuerdas y tejidos.

*Zhun:* geniecillo de la tradición árabe. Puede producir muchos daños a las personas.

Emir: príncipe o caudillo árabe.

Intersticio: espacio pequeño entre dos cuerpos o entre dos partes de un mismo cuerpo.

Voluta: figura en forma de espiral.

## Comprende el texto

**Pasión por leer.** Disfruta con la lectura de cuentos de la tradición oriental en **anayaeducacion.es**.

### Extrae información

**1** ¿Qué dos historias se van alternando en la lectura? Cita los personajes que las protagonizan.

**2** **Esquema a cuatro bandas.** Cada una de las historias que se cruzan en el texto presenta una estructura narrativa clásica de introducción, nudo y desenlace. Complétala en tu cuaderno.

**Estructura**

Historia 1
- **Introducción:** Lalla y un grupo de niños observan y se preparan para escuchar a Namán.
- **Nudo:** ...
- **Desenlace:** ...

Historia 2
- **Introducción:** ...
- **Nudo:** Llega la sequía al reino y ...
- **Desenlace:** ...

**3** En la historia 1, ¿qué está haciendo el viejo Namán mientras narra la historia de Balaabilú?

**4** El texto está plagado de elementos sensoriales que aportan viveza a la narración. Completa la tabla en tu cuaderno con términos que expresen realidades que se perciban por estos sentidos.

| Vista | Oído | Olfato | Gusto | Tacto |
|---|---|---|---|---|
| .... | .... | .... | .... | .... |

### Reflexiona sobre la lengua

**5** Clasifica estas palabras del texto en tu cuaderno: *feliz, chapoteo, mágicas, emir, Balaabilú, hermosa, ruiseñor, época, así, memoria, sequía, música, joven, única, árbol, líquido, Namán.*

| Agudas | | Llanas | | Esdrújulas |
|---|---|---|---|---|
| Con tilde | Sin tilde | Con tilde | Sin tilde | .... |
| .... | .... | .... | .... | .... |

**6** Cambia el número de estas palabras y explica las consecuencias del cambio en la acentuación:

maldición · joven

**7** Encuentra en la lectura cinco formas verbales de la tercera persona del singular del pretérito perfecto simple de indicativo. ¿Cómo son por su acentuación?

ORTOGRAFÍA CONSULTA EL ANEXO 1

**8** En el texto aparece el sustantivo *pez* en femenino. En masculino, este sustantivo tiene otro significado. Utiliza el diccionario y escribe una oración con cada uno de ellos.

**9** Busca y copia en tu cuaderno palabras de la misma familia léxica de estas palabras:

barcaza · historia · música

**10** Escribe los antónimos de estos términos de la lectura: *memoria, maldición, atardecer, inocente, salvajes.*

### Interpreta y analiza

**11** En la historia 2, ¿qué relevancia adquiere el anillo mágico en el desenlace?

**12** ¿Qué efecto provocó la música en Leila?

**13** ¿Fue el de Balaabilú un amor eterno? Explícalo.

**14** A medida que el viejo Namán va narrando la historia, el día avanza. Copia algunas expresiones del texto que corroboren este paso del tiempo.

**15** ¿En qué momento de la historia se funden, según el viejo Namón, el mundo real y el mundo de la imaginación?

**16** Comenta las reacciones de los niños mientras Namán va contando la historia de Balaabilú.

**17** **La pregunta.** ¿Es Namán un buen «contador de historias»? Justifica tu respuesta.

**18** **Mesa redonda.** ¿Qué te parece el final de la historia 2 de la lectura? ¿Es un final feliz? ¿Por qué?

**19** ¿Con qué adjetivo calificarías la actitud del emir en relación con su hija?

### Valora y relaciona con tu mundo

**20** **Decálogo de intenciones.** En la lectura, la sequía se detiene debido a elementos mágicos. ¿Qué medidas adoptarías en el mundo real? Por parejas, elaborad un listado con las ideas más relevantes.

**21** Balaabilú sacrifica su vida por amor. Debatid en clase sobre ello. ¿Creéis que el amor es importante? ¿Por qué?

**22** ¿Te gusta escuchar los cuentos y las historias de tus mayores? ¿Qué sentimientos y emociones sientes al escucharlos? ¿Te gusta contar tus propias historias? ¿Por qué?

## Amplía tu vocabulario



### LA MÚSICA

La **música** es un elemento esencial en la vida humana, nos deleita en los momentos tristes y felices y nos transporta, como el canto de Balaabilú, al mundo invisible de la magia.

**1** ¿Qué es una persona *melómana*? ¿Es lo mismo que un *fan*? Escribe una oración con cada una de estas dos palabras.

**2** Clasifica estos adjetivos según se refieran a sonidos agradables o desagradables:

melódico DESAFINADO ARMÓNICO
destemplado DESACORDE DISCORDANTE
RÍTMICO AFINADO entonado ESTRIDENTE

**3** ¿Cuál de estos términos se corresponde con un sonido agradable al oído? Averigua en el diccionario el significado y origen de cada palabra y escribe una oración con cada una.

CACOFÓNICO EUFÓNICO

**4** Ordena en tu cuaderno de menor a mayor estas agrupaciones musicales según el número de personas de que conste cada una: *banda, dúo, solista, orquesta sinfónica, cuarteto, orquesta de cámara, trío.*

**5** Relaciona en tu cuaderno cada frase hecha con su significado. Describe luego un contexto en el que podrías utilizarlas.

Sonar la flauta por casualidad. A bombo y platillo.
Entre pitos y flautas. Ponerle el cascabel al gato.

- Expresar que algo se debe a diferentes causas y motivos.
- Arrojarse a alguna acción peligrosa o muy difícil.
- Hacer algo con gran publicidad y difusión.
- Indicar que un acierto ha sido casual y fortuito.

**6** Cuando decimos que alguien ha obtenido un «éxito resonante», ¿a qué clase de éxito nos referimos?

**7** Uno de los beneficios de la música es *deleitar*. Escribe dos sinónimos y dos antónimos de este verbo.

**8** ¿Qué quiere decir el refrán: «Quien canta, su mal espanta»?

**9** Copia en tu cuaderno las oraciones siguientes sustituyendo las locuciones subrayadas por un único término:

- *Pedro hace las tareas <u>sin ton ni son</u>.*
- *En el grupo de trabajo, Marta <u>lleva la batuta</u>.*

# LA COMUNICACIÓN Y EL TEXTO

## 2.1 La comunicación

La **comunicación** es el acto por medio del cual un **emisor** envía **mensajes** a un **receptor.**

| Elementos de la comunicación | |
|---|---|
| Emisor y receptor | Son los seres (personas o animales) que se están comunicando. El emisor emite el mensaje y el receptor lo recibe. No siempre coinciden en el espacio y en el tiempo. Por ejemplo, en las obras literarias el autor o la autora (emisor) escribe en un tiempo distinto al del lector o de la lectora (receptor) cuando lo lee; y al hablar por teléfono o en videoconferencia, emisor y receptor no coinciden en el espacio. |
| Mensaje | Es la información que se transmite. |
| Código | Está formado por un conjunto de signos y de reglas que permiten construir mensajes:<br>• En la **comunicación verbal,** son signos las palabras de cada lengua. La gramática aporta las reglas para combinarlas correctamente en la construcción de mensajes.<br>• En la **comunicación no verbal,** son signos, por ejemplo, los gestos del lenguaje para sordos, que también se rige por unas reglas. |
| Canal o medio | Es el elemento físico a través del cual se transmite el mensaje: el papel de una carta, el hilo telefónico, el aire, las ondas radiofónicas... |
| Contexto | Está formado por las circunstancias (de espacio, tiempo, culturales, políticas...) en las que se produce el mensaje. |

### El lenguaje y sus funciones

El **lenguaje** es la capacidad más característica del ser humano, que le sirve para comunicarse. La **función comunicativa** es la principal función del lenguaje.

En principio, el lenguaje es de **carácter oral.** En la historia, la escritura apareció muchísimos siglos después que el habla. En el desarrollo humano, se adquiere primero la lengua hablada y, más tarde, aprendemos a leer y a escribir. La escritura es un sistema que representa al lenguaje oral.

Sin embargo, el **lenguaje escrito** ha tenido una importancia capital en el desarrollo de la cultura. Ha permitido conservar las leyes, los relatos religiosos y literarios, las descripciones históricas y las transacciones económicas. Con la escritura el ser humano pasa de la prehistoria a la historia.

Además de esa gran función comunicativa, el lenguaje tiene otras funciones:

| Función del lenguaje | Se relaciona con... | Su finalidad es... | Ejemplos |
|---|---|---|---|
| Referencial o representativa | El contexto | Informar sobre la realidad. | *Las clases empiezan mañana.* |
| Emotiva o expresiva | El emisor | Expresar sentimientos y emociones del emisor. | *¡Qué fácil ha sido el examen!* |
| Conativa o apelativa | El receptor | Influir en el receptor. | *Luis, ten más cuidado.* |
| Fática o de contacto | El canal | Iniciar, cerrar o mantener la comunicación. | *Sí, sí, siga, que le escucho.* |
| Metalingüística | El código | Referirse a las palabras utilizadas en el texto oral o escrito. | *La palabra* madre *es llana.* |
| Poética | El mensaje | Embellecer la forma del mensaje. | *La Tierra: girasol; poma madura.* |

Aunque todas las funciones del lenguaje pueden aparecer en cualquier tipo de texto, puede ocurrir que predomine una determinada función sobre otras.

**FUNCIONES DEL LENGUAJE Y TIPOS DE TEXTOS**

**REFERENCIAL O REPRESENTATIVA**
Predomina en los textos descriptivos, en los narrativos y en los expositivos.

**EMOTIVA O EXPRESIVA**
Predomina en los textos literarios.

**FÁTICA O DE CONTACTO**
Predomina en los textos conversacionales (especialmente cuando hablante y oyente están alejados).

**CONATIVA O APELATIVA**
Predomina en los textos instructivos.

**METALINGÜÍSTICA**
Predomina en gramáticas y textos que reflexionen sobre el lenguaje.

**POÉTICA**
Predomina en todo tipo de textos poéticos, en los juegos de palabras, etc.

## Actividades

**1** Señala los distintos elementos en los siguientes actos de comunicación:

- Tu hermano te avisa de la hora a la que llega.
- La directora se dirige a todos los estudiantes.
- Un camarero te pregunta qué quieres tomar.
- Una presentadora despide el programa.

**2** Informaos y responded a esta pregunta: ¿quién es el emisor y el receptor de la novela *La historia interminable*, de Michael Ende? ¿Coinciden en el espacio y en el tiempo? ¿Por qué?

**3** Señala dos contextos en los que la expresión «¡Hoy vienes contenta!» tenga sentidos distintos.

**4** Identifica la función que predomina en los siguientes enunciados:

- *¿Cómo dijo? No lo escuché bien.*
- *Del romance castellano / no busques la sal castiza* (A. Machado).
- *¡Vivan los mozos de La Nava! ¡Vivan!* (C. J. Cela).
- *Eso puedo jurarlo* (L. Mateo Díez).
- *La llegada de Gabriel conmocionó la casa* (C. Riera).
- *En la oración* Es una persona muy inteligente *predomina la función referencial.*

**5** Busca información sobre la emisora de este poema y resúmela en tres líneas:

Era niño y ya perdiera
la costumbre de llorar;
la miseria seca el alma
y los ojos además;
era niño y parecía
por sus hechos viejo ya.

Rosalía de Castro,
*En las orillas del Sar*, Cátedra.

## 2.2 El texto

El **texto** es un enunciado o un conjunto de enunciados, orales o escritos, relacionados entre sí que nos comunican algo y tienen sentido completo. Es la **unidad máxima de comunicación.**

Los textos tienen un tamaño variable: pueden ser tan extensos como una novela y tan breves como un microrrelato o una canción.

Para saludar a una profesora a quien todavía no conocemos, utilizaremos un lenguaje formal.

## 2.3 Propiedades del texto

Las propiedades que debe reunir el texto son **adecuación, coherencia** y **cohesión.**

### Adecuación

La **adecuación** es la propiedad del texto que nos permite saber si se adapta a las personas a quienes va dirigido y a las circunstancias en las que se emite.

Por ejemplo, a una compañera de clase podremos saludarla diciéndole: *¿Qué pasa, colega?;* pero este saludo no sería adecuado si se tratara de la directora del centro escolar.

### Coherencia

Un texto es **coherente** cuando está ordenado y todas sus partes tienen relación entre sí y con el tema principal. Observa este texto:

> A veces se oye decir: «Hay que leer despacio y bien», como si leer despacio fuera sinónimo de leer bien.
>
> La realidad es muy distinta, porque si se adquiere el hábito de leer con rapidez, también aumentará el nivel de comprensión. Y esto sucede, entre otras razones, porque, a mayor velocidad lectora, la concentración se hace más intensa y, como consecuencia, aumenta también la comprensión.
>
> La lectura verdaderamente eficaz es consecuencia del equilibrio entre la velocidad lectora de un texto y el nivel de comprensión de su contenido.
>
> B. Tierno, *Las mejores técnicas de estudio,* Planeta-Temas de Hoy.

El orden de este texto es lógico: el autor plantea una afirmación con la que no está de acuerdo, después explica la razón del desacuerdo, y concluye con su propia teoría; además, todos los párrafos tratan sobre el mismo tema:

- Párrafo 1: recoge una afirmación sobre la buena lectura que después el autor va a desmentir.
- Párrafo 2: explica la razón por la que, a mayor velocidad al leer, puede haber mejor comprensión lectora.
- Párrafo 3: concluye que la lectura eficaz es la que equilibra la velocidad y la comprensión.

### Cohesión

La **cohesión** se manifiesta mediante unos recursos lingüísticos o mecanismos de cohesión que reflejan la coherencia que existe entre las partes de un texto.

Los **mecanismos de cohesión** más importantes son:

- **Conectores textuales o marcadores del discurso,** que son palabras o expresiones que sirven para unir, expresar relaciones o establecer un orden entre las distintas partes de un texto.

| | Conectores textuales |
|---|---|
| De orden | Para ordenar las partes del texto. Ejemplos: *primero, en último lugar, para finalizar...* |
| De contraste | Para oponerse a una idea. Ejemplos: *pero, sin embargo, antes bien, en cambio...* |
| De explicación | Para justificar un contenido previo. Ejemplos: *o sea, es decir, de otra manera...* |
| De adición | Para añadir información. Ejemplos: *además, asimismo, también...* |
| De resumen | Para sintetizar. Ejemplos: *en suma, en conclusión, en resumen, en síntesis, en definitiva...* |
| De ejemplificación | Para demostrar o ilustrar con ejemplos. Ejemplos: *en concreto, por ejemplo, en particular...* |

- **Mecanismos semánticos,** que se basan en la repetición de palabras o expresiones que significan lo mismo o que están relacionadas por su contenido.

| | Mecanismos semánticos |
|---|---|
| Repetición de una misma palabra. | *Una carta no es nada y lo es todo. Cuando Doña Inés ha penetrado de nuevo en la salita, traía en la mano una carta. Una carta es la alegría y es el dolor* (Azorín). |
| Uso de palabras de un mismo campo de experiencia. | *Esa arena, esas piedras, ese cielo, ese sol, ese silencio, ese dolor [...] Alrededor de ellos, hasta perderse de vista, estaban las crestas movedizas de las dunas* (Le Clézio). |
| Uso de sinónimos, antónimos, hiperónimos e hipónimos. | – Sinónimos: *Un marino nunca decía encallé o varé. [...]. Observó que también ella había usado el término marino abordaje, en vez de choque o colisión* (A. Pérez-Reverte).<br>– Antónimos: *Desmayarse, atreverse, estar furioso / áspero, tierno, liberal, esquivo* (L. de Vega).<br>– Hipónimos e hiperónimos: *Gaviotas, golondrinas, águilas... Todas son aves.* |
| Uso de palabras que pertenecen a una misma familia léxica. | *Hierba, herbáceo, herbívoro, herbicida, herbolario, herboristería...* |

- **Mecanismos referenciales,** que se basan en la utilización de expresiones referidas a los mismos individuos, objetos, etc.

| | Mecanismos referenciales |
|---|---|
| Repeticiones de palabras referidas a misma realidad. | – *Cervantes, el autor del Quijote, el manco de Lepanto...*<br>– *Cádiz, la tacita de plata...* |
| Pronombres y determinantes. | *Entonces, para asegurarse de que Eurídice lo seguía, se volvió. Por un instante, la vio cerca de la entrada del oscuro túnel casi viva otra vez. Pero, mientras la miraba, ella se convirtió nuevamente en un etéreo fantasma y su grito final de amor y dolor fue tan solo un suspiro...* (Neil Philip). |

- La **elipsis,** que consiste en suprimir partes del texto que el receptor ya conoce. Por ejemplo, cuando un sujeto es común a varios verbos, no suele expresarse. Los sujetos elididos se refieren al mismo individuo, lo que cohesiona el texto y facilita su lectura. Por ejemplo:

> [Ella] Salía de casa después del desayuno [...] y [Ella] se dirigía a la parada del autobús. [Ella] Compraba su billete y [Ella] se sentaba junto a la ventanilla. [Ella] Iba mirando el paisaje a través del cristal ámbar oscuro de sus gafas. [Ella] Se había acostumbrado a aquel paisaje, pues ocupaba buena parte de sus cartas.
>
> Soledad Puértolas, *Una enfermedad moral*, Anagrama.

## Actividades

**6** Observa las escenas de arriba y realiza las actividades:

a) ¿Crees que el siguiente saludo es adecuado en la escena A? Explica por qué. ¿Cómo saludarías tú en esta misma situación?

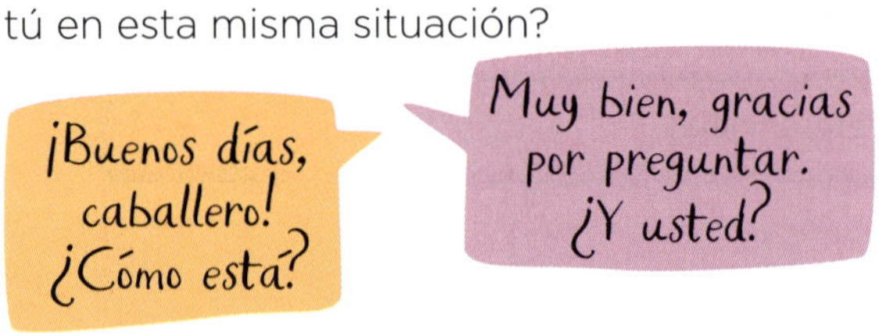


b) Escribe en tu cuaderno una despedida adecuada para la escena B. Justifica tu respuesta.

c) ¿En qué escena crees que se podría estar estableciendo cada uno de estos diálogos? ¿Son adecuados? ¿Por qué?

**7** Lee el siguiente texto y realiza las actividades:

En 1809, el rey Jorge III de Inglaterra puso al frente del aristocrático colegio de Eton al doctor Keate, un hombrecito terrible que consideraba que la paliza era un jalón necesario en el camino de la perfección moral y que solía concluir sus sermones diciendo: «Sed caritativos, *boys,* porque si no lo sois os apalearé hasta que lleguéis a serlo».

Los *gentlemen* y los ricos comerciantes que enviaban a sus hijos al colegio para que los educara el doctor Keate veían sin disgusto la piadosa ferocidad del profesor y tenían en un concepto de singular estimación a un hombre que había azotado a casi todos los primeros ministros, obispos y generales del país.

En aquellos tiempos, la crema social aprobaba toda disciplina severa.

André Maurois, *Ariel o la vida de Shelley,* Plaza y Janés.

Crema social: lo más distinguido de un grupo social.

a) ¿Hay un tema claro en el texto? Indica cuál es.

b) ¿Todos los párrafos tienen que ver con ese tema? Justifica tu respuesta con ejemplos.

c) Indica el orden que siguen las ideas en el texto. ¿Es un orden lógico que facilita la coherencia? Completa el esquema en tu cuaderno con las ideas principales de cada párrafo.

**INTRODUCCIÓN AL TEMA** → **DESARROLLO DE LA IDEA** → **CONCLUSIÓN**

d) Escribe las palabras del campo de experiencia de la violencia que dan cohesión al texto.

e) ¿Qué verbos del texto son sinónimos de *golpear?*

## Actividades

**8** Lee el siguiente texto y realiza las actividades:

> Nunca había visto cómo se pintaba un cuadro desde el principio. […] Él me enseñó. Empezó el cuadro de la hija del panadero aplicando una capa de gris claro sobre el lienzo blanco. Luego hizo marcas de color marrón rojizo por todas partes para indicar dónde irían la chica, la mesa, la jarra, la ventana y el mapa. Después pensé que empezaría a pintar lo que veía: la cara de una chica, una falda azul, un corpiño amarillo y negro, un mapa marrón, una jarra y una palangana plateadas, una pared blanca. En cambio, pintó manchas de color: negro donde iría la falda, ocre para el corpiño y el mapa de la pared, rojo para la jarra y la palangana en la que estaba metida, y gris para la pared.

Tracy Chevalier, *La joven de la perla,* Mondadori.

a) ¿Es un texto coherente? Indica por qué.

b) Señala los conectores textuales que indican orden y contraste.

c) ¿Qué pronombres sujeto referidos al pintor y a la narradora aparecen elididos?

**9** Lee el texto siguiente y contesta a las preguntas:

> La primera vez que me llamaron fea, yo tenía trece años. Fue uno de los amigos ricos de mi hermano Carlton, que había venido a nuestra casa a practicar tiro en el campo.
>
> —¿Por qué lloras, mi niña? —preguntó Constantine en la cocina.
>
> Le conté lo que me había llamado el chico, con las lágrimas resbalándome por el rostro.
>
> —¿Y bien? ¿Lo eres?
>
> Parpadeé sorprendida y dejé de llorar.
>
> —Si soy, ¿el qué?
>
> —Vamos a *ve,* Eugenia —dijo, pues Constantine era la única que a veces seguía la norma de Madre respecto a mi nombre—. Lo feo está en el *interió.* Feas son las personas malas, las que *basen* daño a los demás. ¿Tú eres así?
>
> —No sé, no creo —contesté entre sollozos.

Kathryn Stockett, *Criadas y señoras,* Embolsillo.

a) El texto consiste en un diálogo entre dos personas, Eugenia y Constantine. ¿Quién es emisora y quién receptora? ¿Son las dos emisoras y receptoras? Justifica tu respuesta.

b) ¿Cuál es el mensaje de Eugenia? ¿Y el de Constantine?

c) ¿Qué código utilizan ambas mujeres?

d) ¿Hay elementos de comunicación no verbal? ¿Cuál o cuáles? ¿Qué significan las lágrimas y sollozos de la chica joven?

e) ¿Qué canal utilizan las dos mujeres en su diálogo? ¿Y la autora respecto a sus lectores o lectoras?

f) Señala elementos del contexto. Por ejemplo: lugar, tiempo, edad de las interlocutoras, relación…

g) La función básica de este texto es la de comunicar: dos mujeres se comunican entre sí y la autora nos comunica algo. Sin embargo, en el texto están presentes otras funciones del lenguaje. Identifícalas y justifica tu respuesta apoyándote en ejemplos.

h) ¿Por qué este fragmento es un texto? ¿Por qué es un texto adecuado?

i) Completa este mismo diálogo con una intervención inadecuada de Eugenia y otra de Constantine. ¿Por qué son inadecuadas?

j) ¿Es coherente este texto? Explica por qué apoyándote en esta información:

- Unidad temática.
- Relación entre sus partes.
- Orden en el desarrollo de la historia.

k) Un texto tiene que estar cohesionado. ¿Qué mecanismos de cohesión observas en el texto que has leído?

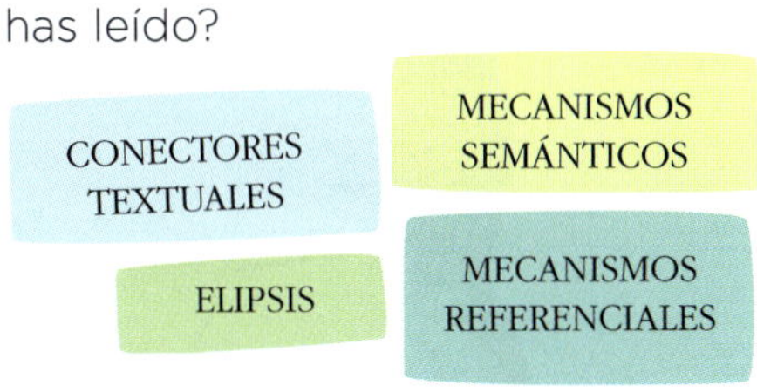


l) ¿Qué tipo de marcadores son estos?

- *La primera vez…*
- *¿Y bien?*
- *Vamos a ver…*

m) ¿Qué palabras o expresiones identificas en el texto que hagan referencia al campo de experiencia de las confidencias personales?

n) En su última intervención, Constantine utiliza pronombres personales como mecanismo referencial. Señala cuáles son estos pronombres.

ñ) La elipsis es también un mecanismo de cohesión. Identifica las elipsis en esta expresión tomada del texto: *No sé, no creo.*

# UNA CONVERSACIÓN ASERTIVA

¿TE GUSTARÍA MEJORAR TUS CAPACIDADES COMUNICATIVAS PARA ENRIQUECER TUS RELACIONES PERSONALES?

## LA ASERTIVIDAD

### LEE

Averigua qué es la asertividad y las ventajas de practicarla.

Información en red
Enciclo@

asertividad

Historial Editar

## LA ASERTIVIDAD

La **asertividad** es la capacidad de un ser humano para expresar sus opiniones, sentimientos y deseos, así como para reclamar sus derechos en el momento adecuado, sin ansiedad, sin agresividad y sin pasividad.

### LAS PERSONAS ASERTIVAS

Por un lado, las **personas asertivas** son conscientes de lo que sienten y desean. Por otro lado, consideran que sus sentimientos, necesidades y opiniones son igual de válidos que los de los demás. De hecho, las personas asertivas suelen ser amables, afectuosas, capaces, responsables, alegres, comunicativas, activas... Por último, sienten un profundo respeto por sí mismas y tienen un autoconcepto positivo que les permite respetar a los demás y al mismo tiempo actuar asertivamente.

En cambio, las personas que no son asertivas tienen una percepción más negativa de sí mismas, lo que les causa ansiedad ante diferentes situaciones sociales y les impide expresarse.

### BENEFICIOS DE LA ASERTIVIDAD

- La asertividad permite tener **mayor control** sobre la propia persona, lo cual mejora la autoestima.
- La asertividad supone aprender a **poner límites,** lo cual favorece el control sobre el entorno.
- La asertividad no busca el conflicto, sino que se basa en la **comunicación eficiente.**
- La asertividad aumenta el **bienestar y la satisfacción de la persona,** y favorece las relaciones interpersonales.
- La asertividad fomenta el **autoconocimiento y la gestión emocional.**
- La asertividad permite **resolver conflictos** y evitar que los problemas se magnifiquen debido a la no expresión de las propias necesidades y emociones.

### CONCLUSIÓN

El interés por desarrollar las habilidades sociales y la conducta asertiva está más que justificado en la actualidad, ya que las relaciones sociales son esenciales en nuestra vida y, por tanto, en nuestra felicidad.

1 Después de haber leído el texto, responde a las preguntas:

a) ¿Qué tipo de texto es el que has leído? ¿Dónde podrías verlo publicado?

b) ¿Cuál es el tema que trata?

c) ¿Te parece un texto adecuado? ¿Por qué?

d) ¿Consideras que es un texto coherente? ¿Por qué?

e) Completa en tu cuaderno un esquema con las ideas principales de cada parte del texto.

f) ¿Qué conectores textuales indican orden y contraste? ¿Qué tipo de conector textual es *de hecho?*

g) Señala un ejemplo de elipsis y explica en qué consiste.

h) ¿Qué sinónimos del verbo *mejorar* encuentras en el texto?

PASIVIDAD

ASERTIVIDAD

AGRESIVIDAD

LA ASERTIVIDAD

## ESCUCHA

Infórmate sobre las claves de una comunicación eficaz.

2 Escucha el audio y responde a las preguntas:

a) ¿Qué tipo de texto es? Justifica tu respuesta.

b) Teniendo en cuenta los elementos de la comunicación, ¿quién es el emisor, y quién, el receptor? Razona tu respuesta.

c) ¿Qué canal se utiliza?

d) En el texto se habla también sobre la comunicación no verbal. ¿Con qué elemento de la comunicación está relacionada?

e) ¿Qué ejemplos se dan de comunicación no verbal? ¿Podrías añadir alguno más?

f) ¿Qué función o funciones del lenguaje predominan en el texto que has escuchado?

| | | |
|---|---|---|
| a) Referencial | b) Emotiva | c) Conativa |
| d) Fática | e) Metalingüística | f) Poética |

g) ¿Crees que es un texto coherente? ¿Por qué?

h) ¿Qué conectores textuales se utilizan? Clasifícalos en tu cuaderno.

Explicación | Orden | Adición | Contraste | Resumen | Ejemplificación

i) Según lo que has escuchado, ¿cuáles de estas opciones utilizan la asertividad?

**A** Lo siento, pero no puedo ayudarte con el trabajo. Tengo muchas tareas que terminar.

**B** No he terminado de hablar y me gustaría hacerlo. Yo veo la situación de otra manera.

**C** Creo que sería una buena idea organizar una fiesta de despedida para decir adiós a la profe de Lengua.

**D** Nunca escuchas a los demás y así es imposible llegar a ningún sitio. No quiero seguir hablando.

## LA ASERTIVIDAD

# ESCRIBE

Reflexiona sobre la asertividad y sus características.

**3** Organizad una lluvia de ideas y completad esta tabla en vuestro cuaderno con ejemplos de comunicación asertiva.

| Comunicación asertiva | Ejemplos |
|---|---|
| **No verbal** | Postura erguida. |
| | No cruzar los brazos. |
| | Mirar a los ojos del interlocutor. |
| | .... |
| **Verbal** | Respuestas mínimas que muestran interés por la conversación: *entiendo, sí, mmmm....* |
| | *Pienso que...* |
| | *Siento que...* |
| | *¿Podrías aclararme....?* |
| | .... |
| **Paraverbal** | Tono de voz agradable. |
| | Habla fluida. |
| | Respeto por los silencios. |
| | .... |

**4** Recuerda la última conversación en la que no te hayas comunicado con asertividad y escríbela haciendo los cambios pertinentes para corregirla.

¡ACTIVA TU MEMORIA!

## LA ASERTIVIDAD

# HABLA

Pon en práctica todo lo aprendido sobre la asertividad.

**5** En parejas, dramatizad un diálogo utilizando la asertividad para lograr una comunicación eficaz. Para ello:

a) Elegid una de estas situaciones. Justificad vuestra elección.

**1** Estás haciendo cola para subir al autobús y alguien se te cuela.
**Estudiante A:** Espera en la cola.
**Estudiante B:** Se cuela.

**2** Un compañero de clase te ha cogido un libro sin permiso y eso no te ha gustado.
**Estudiante A:** Propietario del libro.
**Estudiante B:** Lo coge sin permiso.

**3** Un amigo te invita al cine, a ti no te apetece.
**Estudiante A:** Quiere ir al cine.
**Estudiante B:** No le apetece.

**4** Tu hermano mayor te pide ayuda para limpiar la bicicleta, pero tú no quieres.
**Estudiante A:** Pide el favor.
**Estudiante B:** No quiere hacerlo.

b) Preparad el diálogo y escribidlo. Recordad que, para que un diálogo sea asertivo, tiene que cumplir algunos requisitos.

¡NO PIERDAS DE VISTA TU OBJETIVO!

**Haz referencia a los hechos y no juzgues.** Si describes los hechos tal y como ocurrieron, la otra persona no podrá negarlos. Así podréis partir de una buena base para dialogar y evitar la discusión.

**Añade motivos.** Si lo haces, tu interlocutor comprenderá la razón real que sustenta tu petición.

**Respeta al otro.** Habla en primera persona, y evita criticar a tu interlocutor. Ponte en su lugar.

**Manifiesta sentimientos y pensamientos, y contagia tus emociones.** Si quieres que tengan en cuenta tus deseos y tus necesidades, debes empezar por expresarlo de forma clara, concisa y respetuosa. Nadie podrá discutirte lo que sientes y la otra persona podrá identificarse contigo.

**Pide de forma clara y concreta lo que quieres conseguir.** No intentes hablar de forma general o genérica. Cuanto más concreto seas con lo que pides, mejor te harás entender.

**Especifica las consecuencias.** Explica lo que va a ocurrir cuando la otra persona haga lo que le has pedido. Pon el énfasis en las consecuencias positivas, aunque también puedes expresar las consecuencias negativas que tendría el no hacerlo, pero nunca lo hagas en tono amenazante. Recuerda que la empatía es la base del diálogo asertivo. ¡No digas lo que no quieres escuchar!

c) En parejas, memorizad las intervenciones del diálogo que hayáis preparado. ¡Es el momento del ensayo! Para ello, seguid estos consejos:

- Presta atención a la voz, al tono y a los gestos de tu personaje.
- Cuida la pronunciación, la entonación, el timbre, las pausas, el volumen y la velocidad a la que hablas, ya que son rasgos que también deben reflejar asertividad.
- Utiliza la posición del cuerpo, tu mirada y tus gestos para expresar y comunicar de un modo asertivo.
- Respeta la dramatización de tu compañero o compañera.
- Colabora para que el ensayo sea productivo, divertido y agradable.

d) Grabad la dramatización. Luego, visionad todos los diálogos en el aula. ¿Cuál ha sido el más asertivo?

## Reflexiona sobre este ámbito profesional

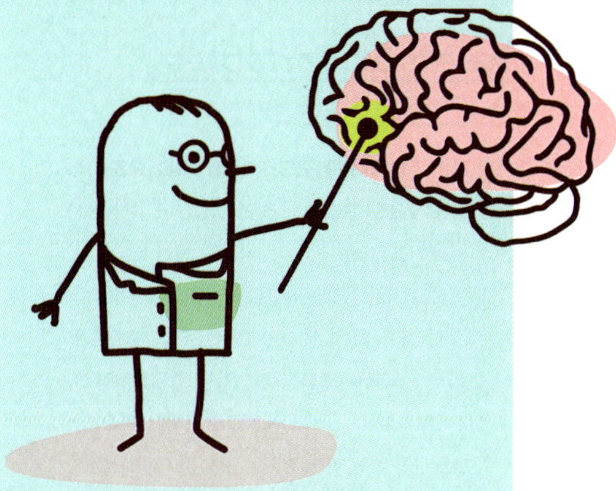

Ahora ya conoces los beneficios de practicar la asertividad para mejorar tu autoestima y tus relaciones sociales.

Los profesionales de la psicología pueden ayudarnos a lograr un comportamiento asertivo que nos permita relacionarnos de manera saludable con nosotros mismos y con las personas que nos rodean, tanto en el ámbito familiar y de amistades, como en el ámbito profesional.

En grupos, organizad una tormenta de ideas para responder a estas preguntas:

- ¿Qué estudios habrán tenido que cursar estos profesionales de la psicología?
- ¿Qué habilidades y conocimientos son necesarios para ejercer este trabajo?
- ¿En qué lugares suelen ejercer su tarea?
- ¿Te gustaría dedicarte a esta profesión? Argumenta tu respuesta.
- ¿Crees que estás dotada o dotado para esta profesión?
- ¿Cómo te sentirías ejerciéndola? ¿Por qué?

3 GRAMÁTICA

# LA PALABRA Y SU SIGNIFICADO

### Palabras variables e invariables

- Las **palabras variables** o **flexivas** son las que tienen morfemas flexivos, es decir, pueden modificar su terminación para expresar cambios de género, número, persona... Son palabras flexivas el nombre, el adjetivo, los determinantes, el pronombre y el verbo.
- Las **palabras invariables** o **no flexivas** son las que mantienen siempre fija su forma. Son palabras no flexivas el adverbio, la preposición, la conjunción y la interjección.

### LA RAE

En su nueva gramática, la RAE contempla la diferencia entre morfema léxico y morfema gramatical.

## 3.1 La estructura de la palabra

La **palabra** es la unidad dotada de significación que, en la escritura, aparece entre dos espacios en blanco.

La palabra es la unidad superior de la morfología y la unidad básica de la sintaxis.

La **morfología** es la disciplina que estudia la palabra: su clasificación (nombre, adjetivo, determinante, pronombre, verbo, adverbio, preposición, conjunción e interjección) y su estructura interna, es decir, los elementos que la componen. Las palabras están formadas por unidades menores dotadas de significado: el **lexema** y los **morfemas** *(leon-a-s, coch-azo, cant-ába-mos).*

La **sintaxis** es la disciplina que estudia las combinaciones de palabras en la formación de sintagmas y de sintagmas en la formación de oraciones.

### El lexema

El **lexema** o **raíz** es la parte invariable de la palabra que contiene el **significado léxico,** es decir, el que representa y se refiere a la realidad, propiedad o acción que nombra. Este significado es el que aparece definido en los diccionarios. Por ejemplo: *cas-a, cas-ita, cas-erón, cas-ucha.*

### Los morfemas

Los **morfemas** contienen el **significado gramatical.** Aportan datos que afectan al lexema; por ejemplo, género, número, persona...: *móvil-es, amig-a-s.*

Los morfemas o signos morfológicos pueden ser:

- **Libres** o **independientes,** que aparecen como palabras aisladas. Por ejemplo: los artículos, las preposiciones y las conjunciones *(el, las, de, aunque, pero, a...).*
- **Ligados** o **dependientes,** que van unidos directamente al lexema y con él forman la palabra *(fabric-ación, escuch-ar, palabr-ita-s, aquell-o-s).*

  Los morfemas ligados, a su vez, pueden ser:

  – **Flexivos** o **desinencias,** que se sitúan en el final de la palabra, son variables y aportan informaciones gramaticales de género, número, persona... Se conocen tradicionalmente con el nombre de accidentes gramaticales: *bolígrafo-s, niñ-a-s, escrib-o, simpátic-o.*

  – **Derivativos,** que añaden al lexema significados muy variados, como repetición *(re-construir),* profesión *(pian-ista),* procedencia *(valenci-ana)...*

### Actividades

**Actividad resuelta**

1 Diferencia el significado léxico del gramatical en la palabra *supermensajeros.* Diferencia en ella los morfemas flexivos de los derivativos.

**Solución**

| *Super-* | *mensaj-* | *-er-* | *-o- / -s* |
|---|---|---|---|
| Morfema derivativo | Lexema | Morfema derivativo | Morfemas flexivos |
| Sgdo. gram. | Sgdo. léxico | Significado gramatical | |

2 Identifica el lexema y los morfemas flexivos en estas palabras: *nuestras, volveremos, patos, presidenta.*

3 Copia en tu cuaderno los morfemas libres de este texto: *De la escuela especial no sabemos casi nada. Nona cuenta muy poco de lo que hace allí, pero me parece que no le gusta demasiado.* (C. Fernández Cubas)

4 ¿Qué estudian la morfología y la sintaxis?

5 ¿Qué diferencia hay entre significado léxico y significado gramatical?

## 3.2 La formación de las palabras

En castellano pueden formarse nuevas palabras a partir de las palabras simples mediante cuatro procedimientos distintos: la derivación, la composición, las siglas y los acrónimos.

### La derivación

La **derivación** es el procedimiento que emplea la lengua para crear palabras nuevas utilizando prefijos y sufijos.

- Los **prefijos** son morfemas derivativos que preceden al lexema: *des-cansar, in-cauto, pre-decir, ante-poner.*
- Los **sufijos** son morfemas derivativos que se colocan después del lexema: *violin-ista, libr-ero, sub-ida, flac-ucho, arbol-eda.*

### La composición

La **composición** es el procedimiento de creación de palabras nuevas que consiste en la unión de dos o más palabras simples.

Los términos compuestos pueden ser:

- **Propios** o **univerbales,** que se dan cuando el resultado de la composición es una sola palabra: *(trotar + mundos > trotamundos; correr + ve + y + dile > correveidile; pelo + rojo > pelirrojo).*
- **Sintagmáticos** o **pluriverbales,** que se dan cuando el resultado de la composición son palabras separadas por un guion *(físico-químico)* y compuestos formados por dos o más palabras que tienen un único significado *(salón comedor, media naranja, conejillo de Indias, hombre rana).*

### Las siglas y los acrónimos

- Las **siglas** se forman habitualmente con las letras iniciales de una expresión compleja formada por varias palabras: *ONG (Organización No Gubernamental); IRPF (Impuesto sobre la Renta de las Personas Físicas).*
- Los **acrónimos** son palabras formadas con fragmentos de otras palabras *(informática < información + automática)* o, también, siglas que pueden ser leídas como palabras *(sida < Síndrome de Inmunodeficiencia Adquirida; COI < Comité Olímpico Internacional).*

**La brújula del español.** Accede a esta guía del uso del español correcto en el banco de recursos de **anayaeducacion.es**.

#### Las palabras simples

Las palabras **simples** o **primitivas** contienen un solo lexema, al que pueden acompañar uno o varios morfemas: *chic-as, bols-o, perr-os.*

#### La parasíntesis

La **parasíntesis** es un procedimiento de formación de palabras que consiste en combinar simultáneamente la composición y la derivación: *mileurista, paniaguado, quinceañero,* etcétera. También se aplica a los casos en que se unen en una misma palabra un prefijo y un sufijo: *a-diner-ado, en-sombr-ecer, a-cobard-ar.*

## Diminutivos y aumentativos

Los sufijos diminutivos expresan la idea de pequeño, y los aumentativos, de grande. Además, ambos pueden aportar otros valores:

- Los **diminutivos** expresan también afectividad *(Es muy jovencita)* o burla *(¡Qué numerito has montado!).*
- Los **aumentativos** indican asimismo desprecio *(No me gustan nada los moscones.).*

## 3.3 La familia léxica

La **familia léxica** es el conjunto de palabras que han sido formadas a partir de un mismo lexema.

Hay que tener en cuenta que algunas palabras de determinadas familias léxicas admiten pequeñas variaciones en su lexema. Así, pertenecen a la misma familia léxica *tierra* y *terreno, hago* e *hice; cuenta* y *contar, puerta* y *portería.*

| FAMILIAS LÉXICAS | | | |
|---|---|---|---|
| **just-** | **agua-** | **simpl-** | **jabon-** |
| justicia | aguar | simpleza | jabonera |
| justiciero | aguado | simplicidad | jabonoso |
| injusto | aguachirle | simplificar | enjabonar |
| injusticia | aguacero | simplemente | enjabonado |
| ajusticiar | desaguar | simplista | jaboncillo |

## Actividades

### Actividad resuelta

**6** Identifica los prefijos, el lexema y los sufijos en estas palabras: *precontratado, subida, posmodernidad.*

**Solución**

| Prefijo | Raíz | Sufijo |
|---|---|---|
| pre- | -contrat- | -ado |
| Ø | sub- | -ida |
| pos- | -modern- | -idad |

**7** Identifica los prefijos, lexemas y sufijos de las palabras: *superoficinista, sobrepeso.*

**8** Determina si los siguientes compuestos son univerbales o pluriverbales: *cuento chino, abrelatas, saltimbanqui, oro negro, correveidile, filipino-español.*

**9** Busca en un diccionario el significado de estos prefijos y sufijos, y forma palabras derivadas: *a-, des-, dis-, pre-, in-, -aje, -azo, -ana, -ero, -itis.*

**10** Escribe las palabras simples de las que proceden las palabras derivadas siguientes: *zapatilla, llamada, colador, librería, ordenar, letrero.*

**11** Indica las palabras compuestas correspondientes a las siguientes definiciones: instrumento para abrir las latas; producto que quita las manchas.

**12** Explica por qué *ovni, sida* y *ONU* son acrónimos.

**13** Forma la siglas de las siguientes expresiones: Organización del Atlántico Norte, Unión Europea.

### Actividad resuelta

**14** Completa el cuadro con palabras de la familia léxica de: *nube, fruto y pelo.*

**Solución**

| nube | fruto | pelo |
|---|---|---|
| nublado<br>nublar<br>nuboso<br>desanublar | frutal<br>frutero<br>frutería<br>afrutado | pelar<br>pelado<br>pelambre<br>piloso |

**15** Enumera cuatro palabras pertenecientes a la familia léxica de: *ver, propio, puerta.*

**16** Localiza en el texto: tres palabras simples, una palabra compuesta, tres derivadas mediante sufijos y una derivada mediante un prefijo.

> Los rayos invisibles que había descubierto Becquerel, sobre los que Marie se había propuesto hacer la tesis, tenían la propiedad de hacer que el aire de alrededor condujese electricidad, y a Madame Curie se le ocurrió medir el grado de conductividad del aire para estudiar el fenómeno. ¿Y por qué tuvo semejante idea? Fue una intuición genial nacida de su talento, pero es probable que también influyera que uno de los aparatos que había inventado Pierre junto a su hermano Jacques fuera el electrómetro piezoeléctrico de cuarzo, que servía justamente para hacer con gran precisión esas mediciones sutilísimas.
>
> R. Montero, *La ridícula idea de no volver a verte,* Seix Barral.

**17** Localiza en el texto anterior tres morfemas libres y tres morfemas ligados.

## 3.4 Las relaciones de significado

Según la relación de significado que se da entre las palabras, estas pueden ser: **sinónimas, antónimas, hiperónimas** e **hipónimas.**

Estos conceptos, junto a los de **campo semántico** y **campo de experiencia,** constituyen importantes mecanismos semánticos de cohesión del texto.

### Las palabras sinónimas

Las **palabras sinónimas** tienen el mismo o parecido significado: *bonito, hermoso; elegir, escoger; fácil, sencillo.*

Sin embargo, salvo raras excepciones, dos sinónimos casi nunca tienen exactamente el mismo significado, sino muy parecido. Por ejemplo, puede ocurrir que uno sea más técnico que el otro *(amígdalas, anginas)*, de manera que resultaría extraño decir a un amigo «Me duelen mucho las amígdalas»; que uno sea más literario que el otro *(pelo, cabello)* y no sea adecuado utilizarlo en una peluquería para decir «Quiero arreglarme el cabello»; o que uno sea más familiar que otro *(pasta, dinero)* y no sea correcto decir en el banco «Quiero sacar pasta de mi cuenta».

### Las palabras antónimas

Las **palabras antónimas** tienen significados contrarios, que se sitúan en polos opuestos: *bonito, feo; salir, entrar; mortal, inmortal; cerca, lejos.*

Se pueden formar antónimos con los prefijos **a-, in-, im-, des-, dis-** o **anti-:** *apolítico, indeseable, imposible, desinstalar, discontinuo, antirrobo.*

Los antónimos pueden ser **contrarios,** cuando la oposición es gradual *(frío, caliente)*, **complementarios,** cuando un significado implica lo contrario *(muerto, vivo; legal, ilegal)* o **inverso,** cuando los significados presentan un sentido opuesto *(comprar, vender; subir, bajar; entrar, salir.)*

### Las palabras hiperónimas e hipónimas

Las **palabras hiperónimas** tienen un significado genérico que incluye el significado de otras palabras que son sus **hipónimas.**

Por ejemplo, *fruta* es el hiperónimo *de manzana, pera, plátano*, etc., que son hipónimos.

### Campo semántico y campo de experiencia

- El **campo semántico** es el conjunto de palabras formado por un hiperónimo *(mamíferos)* y todos sus hipónimos *(perro, vaca, gato, oveja, etc.).*
- El **campo de experiencia** está formado por palabras que pertenecen a la misma realidad. Por ejemplo: *comercio, vender, producto, barato, caro, dependiente...*

El escritor y aviador francés Antoine de Saint-Exupéry (1900-1944), autor de *El principito.*

### Actividades

**18** Escribe sinónimos de las palabras *enfermedad, elevado, plano, ascender.*

**19** Escribe un sinónimo de cada una de las palabras subrayadas en el texto:

> Las personas mayores aman las cifras. Cuando les habláis de un nuevo amigo, no os interrogan jamás sobre lo esencial. Jamás os dicen: «¿Cómo es el timbre de su voz? ¿Cuáles son los juegos que prefiere? ¿Colecciona mariposas?». En cambio, os preguntan: ¿Qué edad tiene?
>
> Antoine de Saint-Exupéry, *El principito*, Alianza Editorial.

**20** Utilizando prefijos, forma antónimos de *poner, formal, hacer.*

**21** Copia en tu cuaderno y sustituye las palabras subrayadas por su antónimo: *Llenó la maleta y la subió rápidamente.*

**22** Señala tres hipónimos de: *herramienta, cualidad, vehículo, enfermedad, asiento.*

**23** ¿Cuál es el hiperónimo de *trucha, sardina* y *salmón?*

**24** Enumera cinco miembros del campo semántico de *fruta* y de *herramienta.*

**Recuerda**

La **semántica** es la parte de la lingüística que estudia el significado de las palabras, de los enunciados y de los textos.

## 3.5 El significado y el sentido

En los enunciados que emitimos cuando hablamos o escribimos debemos distinguir el **significado** de una palabra de su **sentido.**

- El **significado** de una palabra es la definición que se encuentra en un diccionario. Es constante y no depende de la intención de la persona que la utiliza. Por ejemplo, *Llueve* indica en cualquier contexto donde se enuncie que *cae la lluvia.*
- El **sentido,** sin embargo, depende de la intencionalidad del hablante, de lo que quiere decir. Por ejemplo, cuando alguien dice *Llueve,* dependiendo de cada acto de comunicación, el sentido puede ser *Coge un paraguas* o *Es mejor que no salgas a la calle.*

### Significado denotativo y significado connotativo

En los mensajes que intercambiamos en nuestros actos comunicativos podemos diferenciar dos clases de significados:

- El **significado denotativo** (o **denotación**) de una palabra contiene los rasgos que definen la realidad, cualidad o acción que se nombra. Es el significado objetivo que reconoce toda la comunidad lingüística y que viene definido en el diccionario.

  Por ejemplo, en el caso de *balón,* el significado sería 'cuerpo esférico elástico relleno de aire a presión que sirve para jugar a algunos deportes'.
- El **significado connotativo** (o **connotación**) es la asociación afectiva, cultural, social, etc., que una palabra provoca en cada una de las personas hablantes y que tiene que ver con sus vivencias y sus sentimientos.

  Por ejemplo, la palabra *balón* no provoca las mismas connotaciones en un futbolista que en la persona que no es aficionada a este deporte. Al primero esta palabra le puede sugerir *competición, ganar, perder...;* sin embargo, a la segunda le puede connotar *cansancio, aburrimiento,* etc.

## 3.6 El cambio semántico

El **cambio semántico** se produce cuando una palabra adquiere un significado nuevo. El significado antiguo puede permanecer o desaparecer.

### Causas del cambio semántico

Los cambios semánticos se pueden producir por distintas causas:

- Las **causas históricas** provocan cambios en palabras que designaban realidades ya desaparecidas y que se adaptan para referirse a las nuevas. Por ejemplo:
  - La palabra *pluma,* que designaba la pluma de ave con que se escribía antiguamente, pasó a nombrar el instrumento de metal con el que se realiza ahora la misma actividad.
  - La palabra *azafata* designaba en su origen a una 'asistente de la reina, a quien ayudaba a vestirse y desvestirse'. Actualmente, es la 'mujer que atiende a los pasajeros de un medio de transporte'.
- Las **causas culturales** o **sociales** provocan cambios debido a la necesidad de sustituir por palabras más adecuadas términos que cultural o socialmente crean cierto rechazo: son las **palabras tabú.** Los tabúes están ge-

neralmente relacionados con la sexualidad, las necesidades fisiológicas, la religión, la política, la economía, las enfermedades, las minusvalías o la muerte. Las palabras que sustituyen a los tabúes son los **eufemismos.** Por ejemplo: *retrete* y *váter* han sido sustituidos por otros menos negativos, como *aseo, servicio, baño; guerra* por *intervención militar; despido* por *regulación de empleo; ciego* por *invidente; morir* por *entregrar el alma,* etc.

## Mecanismos del cambio semántico

Las lenguas utilizan varios recursos para provocar el cambio de significado de una palabra. Por ejemplo:

- La **metáfora:** el significado de una palabra se sustituye por otro con el que guarda semejanza. Muchos cambios metafóricos toman como base el cuerpo: *dientes* (de un peine), *pie* (de una montaña), *brazos* (de un río). Algunas se basan en similitudes con animales: un *toro* (por su fuerza), una *gacela* (por su velocidad), un *zorro* (por su astucia)...
- La **metonimia:** el significado de una palabra se sustituye por otro con el que guarda algún tipo de relación que no es la semejanza. Por ejemplo, se nombra el contenido para designar el continente *(Tomaré un café* en lugar de *una taza de café),* el instrumento por la persona que lo toca *(Empezaron a tocar los violines* en lugar de *los violinistas),* la parte por el todo *(No había ni un alma* en lugar de *persona).*

## Actividades

**25** Indica el significado y el sentido del enunciado *¿Sabe usted qué hora es?* ¿Sería adecuado responder solo «Sí»? Razona tu respuesta.

**26** Describe el significado denotativo de *perla* y *buitre.* Puedes ayudarte del diccionario. ¿Qué connotaciones tienen para ti esas palabras?

**27** ¿Qué define el diccionario, la denotación o la connotación de una palabra?

**28** Lee este texto y realiza las actividades:

> La distinción entre denotación y connotación permite arrojar alguna luz sobre distintos aspectos del significado, como por ejemplo la sinonimia (el hecho de que dos palabras tengan el mismo significado). En efecto, palabras que a primera vista parecen sinónimas, porque tienen la misma denotación, pueden ser muy diferentes por su connotación: palabras como *perro* y *chucho* tienen la misma denotación, pero connotan de manera distinta.
>
> R. Simone, *Fundamentos de lingüística,* Ariel.

a) Resume el contenido del texto.

b) ¿Qué connotan las palabras *perro* y *chucho?*

**29** *Núcleo* significó, primero, 'parte comestible de la nuez o de la almendra'. Explica su significado actual. ¿Mediante qué recurso se ha producido este cambio?

**30** *Estar fuera de juego* es una expresión propia del fútbol. ¿Qué significado adquiere en oraciones del tipo *Me han pillado fuera de juego?* ¿Qué recurso se ha utilizado para provocar el nuevo significado?

**31** Explica el cambio semántico que han sufrido las siguientes palabras en el ámbito de la informática: *ratón, ventana, colgar, subir, bajar, correo.*

**32** ¿Por qué son eufemismos las siguientes palabras o expresiones?: *obeso, tercera edad, persona de color, regulación de sueldos, pasar a mejor vida.*

**33** Completa en tu cuaderno esta tabla:

| Palabra | Denotación | Connotación |
|---|---|---|
| lunes | ... | ... |
| corazón | ... | ... |

**34** ¿En qué recursos se basa la creación léxica *serpentear* en la siguiente oración?:

*El río serpentea.*

## El léxico español

Las lenguas evolucionan con el paso del tiempo y el léxico es la parte de la lengua que experimenta mayor número de cambios.

El **léxico patrimonial** es el conjunto de palabras que una lengua hereda de su lengua madre. El léxico patrimonial del español proviene fundamentalmente del latín aprendido por los hispanos de los romanos cuando llegaron a la península ibérica en el siglo III a. C.

Frontón en la fachada del edificio de la Real Academia Española, en Madrid.

## 3.7 Monosemia, polisemia, homonimia

### Monosemia

Las palabras **monosémicas** poseen un solo significado.

Esta clase de palabras se utiliza frecuentemente en los textos científicos y técnicos *(apendicitis, calcio)*.

### Polisemia

La **polisemia** es el fenómeno semántico que se produce cuando una palabra tiene dos o más significados.

La polisemia se produce cuando una misma palabra va ampliando el número de sus aplicaciones y acepciones. Los cambios semánticos que has estudiado, al añadir nuevos significados al que ya tenían las palabras en su origen, producen palabras polisémicas.

**banco. 1.** Asiento con respaldo o sin él. **2.** Conjunto o masa de peces. **3.** Empresa dedicada a realizar operaciones financieras. **4.** Establecimiento donde se guardan órganos, datos...

### Homonimia

La **homonimia** se produce cuando dos palabras, procedentes de otras distintas, coinciden con el paso del tiempo en la misma forma.

**real$^1$.** Proviene de *res* (cosa). Un derivado es *realidad.*

**real$^2$.** Proviene de *rex* (rey). Un derivado es *realeza.*

## 3.8 El diccionario

El **diccionario** es la obra que recoge de forma ordenada las palabras de una lengua y define su significado.

Cada palabra se estudia en un artículo que se denomina **entrada.** La voz que figura al inicio de cada entrada es el **lema.** En el diccionario cada palabra polisémica tiene varias **acepciones** que aparecen en una sola entrada. Las palabras homónimas aparecen en entradas distintas y numeradas (por ejemplo, las palabras **cola$^1$** y **cola$^2$; cala$^1$, cala$^2$** y **cala$^3$**).

### Características del diccionario

- En un diccionario en papel las palabras se ordenan alfabéticamente, no solo en la primera letra, sino en todas las demás. Por ejemplo, en el diccionario verás seguidas estas entradas: *bullir, bulo, bulto, bum, bumerán, bungaló.*
- Los verbos aparecen en infinitivo: *venir, llegar...*
- Los adjetivos aparecen en masculino seguido de la terminación femenina: *blanco, -a.*
- Los sinónimos y antónimos suelen estar recogidos al final de la entrada.

**Webquest.** Accede a esta actividad en el banco de recursos de anayaeducacion.es e investiga sobre la etimología de las palabras.

## Clases de diccionarios

Existen muchas clases de diccionarios, tanto en papel como en formato digital. Entre los más utilizados destacan:

- Los **diccionarios de uso** de la lengua, que recogen las palabras y acepciones más utilizadas en el presente; por ejemplo, *Diccionario de uso del español* de María Moliner.
- Los **diccionarios etimológicos,** que informan sobre el origen y la evolución de las palabras; por ejemplo, el *Diccionario crítico etimológico castellano e hispánico* de J. Corominas y J. A. Pascual.
- Los **diccionarios de sinónimos y antónimos,** que recogen los sinónimos y los antónimos de una palabra.
- Los **diccionarios de dudas,** que resuelven dificultades del idioma.

El diccionario es un instrumento de gran utilidad en el aprendizaje de una lengua, ya sea materna o extranjera. Nos ayuda a descubrir el contenido de palabras desconocidas y nos permite aumentar nuestro caudal léxico, lo que nos ayudará a expresarnos con mayor precisión y propiedad.

La Real Academia Española (RAE) es la institución que tiene como misión principal velar por la lengua española y que publica un importante diccionario de uso y otro de dudas:

- Real Academia Española (2014): *Diccionario de la lengua española.* Se puede consultar por Internet.
- Real Academia Española (2005): *Diccionario panhispánico de dudas.* Se puede consultar por Internet.

### Las enciclopedias

Las **enciclopedias** son, como los diccionarios, obras que ordenan sus entradas alfabéticamente; pero se diferencian de estos en que incluyen también nombres propios y ofrecen no solo información lingüística, sino conocimientos de todo tipo. También suelen incluir dibujos, mapas, fotografías, y las más variadas ilustraciones y apoyos informáticos.

Las enciclopedias más usadas en la actualidad son accesibles a través de Internet.

## Actividades

**35** Las palabras homógrafas son palabras homónimas que se escriben igual. Redacta una oración con cada una de estas palabras homógrafas: *radio*[1], *radio*[2] y *pez*[1], *pez*[2].

**36** Las palabras homófonas son palabras homónimas que suenan igual y se escriben de forma distinta. Explica según el contexto la diferencia entre estas dos palabras homófonas subrayadas:

- *El pastor* <u>tuvo</u> *dos terneros nuevos.*
- *Colocaron todos los planos en el* <u>tubo</u>.

**37** Escribe en tu cuaderno dos oraciones con los homófonos *rebelar y revelar.*

**38** Ordena alfabéticamente las siguientes palabras: *descarado, descansar, descansillo, descanso, descapotable, descampado, descansado, descarga.*

**39** Con la ayuda del diccionario di qué cambios de significado han sufrido las palabras *mesa* y *buitre.*

**40** Busca en el diccionario estas expresiones y escribe una oración con cada una de ellas:

- *Ir al grano.*
- *Marear la perdiz.*
- *Morderse la lengua.*
- *Pasar la noche en vela.*
- *Comérselo con los ojos.*
- *No tener pelos en la lengua.*

**41** ¿Dónde buscar la palabra *Napoleón,* en un diccionario o en una enciclopedia?

**42** Identifica el lema, la información etimológica, la información gramatical y las acepciones de la entrada *furia.*

**43** Busca información en la página web www.rae.es sobre la historia del *Diccionario de la lengua española,* desde su primera versión, publicada por la Real Academia Española, y escribe una breve exposición de unas quince líneas.

# APLICA LO APRENDIDO

## Reflexiona sobre la gramática

### Solución paso a paso

**1** Analiza la morfología de la palabra *supercochazos*.

**Paso 1.** Identifica el lexema. Para ello, retira a *coche* la vocal final *-e*, que desaparece en las derivaciones.

Lexema: *coch-*

**Paso 2.** Identifica la presencia del sufijo *-azo:*

*super-coch-azo-s*

**Paso 3.** Identifica la presencia del prefijo: *super-*.

*super-coch-azo-s*

**Paso 4.** Identifica el morfema flexivo *-s:*

*super-coch-azo-s*

**2** Sigue el modelo de la actividad anterior y analiza paso a paso la morfología de las palabras: *antediluviano, premodernistas, interminable.*

**3** Forma antónimos con cada uno de los siguientes prefijos: *anti-, contra-, in-, des-* y *dis-*.

**4** Utiliza prefijos negativos para formar antónimos a partir de las palabras: *feliz, temporal, decir, hacer.*

**5** Determina si estos compuestos son univerbales o pluriverbales: *cumpleaños, árabe-israelí, tiralíneas, arcoíris, arco iris, altibajo, ciudad dormitorio, puntapié.*

**6** Escribe las siglas de las siguientes instituciones: Real Academia Española, Biblioteca Nacional de España, Universidad Politécnica de Valencia.

**7** Una forma de crear palabras nuevas son los acortamientos: *bici(cleta), cole(gio), fisio(terapeuta).* Busca tres ejemplos más de acortamientos.

**8** Escribe un sinónimo de cada una de estas palabras:

inicio | vivienda

**9** Indica si son completamente sinónimas las siguientes parejas de palabras. Razona tu respuesta:

| | |
|---|---|
| *cutis, piel* | *cueva, caverna* |
| *excusa, disculpa* | *caballo, corcel* |

**10** Sustituye por sinónimos en tu cuaderno las palabras subrayadas del siguiente texto:

> Yo estaba demasiado maravillada, pues el único deseo de mi vida ha sido que me dejen en paz hacer mi capricho y en aquel momento parecía que había llegado la hora de conseguirlo sin el menor trabajo por mi parte.

Carmen Laforet, *Nada*, Biblioteca El Mundo.

**11** Señala los sentidos que puede adquirir según el contexto la expresión: *Tengo hambre.*

**12** Escribe el significado real de los siguientes eufemismos: *tercer mundo, regulación de empleo, ajustes salariales.*

**13** En el ámbito económico se crean a veces palabras a través de metáforas. Según esto, ¿qué significan las palabras *burbuja, pelotazo* o *chiringuito?*

**14** Encuentra tres palabras pertenecientes a estos campos semánticos: *color, enfermedad, automóvil.*

**15** Consulta el *Diccionario* de la RAE en Internet y averigua el número de acepciones de las palabras: *libro, siesta, búho, pleno.*

**16** Identifica en el texto dos adjetivos antónimos.

> Nunca me consideré valiente, tampoco cobarde. Precavida era la palabra; prudente, quizá demasiado. No se me ocurría colgarme de una barandilla y balancearme sobre el vacío, como hacía mi amiga Hermi, que siempre buscaba matarse en cualquier momento y situación. Si íbamos a esquiar se salía de la pista reglamentaria. Con la bicicleta tomaba unas curvas a tal velocidad que no comprendía cómo no se estrellaba contra algo.

Clara Sánchez, *Entra en mi vida*, Destino.

**17** Identifica en el siguiente texto los verbos, sustantivos y adjetivos pertenecientes al campo de experiencia de *fuego:*

> El diésel, aunque se decía que le había quemado las cejas a alguien y que no le habían vuelto a crecer, se utilizaba para encenderla. Luego prendían los palos que, recogidos por toda la costa y cubiertos de sal del mar, explotaban en una brillante llama azul. […] los niños se acercaban desde todos los rincones del parque, y para ellos se asaban patatas, que salían del fuego llenas de ceniza. […] Los responsables de la hoguera, una vez empezaba a arder, se alejaban del brillo cavernoso, y comentaban los acontecimientos del día.

Penelope Fitzgerald, *La librería*, Impedimenta.

**Repaso interactivo.** Accede a este juego interactivo y repasa el contenido de la unidad en anayaeducacion.es.

En el **«Portfolio»** del banco de recursos de anayaeducacion.es, encontrarás orientaciones sobre cómo elaborar tu portfolio.

## Organiza tus ideas gramaticales

Copia y completa en tu cuaderno este organizador visual:

**ESTRUCTURA DE LAS PALABRAS**

- **Lexema**
  - Es la parte invariable de la palabra, que contiene el significado léxico.
    - Ejemplo: ....
- **Morfemas**
  - ....
    - Libres o independientes
      - Ejemplo: ....
    - ....
      - Flexivos o desinencias
        - Ejemplo: ....
      - ....
        - ....
          - Ejemplo: ....
        - Sufijos
          - Ejemplo: ....

## Practica la ortografía

**1** Lee el texto siguiente y realiza las actividades:

> Una mañana me aproximé al pinar que escudaba el recinto de los zorros y me sentí atraído por un extraño ruido, chillón y silbante, como si fuera una bandada de gaviotas. No había pájaros en los árboles y pensé que aquello no podía provenir de los perros mapaches, por cuya jaula acababa de pasar. El sonido continuó, subiendo y bajando; a veces parecía estar muy próximo y luego parecía un eco distante llevado por el viento. Para mi sorpresa, cuando me acerqué al recinto de los zorros descubrí que eran ellos los autores de esta extraña canción. Estaban reunidos en círculo junto a la puerta, con sus frágiles patas abiertas, sus dorados ojos carentes de expresión, la cabeza echada hacia atrás y la boca abierta, y este ruido extraordinario, similar al canto de un ave, salía salvaje en pequeñas ráfagas de su garganta. [...] nunca llegué a averiguar qué había originado este repentino y hermoso coro.
>
> Gerald Durrell, *Un zoológico en mi azotea*. Alianza Editorial.

Escudar: resguardar.

a) Localiza en el texto y copia en tu cuaderno:

- Cinco palabras esdrújulas.
- Cinco palabras llanas sin tilde.
- Cinco palabras agudas sin tilde.
- Cinco formas verbales agudas acabadas en vocal.

b) Escribe el plural de estos sustantivos. ¿Qué cambio de acentuación se produce?

expresión   canción

c) Escribe cinco sustantivos más que acaben en *-sión* y otros cinco que lo hagan en *-ción*.

d) Explica por qué llevan tilde o no las siguientes palabras del texto:

*chillón*   *jaula*
*atrás*   *estaban*

ORTOGRAFÍA CONSULTA EL ANEXO 1

Accede a más actividades para practicar la ortografía en anayaeducacion.es.

# 2

# PROYECTO DE VIDA

El objetivo del trabajo es tanto el de satisfacer las necesidades y anhelos individuales como el de intervenir en nuestro entorno y transformarlo en beneficio de la comunidad. Así, a lo largo de la historia esta actividad humana ha hecho posible la mejora de la vida de las personas y el progreso de toda la sociedad.

Pero el trabajo no es solo esto, también nos permitirá crecer y desarrollarnos como personas. Aprenderemos a controlar las emociones, a tomar decisiones y a defender nuestros derechos, y favorecerá que nos relacionemos de manera saludable con los demás.

Por todo esto, debemos formarnos, cultivar nuestras capacidades y prepararnos para hacer bien nuestro trabajo, sea este el que sea, con honestidad e ilusión.

**Plano abierto.** Accede al vídeo de la unidad en el banco de recursos de **anayaeducacion.es**.

## Intercambia opiniones

EL TRABAJO

- ¿Crees que el país donde trabajas condiciona tus derechos laborales?
  → Justifica tu respuesta con ejemplos concretos.
- ¿Son los mismos los derechos laborales de los trabajadores y de las trabajadoras en tu país?
  → ¿Por qué se sigue reivindicando la igualdad de género en el ámbito laboral?
- ¿Qué significado tiene para ti la expresión «trabajo decente»?
  → ¿Consideras importante conocer tus derechos laborales? ¿Por qué?

# QUÉ VAS A ENCONTRAR EN ESTA UNIDAD

## 1 LECTURA ODS

Vas a leer un texto que tiene como protagonista a un chico de once años, Daniel, en un momento crucial de su vida, cuando debe abandonar su pueblo y marchar a la ciudad para estudiar. ¿Consideras importante la formación para progresar en la vida? Consulta los vídeos en **anayaeducacion.es** y reflexiona sobre la necesidad de desarrollar estrategias para el empleo digno de los jóvenes: metas ONU 8.5. y 8.8.

## 2 COMUNICACIÓN

Las narraciones cuentan las historias reales o ficticias que les suceden a unos personajes. Sin embargo, una narración no se compone exclusivamente de secuencias narrativas, sino que estas se alternan con otros tipos de textos como descripciones, diálogos, etc. ¿En qué puede una descripción contribuir al equilibrio y a la coherencia de la obra?

## 3 GRAMÁTICA

¿Puedes diferenciar entre una frase y una oración? ¿Sabrías explicar lo que es un sintagma? ¿Cómo puedes identificar el núcleo de un sintagma? ¿Sabes cuántas clases de sintagmas hay?

**ORTOGRAFÍA** Al final de este libro encontrarás un anexo con reglas ortográficas y actividades que te ayudarán a solucionar las propuestas a lo largo de esta unidad: **acentuación de diptongos, triptongos e hiatos; casos especiales de acentuación.**

1 LECTURA

## Comprensión oral

Escucha el texto locutado de la lectura y responde a las siguientes preguntas:

- ¿Quién es el personaje principal de la narración? ¿Qué edad tiene?
- ¿Qué va a hacer Daniel dentro de pocas horas?
- Cita algunos de los elementos que conforman el valle.
- ¿A qué se dedica el padre de Daniel?
- Según el Moñigo, ¿qué no hay que hacer nunca cuando alguien se despide?
- Al amanecer, ¿de quién se despide Daniel?

# Daniel va a progresar

Dentro de dos horas, quizá menos, él diría adiós al valle, se subiría en un tren y escaparía a la ciudad lejana para empezar a progresar. Y sentía que su marcha hubiera de hacerse ahora, precisamente ahora que el valle se endulzaba con la suave melancolía del otoño y que a Cuco, el factor, acaban de uniformarle con una espléndida gorra roja. Los grandes cambios rara vez resultan oportunos y consecuentes con nuestro particular estado de ánimo.

A Daniel, el Mochuelo, le dolía esta despedida como nunca sospechara. Él no tenía la culpa de ser un sentimental. Ni de que el valle estuviera ligado a él de aquella manera absorbente y dolorosa. No le interesaba el progreso. El progreso, en verdad, no le importaba un ardite. Y, en cambio, le importaban los trenes diminutos en la distancia y los caseríos blancos y los prados y los maizales parcelados; y la Poza del Inglés, y la gruesa y enloquecida corriente del Chorro; y el corro de bolos; y los tañidos de las campanas parroquiales; y el gato de la Guindilla; y el agrio olor de las encellas sucias; y la formación pausada y solemne y plástica de una boñiga; y el rincón melancólico y salvaje donde su amigo Germán, el Tiñoso, dormía el sueño eterno; y el chillido reiterado y monótono de los sapos bajo las piedras en las noches húmedas; y las pecas de la Uca-uca y los movimientos lentos de su madre en los quehaceres domésticos; y la entrega confiada y dócil de los pececillos del río; y tantas y tantas otras cosas del valle. Sin embargo, todo había de dejarlo por el progreso. Él no tenía aún autonomía ni capacidad de decisión. El poder de decisión le llega al hombre cuando ya no le hace falta para nada; cuando ni un solo día puede dejar de guiar un carro o picar piedra si no quiere quedarse sin comer. ¿Para qué valía, entonces, la capacidad de decisión de un hombre, si puede saberse? La vida era el peor tirano conocido. Cuando la vida le agarra a uno, sobra todo poder de decisión. En cambio, él todavía estaba en condiciones de decidir, pero como solamente tenía once años, era su padre quien decidía por él. ¿Por qué, Señor, por qué el mundo se organizaba tan rematadamente mal?

El quesero, a pesar del estado de ánimo de Daniel, el Mochuelo, se sentía orgulloso de su decisión y de poder llevar a cabo su decisión. Lo que no podían otros. La víspera habían recorrido juntos el pueblo, padre e hijo, para despedirse.

—El chico se va mañana a la ciudad. Tiene ya once años y es hora de que empiece el grado.

Y el quesero se quedaba plantado mirándole a él, como diciendo: «¿Qué dice el estudiante?». Pero él miraba al suelo entristecido. No había nada que decir. Bastaba con obedecer.

Pero en el pueblo todos se mostraban muy cordiales y afectuosos [...]

—A ver si vuelves hecho un hombre. [...]

El Moñigo no había querido despedirse porque Roque bajaría a la estación a la mañana siguiente. Le abrazaría en último extremo y vigilaría si sabía ser hombre hasta el fin. Con frecuencia le había advertido el Moñigo:

—Al marcharte no debes llorar. Un hombre no debe llorar aunque se le muera su padre entre horribles dolores.

Daniel, el Mochuelo, recordaba con nostalgia su última noche en el valle. Dio media vuelta en la cama y de nuevo atisbó la cresta del Pico Rando iluminada por los primeros rayos del sol. Se le estremecieron las aletillas de la nariz al percibir una vaharada intensa a hierba húmeda y a boñiga. De repente, se sobresaltó. Aún no se sentía movimiento en el valle y, sin embargo, acababa de oír una voz humana. Escuchó. La voz le llegó de nuevo, intencionadamente amortiguada:

—¡Mochuelo!

Se arrojó de la cama, exaltado, y se asomó a la carretera. Allí abajo, sobre el asfalto, con una cantarilla vacía en la mano, estaba la Uca-uca. Le brillaban los ojos de una manera extraña.

—Mochuelo, ¿sabes? Voy a La Cullera a por la leche. No te podré decir adiós en la estación.

Daniel, el Mochuelo, al escuchar la voz grave y dulce de la niña, notó que algo muy íntimo se le desgarraba dentro del pecho. La niña hacía pendulear la cacharra de la leche sin cesar de mirarle. Sus trenzas brillaban al sol.

—Adiós, Uca-uca —dijo el Mochuelo. Y su voz tenía unos trémolos inusitados.

—Mochuelo, ¿te acordarás de mí?

Daniel apoyó los codos en el alféizar y se sujetó la cabeza con las manos. Le daba mucha vergüenza decir aquello, pero era esta su última oportunidad.

—Uca-uca… —dijo, al fin—. No dejes a la Guindilla que te quite las pecas, ¿me oyes? ¡No quiero que te las quite!

Y se retiró de la ventana violentamente, porque sabía que iba a llorar y no quería que la Uca uca le viese.

Miguel Delibes, *El camino,* Destinolibro.

## Vocabulario

Factor: empleado del ferrocarril.

Ardite: cosa de poco valor.

Encella: recipiente utilizado para la fabricación del queso.

Vaharada: bocanada.

Trémolo: temblor.

**Hipertexto.** Conoce al autor y contextualiza su obra en el banco de recursos de anayaeducacion.es.

## Comprende el texto

**Pasión por leer.** Disfruta con la lectura de otros textos de ambientación rural en el banco de recursos **anayaeducacion.es**.

### Extrae información

**1** ¿Quién narra la historia? ¿Es una narración autobiográfica?

**2** ¿En qué momento y lugar se desarrolla la acción?

**3** ¿Por qué dos razones ahora no era buen momento para marcharse del pueblo, según el protagonista?

**4** ¿Recuerda Daniel a algún amigo ya fallecido?

**5** El Mochuelo va reflexionando sobre todos los elementos del valle que echará de menos. Clasifícalos en la siguiente tabla en tu cuaderno:

| Personas | Animales | Objetos | Naturaleza |
|---|---|---|---|
| .... | .... | .... | .... |

**6** ¿Desagrada a Daniel el olor de la boñiga? Copia en tu cuaderno el texto donde se refleja esa sensación.

**7** Ordena en tu cuaderno las secuencias según el orden de aparición en la lectura:

- Orgullo del padre por enviar a su hijo a la ciudad.
- Despedida de Daniel y Uca-uca.
- Daniel recrea los elementos del valle.
- Reflexión sobre la capacidad de decisión del ser humano.
- Recomendación de Roque, el Moñigo.

**8** ¿Qué le pide Daniel a Uca-uca al despedirse?

### Reflexiona sobre la lengua

**9** ¿Qué tienen en común estas palabras del texto?

*separación - adiós - decisión*

**10** ¿Por qué lleva tilde *alféizar?*

**11** Localiza en el texto cinco ejemplos de formas verbales del pretérito imperfecto de indicativo que lleven hiato del tipo: vocal cerrada acentuada + vocal abierta.

**12** En el texto aparece el verbo *guiar.* Escribe la segunda persona del plural del presente de indicativo. ¿Lleva diptongo, triptongo o hiato? ¿Debe llevar tilde? ¿Por qué?

**13** Forma adverbios acabados en *-mente* a partir de estos adjetivos del texto. ¿En qué cambia o no cambia su acentuación? ¿A qué regla responde esto?

espléndida intensa melancólico

ORTOGRAFÍA CONSULTA EL ANEXO 2 3

**14** En el texto abundan estos dos tipos de nombres. Búscalos y cópialos en tu cuaderno.

APODOS TOPÓNIMOS

**15** En la lectura se utilizan los sustantivos *tañido* y *chillido* para referirse al sonido producido por las campanas y por los sapos, respectivamente. Clasifica ahora estos sustantivos en tu cuaderno: *rasgueado, rugido, tecleado, repiqueteo, zumbido, bramido, redoble, relincho.*

| Animal | Instrumento musical |
|---|---|
| .... | .... |

**16** ¿Cómo se denomina la profesión de quien «guía un carro»? ¿Y la de quien «pica piedra»? ¿Qué otros nombres de profesiones aparecen en el texto? ¿Con qué sufijo se construyen?

### Interpreta y analiza

**17** ¿Por qué a Daniel no le interesa el progreso?

**18** ¿Qué sentimientos invaden al protagonista?

**19** ¿Qué piensa Daniel sobre el poder de decisión del ser humano? ¿Puede él decidir?

**20** **Análisis asociativo.** El padre de Daniel se siente orgulloso de poder enviar a su hijo a estudiar a la ciudad. ¿Por qué?

**21** ¿Crees que a Daniel le gusta Uca-uca? ¿En qué rasgos de su comportamiento se percibe?

### Valora y relaciona con tu mundo

**22** **Organizo y defiendo la postura.** El Moñigo piensa que «un hombre no debe llorar». ¿Estás de acuerdo con esa afirmación? ¿Por qué?

**23** ¿Has sentido alguna vez tanto apego por un lugar como Daniel por el valle? ¿Entiendes sus sentimientos? Explícalo.

**24** **El espejo.** Daniel va a marcharse a la ciudad para continuar sus estudios. ¿Has vivido tú esa misma experiencia? ¿Conoces a alguien que la haya vivido?

**25** En la lectura, muchos personajes son designados por un apodo. ¿Es este un hecho habitual también en tu entorno? ¿Te parece una práctica denigrante o, por el contrario, divertida? Debatidlo en clase.

Amplía tu vocabulario

## EL TRABAJO

Daniel se marcha del valle para progresar, estudiar y conseguir, en un futuro, un **trabajo** digno. Aunque él, a sus once años, aún no lo entienda bien.

**1** Las palabras *laborar* y *labrar* proceden ambas del latín *laborare.* Identifica en la nube de palabras aquellas que creas que tienen el mismo origen. Busca en el diccionario el significado de las que desconozcas.

LABRANZA ladrador latrocinio LABOREO LABORIOSO LABORATORIO laboral LABIA LABRIEGO LÁBIL LACRIMAL laberinto

**2** Si a la persona inclinada a trabajar se le denomina *trabajadora,* ¿con cuál de estas palabras se designa a la persona a quien no le gusta trabajar?

SOLÍCITA HOLGAZANA PUSILÁNIME

**3** **1-2-4.** Sustituye en las siguientes oraciones el verbo *trabajar* por el sinónimo adecuado en cada caso:

producir esforzarse faenar funcionar ejercitar

- *Esa empresa* trabaja *la lana para su exportación.*
- *El ordenador* trabaja *según un programa establecido.*
- *El alumnado* trabaja *para obtener buenas calificaciones.*
- *Deberías* trabajar *los músculos del abdomen.*
- *Pedro* trabaja *en el campo para obtener buenas cosechas.*

**4** ¿Qué significa la expresión «tomarse el trabajo de algo»? Escribe una oración con ella.

Aceptar la obligación Tomarse la molestia

**5** Formal o coloquial, ¿a qué registro idiomático pertenecen los verbos *currar* y *currelar?* Imagina una situación en la que podrías utilizarlos.

**6** Selecciona, de entre las siguientes palabras, dos antónimos de *trabajar: expiar, denegar, gandulear, insistir, vaguear.*

**7** Completa estas oraciones con un término derivado de *progreso:*

- *Su ascenso fue ..., paso a paso.*
- *El gráfico indica una ... descendente en el número de habitantes.*
- *Estoy segura de que vas a ..., eres una luchadora.*
- *Su pensamiento es bastante ... y liberal.*

**8** **Interpretación compartida.** En grupos, elegid una de estas citas de Confucio. ¿Qué significa? Compartid vuestras respuestas.

Estatua del pensador y gran sabio chino Confucio (551 a. C - 479 a. C).

Dale a un hombre un pescado, alimentará su casa por un día. Enseña a un hombre a pescar y lo alimentarás para toda la vida.

Elige un trabajo que te guste y no tendrás que trabajar ni un día de tu vida.

# 2 COMUNICACIÓN

# EL TEXTO NARRATIVO Y EL TEXTO DESCRIPTIVO

## 2.1 La narración

La **narración** es un texto oral o escrito en el que se cuentan los sucesos reales o imaginarios que les ocurren a unos personajes en un lugar y en un tiempo determinados.

**Recuerda**

La **narración** puede ser **literaria** o no **literaria.**

LA NARRACIÓN PUEDE SER

**Espontánea**

Cuando es improvisada, no preparada. Aquí se incluyen los relatos que hacemos a diario: por ejemplo, cuando le contamos a un compañero o a una compañera lo que hemos hecho durante el fin de semana.

**Organizada**

Cuando es un texto pensado, ordenado y estructurado previamente por el autor o la autora. Los relatos literarios son narraciones organizadas que tienen un fin estético y la pretensión de que el texto permanezca en el tiempo y lo lean muchas personas. También son narraciones organizadas algunos textos periodísticos (la noticia, el reportaje...).

### Actividades

**1** Lee el fragmento siguiente y realiza las actividades:

> En 1951, una foto publicada en la revista *Life* causó revuelo en los círculos ilustrados de Nueva York.
>
> Por primera vez aparecían, reunidos, los más selectos pintores de la vanguardia artística de la ciudad: Mark Rothko, Jackson Pollock, Willem de Kooning y otros once maestros del expresionismo abstracto.
>
> Todos hombres, pero en la fila de atrás aparecía en la foto una mujer, desconocida, de abrigo negro, sombrerito y bolso al brazo.
>
> Los fotografiados no ocultaron su disgusto ante esa presencia ridícula.
>
> Alguno intentó, en vano, disculpar a la infiltrada, y la elogió diciendo:
>
> —Ella pinta como un hombre.
>
> Se llamaba Hedda Sterne.

Eduardo Galeano, *Mujeres*, Siglo XXI.

a) Explica por qué este fragmento es una narración.

b) Indica si este texto corresponde a una narración espontánea u organizada. ¿Por qué?

c) ¿Por qué dice el autor que alguno disculpó a esta mujer «en vano»?

d) ¿Te parece un buen elogio «Ella pinta como un hombre»? Justifica tu respuesta.

e) Busca información sobre Hedda Sterne y escribe un texto sobre ella de unas diez líneas. Explica por qué lo que has escrito es un texto.

**2** Este texto es una transcripción de una narración oral. Léela y realiza las actividades.

[NOTA: una barra indica pausa breve; y dos barras, pausa algo mayor]

> Pues esto le pasó a un amigo mío / ¿no? / que bajó al instituto / y estaban abajo jugando / con unos amigos y tal ¿no? / y tenía un amigo [...] / *leee* cogieron el bloc / y se lo colgaron / en / encima de la puerta del instituto / entonces el amigo le dijo / ¿por qué no me coges el bloc? / y dijo / porque no / pues como no me lo cojas [...] / se lo cogió / bueno antes de cogérselo // *uumm* saltó para cogérselo / y como un amigo estaba en la *paré* así *atravesao* / mal puesto / cuando iba por el aire se asustó del amigo / y se pegó contra // y se pegó con / con la cara en la *paré* / [...].

M.D. Abascal, J. M. Beneito, F. Valero, *Hablar y escuchar*, Octaedro.

a) Explica por qué este texto es una narración.

b) ¿Qué tipo de narración es: espontánea u organizada? ¿Representa una narración oral? ¿Por qué?

c) Señala algunas diferencias con respecto a las narraciones organizadas.

## Formas de la narración

- En su **forma externa,** una narración (novela, cuento...) suele organizarse en partes y capítulos. En cada uno de los capítulos pueden cambiar la acción, algunos personajes y el tiempo.

- En su **forma interna,** una narración puede ser **abierta,** cuando no tiene un final definitivo, de tal manera que la acción podría continuar; y **cerrada,** cuando la narración tiene un final definitivo, es decir, cuando da la historia por acabada.

## Rasgos lingüísticos de la narración

Dado que narrar es contar hechos ocurridos en el tiempo, en las narraciones son fundamentales las palabras que indican acción **(verbos)** y las palabras que indican el paso del tiempo **(indicadores temporales).**

### VERBOS

Formas verbales más habituales:

- **Pretérito perfecto simple.** Sitúa en el pasado los hechos que han ocurrido una vez: *Carmen saludó a su madre desde la ventana.*
- **Presente.** Expresa la acción cuando no es necesario indicar el tiempo: *Juan canta en la ducha.*
- **Pretérito imperfecto de indicativo.** Sitúa en el pasado una acción que se repite: *El mayordomo paseaba a los perros todos los días.*

### INDICADORES TEMPORALES

- **Adverbios** y **locuciones adverbiales.** Hacen referencia al momento en el que se producen los hechos: *ahora, después, por último, dentro de un rato...*
- **Complementos circunstanciales de tiempo:** *en aquel momento, durante la comida, durante la representación teatral, durante la noche, en cuanto llegaron...*

### ESTRUCTURA HABITUAL DE LA NARRACIÓN ORGANIZADA

- **Planteamiento:** presenta la acción, los personajes, el espacio...
- **Nudo:** desarrolla el problema, la intriga, la trama; es el momento de mayor interés narrativo.
- **Desenlace:** resuelve el conflicto y cierra con el final.

## Actividades

**3** Lee el texto siguiente y realiza las actividades:

> Una mañana se levantó y fue a buscar al amigo, al otro lado de la valla. Pero el amigo no estaba, y, cuando volvió, le dijo la madre: «El amigo se murió. Niño, no pienses más en él y busca otros para jugar». El niño se sentó en el quicio de la puerta, con la cara entre las manos y los codos en las rodillas. «Él volverá», pensó. Porque no podía ser que allí estuviesen las canicas, el camión y la pistola de hojalata, y el reloj aquel que ya no andaba, y el amigo no viniese a buscarlos. Vino la noche, con una estrella muy grande, y el niño no quería entrar a cenar. «Entra, niño, que llega el frío», dijo la madre. Pero, en lugar de entrar, el niño se levantó del quicio y se fue en busca del amigo, con las canicas, el camión, la pistola de hojalata y el reloj que no andaba. Al llegar a la cerca, la voz del amigo no le llamó, ni le oyó en el árbol, ni en el pozo. Pasó buscándole toda la noche. Y fue una larga noche casi blanca, que le llenó de polvo el traje y los zapatos. Cuando llegó el sol, el niño, que tenía sueño y sed, estiró los brazos, y pensó: «Qué tontos y pequeños son esos juguetes. Y ese reloj que no anda, no sirve para nada». Lo tiró todo al pozo, y volvió a la casa, con mucha hambre. La madre le abrió la puerta, y le dijo: «Cuánto ha crecido este niño, Dios mío, cuánto ha crecido». Y le compró un traje de hombre, porque el que llevaba le venía muy corto.

Ana María Matute, *Antología de cuentos e historias mínimas,* Espasa-Calpe.

a) Identifica en el texto las tres partes de la narración: el planteamiento, el nudo y el desenlace.

b) Explica por qué esta narración puede ser cerrada, pero también puede ser abierta.

c) ¿Cuál es la forma verbal que más abunda en todo el texto? ¿Por qué?

d) Señala palabras que sitúen la acción en el espacio y en el tiempo.

e) Resume el tema del texto en tres líneas.

### Recuerda

La **acción** o **historia** está constituida por los hechos que se cuentan en una narración.

## La narración según la intención

Según la intención del autor o de la autora al escribir un texto, se distinguen las siguientes clases de narración:

- Cuando quiere ensalzar a los héroes de la Antigüedad o medievales, escribe obras épicas como la **epopeya** y los **poemas épicos.**
- Si quiere instruir al lector o a la lectora, escribirá obras didácticas, como la **fábula.**
- Si la intención es transmitir hechos de actualidad, el autor o la autora escribirá textos periodísticos como la **noticia.**
- Si pretende construir mundos de ficción que sirvan de entretenimiento, escribirá narraciones literarias, como la **novela,** el **cuento** y la **leyenda.**

| Clases de narración | Definición |
|---|---|
| Epopeya | Narración de las hazañas de los héroes de la Antigüedad. Por ejemplo: la *Ilíada* y la *Odisea,* de Homero. |
| Poema épico | Narración en verso de las aventuras de los héroes medievales. Por ejemplo: el *Cantar de Mio Cid.* |
| Leyenda | Relato de hechos extraordinarios que la tradición popular ha inventado a partir de un suceso real o fabuloso. Por ejemplo: la leyenda de san Jorge y el dragón. |
| Fábula | Narración breve, en prosa o en verso, protagonizada, generalmente, por animales, que transmite una moraleja. Por ejemplo: las fábulas del autor griego Esopo. |
| Cuento | Relato breve, escrito por un autor o una autora conocidos (cuento literario) o desconocidos (cuento tradicional). |
| Novela | Narración literaria larga de autoría conocida; como *El Quijote,* de Miguel Cervantes; *La Tribuna,* de Emilia Pardo Bazán; o *La vuelta al mundo en 80 días,* de Julio Verne. |
| Noticia | Narración que transmite información de actualidad en un medio de comunicación. |

## La narración según la acción

Según la acción o historia, las narraciones literarias pueden ser:

**Realistas**

La persona que narra cuenta los hechos con matices muy cercanos a la realidad. Por ejemplo: las novelas históricas, las novelas psicológicas o muchas de las novelas actuales son realistas. Por ejemplo: la serie *El capitán Alatriste,* de A. Pérez Reverte.

**Fantásticas**

La narración lleva la ficción a su grado máximo. Por ejemplo: las narraciones sobre extraterrestres o situadas en un futuro lejano son fantásticas. En ellas intervienen elementos maravillosos e imaginarios (animales que hablan, personajes mágicos, etc.). Por ejemplo: *Memorias de Idhún,* de Laura Gallego.

## Actividades

**4** Lee estos textos y realiza las actividades:

a) Indica a qué clase de narración pertenecen según la intención del autor o la autora. ¿Justifica tu respuesta?

b) Realista o fantástica: ¿a qué tipo de narración pertenece cada texto? Razona tu respuesta.

### Texto 1

Una mañana tempranito, monte arriba corría un pastorcillo. Tantísimo era lo que lloraba, que el gabán empapaba de su llanto. Seguíanle trotando los corderos, balaban las corderitas cual si presintieran la tormenta, y las aves se agitaban en los árboles denunciando su pena por la del pastor.

—¿Estás enfermo; qué te ocurre, galán? —gritáronle las fuentes en donde bebía él todos los días.

La voz del pastorcillo se elevó en la soledad del monte:

—¡Si de este mal que tengo muero, entiérrenme en un praderío, pero que no pazca en él ganado! Dejen fuera mi caballo, y muy bien peinado y rizado como si fuera yerba fresca sobre mi tumba. Así sabrán los que por allí pasaren, que debajo está un desdichado —y siguió llorando, monte arriba, hasta perderse.

Tres figuras de muchachas aparecieron en el monte también. Tras él corrían, pero sin alcanzarle. Abrazáronse las tres, y parecían juntas tres espigas muy granadas. Una a una fueron diciendo entre suspiros:

—¡Adiós, mi primo!

—¡Adiós, mi hermano!

—¡Adiós, mi enamorado!

Esta era la más chiquita, y su voz era tan débil que pareció un ala de pájaro moviéndose antes del sueño.

Carmen Conde, *Cuentos del romancero,* Libros Río Nuevo.

### Texto 2

A una Culebra que de frío yerta
en el suelo yacía medio muerta,
un labrador cogió; mas fue tan bueno,
que incautamente la abrigó en su seno.
Apenas revivió, cuando la ingrata
a su gran bienhechor traidora mata.

Félix María de Samaniego

### Texto 3

De los sus ojos    tan fuertemente llorando,
tornaba la cabeza    y estábalos catando.
Vio puertas abiertas    y postigos sin candados,
alcándaras vacías,    sin pieles y sin mantos,
y sin halcones    y sin azores mudados.
Suspiró Mio Cid    pues tenía muy grandes cuidados.
Habló Mio Cid,    bien y tan mesurado [...]

*Cantar de Mio Cid.*

Alcándara: percha.
Azor: ave rapaz.

### Texto 4

**Retiran la publicidad de los balones de LaLiga en bolardos porque la gente les daba patadas**

El Ayuntamiento de Madrid ha decidido retirar la publicidad de los balones de LaLiga en los bolardos de la ciudad. La campaña conjunta entre el suministrador oficial de los balones de la nueva temporada de fútbol y el Consistorio recubría las famosas bolas de piedra con tela, y más de un transeúnte se ha lesionado dando patadas a lo que aparentemente eran simples pelotas. «Los acabamos de retirar», ha dicho recientemente la vicealcaldesa. En Twitter, algunos internautas se hicieron eco de la campaña publicitaria criticando lo que entendían como una «ocurrencia» peligrosa.

www.elmundo.es

## 2.2 El narrador

El **narrador** de un relato no debe confundirse con el **autor;** este es la persona real que ha escrito un relato, mientras que el narrador es un personaje más, creado para que cuente la historia.

El narrador de una novela puede ser **externo** o **interno.**

La escritora e intelectual española, pionera en su tiempo, Emilia Pardo Bazán (1851-1921).

### Narrador externo

Este **narrador** utiliza el verbo en **tercera persona** y está fuera de la historia.

> Comenzaba a amanecer, pero las primeras y vagas luces del alba a duras apenas lograban colarse por las tortuosas curvas de la calle de los Castros, cuando el señor Rosendo, el barquillero que disfrutaba de más parroquia y popularidad en Marineda, se asomó, abriéndose a bostezos, a la puerta de su mezquino cuarto bajo.

Emilia Pardo Bazán, *La Tribuna,* Cátedra.

El narrador externo puede ser:

- **Omnisciente,** cuando conoce todos los detalles del relato, hasta los pensamientos y sentimientos más íntimos de los personajes.

> La nieve se convirtió en una lluvia fría. Despertó muchas veces para sentirla en el rostro. Llegó el día, un día gris y sin sol. Había dejado de llover. Le habían abandonado las punzadas del hambre. Había perdido la sensibilidad para la comida.

Jack London, *La quimera del oro,* Verbum.

- **Ausente,** cuando narra únicamente aquello que se puede percibir a través de los sentidos.

> Aquel hombrón cubría toda la puerta con sus hombros. Había mirado a un lado y a otro en el momento en que iba a entrar. Se oscureció el local, mientras cruzaba el quicio.
>
> —¿Dónde le dejo esto? Buenos días.
>
> Traía contra un lado del cuello una barra de hielo, liada en arpillera.
>
> —Hola, Demetrio. Pues déjalo aquí de momento; primero hay que partirlo.

Rafael Sánchez Ferlosio, *El Jarama,* Debolsillo.

### Actividades

**5** Lee el siguiente texto y realiza las actividades:

> Aquel verano fue excepcionalmente duro para Paulina Bedoya. [...] Desde hacía cinco años llevaba el mismo traje de sastre, de lana, con levita en invierno, con blusa de seda en verano. Como todo ello era negro, parecía gastar luto eterno y distinguido. [...] Menudeaban las noches en que se acostaba suspirando una y mil veces: «¡Ay, Señor mío! ¿Qué va a ser de mí?».
>
> Y un día se sintió animada por una fuerza extraordinaria, una fuerza compuesta por muchas causas agobiadoras: las suelas, el abanico, la blusa, las amenazas de la revendedora... y el hambre. Esta fuerza la llevó hasta la casa de Luisa Carrillo, aunque ninguna noticia de saldo sensacional tenía que darle, y le hizo pronunciar esta frase decisiva: «Ya no puedo seguir así». [...]
>
> —Es preciso que te ganes le vida.
>
> Paulina la miró con la misma sonrisa descorazonada con que hubiese oído que le decían: «Es preciso que te toque la lotería». Murmuró débilmente:
>
> —¿Cómo?
>
> Luisa reflexionó un momento; luego propuso con tono resuelto:
>
> —¿Y si entraras de dependienta en alguna tienda?
>
> Paulina exclamó con energía agridulce:
>
> —¡Pero, mujer, suponte tú que algún antiguo compañero de mi padre y alguna de «nuestras relaciones» me viera despachando!

Carmen Eva Nelken, «La carabina», en *La mujer en los textos literarios,* Akal.

a) Explica qué tipo de narrador se utiliza en el texto que has leído.

b) Este narrador, ¿se presenta como omnisciente o como ausente? Argumenta tu respuesta.

c) ¿Qué persona verbal predomina en este fragmento narrativo?

d) ¿Es una narración realista o fantástica?

**Webquest.** Accede a esta actividad en el banco de recursos de **anayaeducacion.es** e investiga sobre Emilia Pardo Bazán.

## El narrador interno

Este **narrador** cuenta los hechos en primera persona y puede ser protagonista o testigo de los hechos narrados.

- El **narrador protagonista** cuenta una serie de sucesos que él mismo ha protagonizado.

> Veíamos por todas partes manchas de luz blanquísimas junto a oscuras, y todo permanecía silencioso, en una quietud terrible que no turbaba la leve brisa de la noche misteriosa y fúnebre. De pronto, Tom susurró:
>
> —¡Mira allí! ¿Qué es eso?
>
> —No lo sé —repuse [...].
>
> Mark Twain, *Tom Sawyer detective*, Espasa-Calpe.

- El **narrador testigo** está presente en los acontecimientos, pero no participa en ellos. En este ejemplo, la experiencia del narrador se narra en primera persona y el hecho del que ha sido testigo, marcado en azul, lo narra en tercera persona porque no ha intervenido en él.

> Y ahora debo ser explícito, pues lo que sigue —a menos que su explicación sea aceptada— es algo absolutamente inadmisible. Cogió él una de las mesitas octogonales y [...] puso la máquina encima de ella. [...] Me senté en un sillón muy cerca del fuego y lo arrastré hacia delante a fin de estar casi entre el Viajero a través del Tiempo y el hogar.
>
> H. G. Wells, *La máquina del tiempo*, Anaya.

NARRACIONES CON UN NARRADOR PROTAGONISTA

- La **novela autobiográfica,** en la que el protagonista narra los principales hechos de su vida.
- La **novela en forma de diario,** en la que la acción avanza mediante las anotaciones y las reflexiones del protagonista.
- La **novela epistolar,** en la que la acción progresa mediante el intercambio de cartas entre el protagonista y otros personajes.

## Actividades

**6** Lee el texto siguiente y realiza las actividades:

> El abuelito deja el periódico violentamente y suelta una palabrota.
>
> Teresina le mira con los ojos redondos de asombro y María Fuencisla, que come su sopita, hace un puchero con su boquita fruncida.
>
> —¡Abuelito, que has asustado a las nenas!
>
> —¡Más asustado estoy yo! ¿No sabes lo que pasa? ¿No?
>
> —No, abuelito, no, no lo sé.
>
> —Se ha sublevado la guarnición de África.
>
> —¡Ah, bueno! —digo tranquilizándome—. Eso ha ocurrido siempre. Sublevaciones, motines, revoluciones… La historia de España está llena de…
>
> Me callo al ver la indignación del abuelito, que se ha quitado las gafas para mirarme.
>
> —Pero… ¿pero qué chafainas de historia os enseñan en esos institutos de cuerno?
>
> Elena Fortún, *Celia en la Revolución*, Renacimiento.

a) ¿Es un narrador externo o interno? ¿Por qué lo sabes?

b) ¿Es un narrador protagonista, que participa en los hechos, o simplemente es narrador testigo?

c) Los hechos narrados ocurren en el verano de 1936. Consulta en Internet qué ocurrió en España el 17 y 18 de julio de ese año. ¿Qué relación tiene este texto con esos hechos?

## 2.3 La descripción

La **descripción** es un texto oral o escrito en el que decimos cómo es una persona, un objeto, un lugar, un sentimiento, una emoción o cualquier otra realidad basándonos en lo que percibimos de ella por los sentidos, en lo que imaginamos o en lo que sentimos.

La descripción puede tener un **tono objetivo** o **científico,** con la única intención de transmitir unos conocimientos; o puede tener un **tono subjetivo** o **personal,** para transmitir sentimientos, impresiones o emociones en torno a una realidad.

### Funciones de la descripción

La descripción es una forma de discurso que asume distintas funciones en los diferentes textos donde se incluye.

- En un **texto narrativo,** presenta a un personaje o el espacio donde se desarrolla la acción. También puede predisponer al lector o a la lectora a favor o en contra de un personaje o de un lugar.

  > Tenía un bigote poblado y negro, ojos feroces y un delicado rostro de depredador. No era tan viejo como su ropa, su bigote y sus costumbres hacían creer; era la clase de hombre que se convierte en un excéntrico redomado casi antes de cumplir los veinte años.
  >
  > Alice Munro, *La vida de las mujeres,* Debolsillo.

- En un **texto expositivo,** sirve para presentar el tema.

  > Los bosques primarios del mundo albergan una gran biodiversidad. Existen muchos tipos: pueden ser boreales, templados o tropicales; bosques perennes, caducifolios, secos, manglares, etc.
  >
  > *www.greenpeace.es*

- En un **texto publicitario,** invita al receptor del mensaje a que compre o elija el producto que se describe.

  > Dentro del parque Natural, uno de los enclaves más conocidos es la Ciudad Encantada, declarado Sitio Natural de Interés Nacional en 1929. Recoge un impresionante paisaje calcáreo, único en el mundo, esculpido por la acción erosiva del agua y el viento.
  >
  > *www.turismocastillalamancha.com*

### La descripción externa e interna

Una descripción nunca es una simple enumeración de todos los rasgos de la realidad que se describe, sino que es una selección de aquellos que nos parecen más llamativos. Cuando describimos podemos hacer una descripción externa o interna.

- La **descripción externa** destaca lo que se percibe por los sentidos.

  > La alcoba es amplia y clara. Recibe la luz por un balcón. Están entornadas las maderas; en la suave penumbra, la luz que se cuela por la persiana marca en el techo unas vivas listas de claror blanca.
  >
  > Azorín, *Antonio Azorín,* Labor.

- La **descripción interna** refleja las cualidades o los estados anímicos, que no se perciben por los sentidos.

  > [Mi tío Antonio tenía] una perspicacia natural, un talento práctico y, sobre todo, una bondad inquebrantable que ha dejado en mis recuerdos una suave estela de ternura.
  >
  > Azorín, *Obras selectas,* Espasa-Calpe.

#### RASGOS LINGÜÍSTICOS DE LA DESCRIPCIÓN

- Los **verbos** suelen estar en presente o pasado y son muy frecuentes los **verbos copulativos** *(ser, estar* y *parecer).*
- Abundan los **sustantivos** para señalar realidades y los **adjetivos** para indicar sus cualidades *(ancho mar azul, ceremonia fastuosa...).*
- Se utilizan los **adverbios** para concretar los lugares *(aquí, allí...)* y el paso del tiempo *(ahora, después).*

#### DESCRIPCIÓN DE PERSONAS

- **Prosopografía:** descripción en la que se dibujan solo los rasgos físicos o externos de la persona.
- **Etopeya:** descripción de los rasgos psicológicos o de carácter de la persona.
- **Retrato:** descripción de ambos aspectos, el físico y el psicológico. Cuando la autora o el autor hace el propio retrato, se llama **autorretrato.**

## Actividades

**7** Lee estos dos textos y realiza las actividades:

**Texto 1.** Hay una producción vegetal que merece ser señalada por su importancia como alimento. Es una seta globulosa, de color amarillo claro, que crece en gran número sobre las hayas. Cuando está verde es elástica, redondeada y de superficie lisa; pero al madurar se arruga, toma más consistencia y toda su superficie se riza y talla de huequecillos profundos. Esta seta pertenece a un género nuevo y curioso.

Charles Darwin, *Viaje de un naturalista alrededor del mundo,* Akal.

**Texto 2.** Tenía una cara alargada y angulosa, y poseía una expresión firme, a diferencia de la de su mujer, que era vacilante como una vela. No tenía barba ni bigote, lo cual me agradó, pues le daba un aire aseado. Llevaba una capa negra sobre los hombros, una camisa blanca y una fina gorguera de encaje. Tenía sombrero calado sobre su pelo del color rojo de los ladrillos mojados por la lluvia.

Tracy Chevalier, *La joven de la perla,* Mondadori.

a) ¿Por qué estos textos son descriptivos?

b) Objetivo o subjetivo, ¿qué tono se utiliza en cada descripción? Justifica tu respuesta con ejemplos.

c) ¿Cuál es la función de cada descripción?

d) ¿Qué forma verbal predomina en cada una?

e) Identifica los adjetivos. ¿Qué objetos califican?

**8** Lee este texto y realiza las actividades:

Hoy el casco antiguo de Cádiz conforma un conjunto urbano y arquitectónico homogéneo. Se trata de la ciudad construida fundamentalmente en los siglos XVIII y XIX, de elegante trazado y claro estilo burgués, donde contrasta el blanco predominante de las fachadas con el azul del cielo, donde los jardines románticos son un feliz contrapunto de las apretadas calles, calles que terminan desembocando al mar, pues el mar ha sido siempre su razón de ser. [...]

Su carácter es sociable y extrovertido, a veces ruidosa, a veces contenida. El gaditano gusta de vivir en la calle y de participar en tertulias, y es célebre su humor, rico en ironía.

*Cádiz,* Escudo de Oro.

a) ¿Por qué este es un texto descriptivo?

b) ¿Cuál es la función de esta descripción?

c) Indica qué parte del texto es una descripción externa, y cuál, interna.

d) En la descripción externa, ¿cuál es el sentido que el autor o la autora utiliza? Justifica tu respuesta con ejemplos del texto.

**9** Lee este texto y contesta a las preguntas:

El invierno es una caja cerrada donde se atropellan las tormentas de nieve y estas montañas siguen pareciendo el lugar donde pasan el invierno los inviernos. También mi tristeza se ha solidificado con el frío. Solo tengo el miedo que tanto miedo me daba. Tengo miedo de que el niño enferme, tengo miedo de que muera la vaca a la que apenas logro alimentar desenterrando raíces y la poca hierba que la nieve sorprendió aún viva. Tengo miedo de enfermar. Tengo miedo de que alguien descubra que estamos aquí arriba en la montaña. Tengo miedo de tanto miedo. Pero el niño no lo sabe. ¡Elena!

El viento por las noches grita entre estos montes con un alarido casi humano, como si estuviera enseñándonos al niño y a mí cómo debiera ser el lamento de los hombres. Afortunadamente, esta braña resiste bien todas las tormentas.

Alberto Méndez, *Los girasoles ciegos,* Anagrama.

a) ¿Es una descripción externa o interna? Razona tu respuesta con ejemplos del texto.

b) ¿Cuál es el sentimiento que predomina?

c) ¿De qué tiene miedo el narrador?

d) ¿Todos los sentimientos son negativos? Justifica tu respuesta.

**10** Lee este texto y contesta a las preguntas:

A los 16 años, cuando la casaron con Felipe de Borgoña, Juana [la Loca] hablaba latín con toda fluidez, escribía con gracia, bailaba muy bien y tocaba a la perfección varios instrumentos, entre ellos el clavicordio y el monocordio. Era una princesita dócil e instruida, la más guapa, a decir de los coetáneos, de entre todas las hijas de los Reyes [Católicos]. Los cuadros la muestran hoy un tanto mejilluda (en esto salió a su madre), con unos bonitos ojos azules, la boca pequeña y carnosa, la nariz demasiado larga y una expresión vagamente bovina. [...]

Felipe el Hermoso, por su parte, no era nada hermoso según los baremos actuales: era belfudo como buen Habsburgo, con grandes narizotas y blandos carrillos. Sin embargo, era un deportista y un vividor, amante de los torneos, los bailes y los juegos de pelota. A Juana, desde luego, la deslumbró.

Rosa Montero, *Pasiones. Amores y desamores que han cambiado la historia,* Punto de Lectura.

a) ¿Cuál es el contenido de esta descripción?

b) ¿Qué clase de descripción ha realizado la autora: prosopografía, etopeya o retrato?

c) Señala tres adjetivos que se utilizan para describir a Juana la Loca y tres que describen a Felipe el Hermoso.

# UN JUEGO SIN ESCAPE

**PON A PRUEBA TUS HABILIDADES NARRATIVAS Y DESCRIPTIVAS PARA CREAR UN NUEVO *ESCAPE ROOM*.**

UN JUEGO SIN ESCAPE

## LEE

Infórmate sobre los juegos de escape.

**1** Lee el cartel y responde a las preguntas:

a) ¿Qué modalidad textual predomina en el texto? ¿Qué tipo de palabras se utilizan con mayor frecuencia?

b) ¿En qué lugares podrías verlo publicado?

c) ¿Cuál es el objetivo de este tipo de textos?

d) ¿Conoces los juegos de escape? ¿Has participado en alguno? ¿Te gustó? ¿Por qué? Si no has jugado todavía, ¿qué te llama la atención en este tipo de actividades de ocio?

e) Relaciona cada característica que han de tener los equipos que participen en el juego con la habilidad que les corresponda:

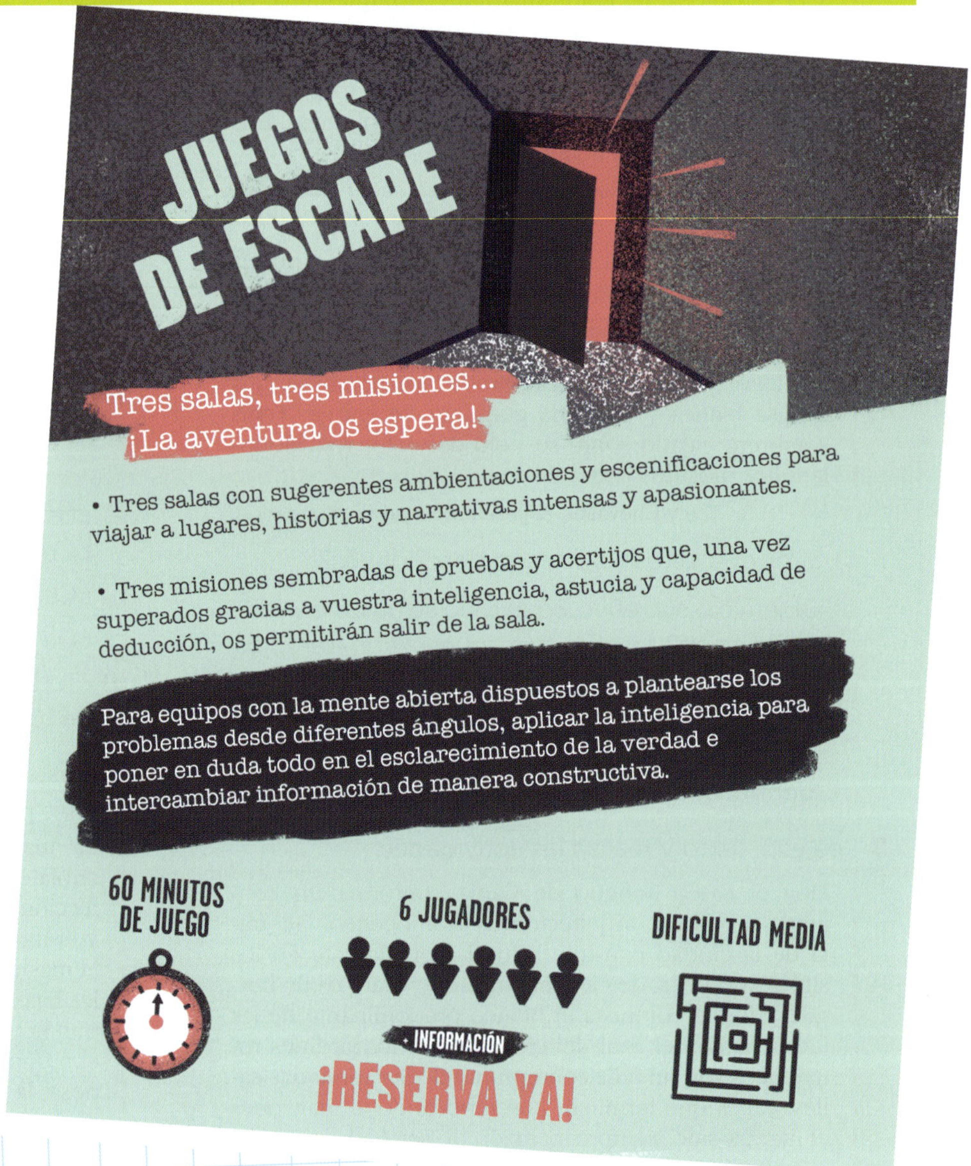


| A | B | C |
|---|---|---|
| Capacidad de plantearse los problemas desde diferentes ángulos. | Capacidad para poner en duda todo en el esclarecimiento de la verdad. | Capacidad para intercambiar información de manera constructiva. |

| 1 | 2 | 3 |
|---|---|---|
| COLABORACIÓN | PENSAMIENTO CRÍTICO | CREATIVIDAD |

UN JUEGO SIN ESCAPE

# ESCUCHA

Conoce cómo comienza un juego de escape.

**2** Escucha el comienzo de dos juegos de escape y realiza las actividades:

a) Observa estas imágenes y averigua qué introducción se corresponde con cada una:

A

B

b) ¿Qué tipo de narraciones son?

ESPONTÁNEAS

ORGANIZADAS

c) En su forma interna, ¿son narraciones abiertas o cerradas? Justifica tu respuesta.

d) Elabora un organizador visual que refleje la estructura de cada texto.

e) ¿Crees que son narraciones realistas o fantásticas? Argumenta tu respuesta.

f) ¿Qué formas verbales predominan?

g) ¿Qué indicadores temporales has escuchado? Completa esta tabla en tu cuaderno con ejemplos de cada narración.

| Marcadores de tiempo | Juego de escape A | Juego de escape B |
|---|---|---|
| Adverbios | ... | ... |
| Locuciones temporales | ... | ... |
| CCT | ... | ... |

h) ¿Qué significa la palabra *lustro?*

i) ¿Sabrías decir cuál es la solución a los enigmas que propone el audio para empezar cada juego de escape?

UN JUEGO SIN ESCAPE

## ESCRIBE

Describe la sala de un juego de escape.

¡Da comienzo una aventura trepidante! ¡Agudiza tu ingenio!

**3** En grupos, describid la sala de vuestro juego de escape.

a) Observad estos ambientes, describidlos oralmente y elegid para vuestro juego el que más guste a la mayoría.

b) Escribid la descripción detallada del ambiente y escenificación elegidos para vuestro juego de escape. Tened en cuenta las siguientes pautas:

- Decidid el orden que vais a seguir: de lo particular a lo general, de abajo arriba, de la entrada a la salida…
- Pensad en el lenguaje que vais a emplear: tiempo verbal, sustantivos, adjetivos, adverbios de lugar, adverbios de tiempo…
- Situaos mentalmente en el lugar y anotad lo que percibís con vuestros cinco sentidos: muebles, objetos, texturas, olores, sabores…
- Expresad qué emociones y sentimientos queréis provocar en el jugador o la jugadora en ese lugar y en esa época.

UN JUEGO SIN ESCAPE

# HABLA

Graba el texto narrativo que introduzca a los jugadores y a los jugadoras en un juego de escape.

4 En grupos, seguid el modelo del audio de la actividad 2 y preparad un texto narrativo que sirva para introducir a los participantes en vuestro juego de escape. Para ello, redactad el guion de vuestro texto:

- Utilizad el tono adecuado para la historia: enigmático, misterioso, terrorífico, cómico, aventurero, fantástico, trágico...
- La narración debe tener la estructura propia de este tipo de textos:

PLANTEAMIENTO → NUDO → DESENLACE

- El relato debe ir aumentando progresivamente el interés y la curiosidad de los jugadores y las jugadoras de manera que invite a participar en el juego.
- Podéis terminar con una pregunta o un acertijo que servirá para dar comienzo a la aventura.

5 Ultimad ahora las tareas para la creación de un juego de escape:

a) Elegid una directora o un director de juego que se encargará de introducir la trama a partir del texto creado en la actividad anterior, guiar el desarrollo del juego y proporcionar las pistas necesarias. El resto del equipo interpretará los papeles de los distintos personajes.

### CONSEJOS PARA EL DIRECTOR O LA DIRECTORA DEL JUEGO

★ Atuendo: disfrázate en consonancia con la trama.
★ Texto: memoriza la narración que habéis escrito.
★ Ensaya la voz y los gestos de tu personaje.
★ Pon mucha atención en la pronunciación, la entonación, el timbre, las pausas, el volumen y la velocidad a la que hablas, ya que son rasgos que deben reflejar la personalidad y el estado anímico de tu personaje.
★ Utiliza el cuerpo y la mirada para expresar, comunicar y crear expectación en los jugadores.

b) Llevad a cabo la dramatización y grabadla en vídeo.

c) Proyectad los vídeos de todos los grupos y votad los tres más sugerentes y motivadores. ¿Por qué los habéis elegido?

## Reflexiona sobre este ámbito profesional

¿Has pensado alguna vez en que aprender jugando facilita la interiorización de los conocimientos? ¿Sabías que esta técnica de aprendizaje se denomina *gamificación?*

- En grupos averiguad el origen de la palabra *gamificación.*
- ¿Crees que los juegos de escape, los juegos de rol y otros juegos influyen positivamente en el aprendizaje? Argumenta tu respuesta.
- ¿Consideras que mediante el juego se logra un mayor compromiso de las personas con el propio aprendizaje y se fomenta su ánimo de superación? ¿Por qué?
- ¿Qué profesiones crees que participan en la creación de los juegos de escape?
- ¿Qué formación y qué habilidades se necesitan para ejercer estas profesiones?
- ¿Te gustaría dedicarte a esta profesión? ¿Cómo te sentirías ejerciéndola?

# 3 GRAMÁTICA

# ENUNCIADO, SINTAGMA Y ORACIÓN

## 3.1 El enunciado

El **enunciado** es una palabra o un conjunto de palabras que constituyen un mensaje completo. Tiene entonación propia y acaba en una pausa larga que, en la escritura, se representa con un punto o un signo de interrogación o exclamación. Es la **unidad mínima de comunicación.**

Todo enunciado consta de dos componentes:

- La **secuencia de palabras** que se combinan para expresar la información básica del mensaje *(Ella lo sabía)*. Según la estructura de la secuencia de palabras, los enunciados pueden ser:
  - **Frases,** cuando el enunciado no contiene ningún verbo. Por ejemplo: *¡Muy bien!; ¿Tan lejos?; ¡Nunca!*
  - **Oraciones,** cuando el enunciado contiene un verbo. Por ejemplo: *Ayer llamó Javier; ¡Dile que no!*
- La **modalidad** o **actitud del hablante** hacia el contenido de su mensaje. Cuando un hablante emite un enunciado, lo hace con una determinada actitud o intención: puede querer afirmar algo *(Ella lo sabía)*, formular una pregunta *(¿Ella lo sabía?)*, expresar mayor intensidad *(¡Ella lo sabía!)*... En el lenguaje escrito, esto se manifiesta a través del uso de los **signos de puntuación** y en el lenguaje oral fundamentalmente a través de la **entonación.**

| CLASES DE ENUNCIADOS SEGÚN LA ACTITUD DEL HABLANTE O SU MODALIDAD | | |
|---|---|---|
| ENUNCIATIVOS | El hablante afirma o niega algo. | *Hoy es lunes; Yo no he dicho eso.* |
| INTERROGATIVOS | El hablante normalmente quiere preguntar algo. En la escritura se representan por medio de los signos de interrogación ¿...? | *¿Hace buen tiempo?; ¿Quién va?* |
| EXCLAMATIVOS | El emisor del enunciado tiene la intención de dar más intensidad a sus mensajes. Se expresan en la escritura con los signos de exclamación ¡...! | *¡Lo siento muchísimo!; ¡Dios mío!* |
| DESIDERATIVOS | El hablante manifiesta el deseo de que se cumpla algo. En la escritura se representan normalmente con los signos de exclamación. A veces, utiliza *¡Ojalá!* u otras expresiones. | *Divertíos mucho; Ojalá llueva; ¡Que todo salga bien!; ¡Buenos días!* |
| IMPERATIVOS | El emisor del enunciado quiere dar una orden o un consejo al receptor. | *Sal de aquí; No molestéis.* |
| DUBITATIVOS | El hablante expresa duda o indecisión. | *Quizá lo sepa; Tal vez sea así.* |

### Actividades

**1** Identifica los enunciados del texto siguiente e indica la clase a la que pertenecen por su modalidad y por su estructura interna:

—¡Hola! —saludó—. Me gustaría hacerme trenzas.
—¿Qué clase de trenzas quieres? —preguntó Mariama.
—Unas trenzas corrientes, de tamaño medio.
—¿Las quiere largas?
—No mucho, quizás hasta el hombro.
—Vale. Siéntate, por favor. Te lo hará ella.

Chimamanda Ngozi Adichie, *Americanah*, Random House.

**2** Determina cuántos enunciados hay en este texto:

—¡Qué bueno! No sabía que usted se interesaba también en lenguas modernas. Al parecer, somos compañeros.

R. J. Sender, *La tesis de Nancy*, Novelas y cuentos.

**3** Transforma el enunciado «Ella cerró la puerta» en: una orden, una duda y una exclamación.

**4** Clasifica estos enunciados en frases u oraciones:

- *¡Qué dulce!*
- *¿Vamos?*
- *Me marcho ya.*
- *¿Te quedas a cenar?*

**La brújula del español.** Accede a esta guía del uso del español correcto en el banco de recursos de anayaeducacion.es.

## 3.2 El sintagma

Las palabras de los enunciados se agrupan formando unas unidades sintácticas representadas por **sintagmas** o **grupos sintácticos.**

El **sintagma** o **grupo sintáctico** es una palabra o un conjunto de palabras relacionadas entre sí que realizan una función en una oración.

Generalmente, los sintagmas constan de un **núcleo** (N) que puede ir acompañado de otras palabras que lo **modifican** o **complementan.** Por ejemplo:

| Las | teorías | científicas | de Margarita Salas. |
|---|---|---|---|
| DETERMINANTE | NÚCLEO | COMPLEMENTO | COMPLEMENTO |

### Cómo localizar el núcleo

El **núcleo de un sintagma** es la palabra que no se puede eliminar sin que el sintagma desaparezca.

Observa qué pasa al eliminar el núcleo:

*Un coche de policía.* → **un [...] de policía.*

*Rojo de vergüenza.* → **[...] de vergüenza.*

*Él cantaba bajo la lluvia.* → **Él [...] bajo la lluvia.*

*Lejos del centro comercial.* → **[...] del centro comercial.*

### Clases de sintagmas

- **Sintagma nominal** (SN): el núcleo es un **nombre** *(la profesora)* o un **pronombre** *(Ella).*
- **Sintagma adjetival** (SAdj.): el núcleo es un **adjetivo** *(muy silencioso).*
- **Sintagma verbal** (SV): el núcleo es un **verbo** *(Ellos llegan puntuales).*
- **Sintagma adverbial** (SAdv.): el núcleo es un **adverbio** *(cerca de la fábrica).*
- **Sintagma preposicional** (SPrep.): formado por una **preposición** y su **término** *(de su casa).*

### Sintagmas, funciones y relaciones

Los sintagmas se combinan entre sí para formar oraciones. Así, un sintagma nominal como *Los jardineros,* un sintagma verbal como *llegan* y un sintagma adverbial como *muy temprano* se unen para formar esta oración:

| Los jardineros | llegan muy temprano. |
|---|---|
| | S ADV. (muy temprano.) |
| SN | SV |

En la oración, los sintagmas se relacionan entre sí y realizan las funciones de **sujeto, predicado, complemento directo, atributo...** El **análisis sintáctico** consiste en identificar las relaciones que se establecen entre los sintagmas y las funciones que estos realizan.

| | PREDICADO (SV) | |
|---|---|---|
| SUJETO | NÚCLEO DEL PREDICADO | COMPLEMENTO |
| La tormenta | estalló | al anochecer. |
| SN | N | SADV. |

Margarita Salas (1938-2019), bioquímica española que realizó importantes aportaciones a la biología molecular.

### Clases de sintagmas nominales

- **Sintagmas nominales simples:** están constituidos por un solo elemento. Pueden ser un nombre común, con o sin determinante *(petróleo; la moto);* un nombre propio *(Elisa)* o un pronombre *(vosotros).*
- **Sintagmas nominales complejos:** constan de un núcleo nominal modificado por uno o varios complementos *(las reuniones multitudinarias, el rey Carlos, los años del hambre).*

## Actividad resuelta

**5** Identifica los sintagmas, su clase y su núcleo en estos versos:

Una ceniza delicada,
la secreta entraña del junco,
esa delicada sierpe sin veneno.

Vicente Aleixandre, *Poesía completa*, Lumen.

### Solución

- *Una ceniza delicada:* sintagma nominal. Núcleo: *ceniza.*
- *la secreta entraña del junco:* sintagma nominal. Núcleo: *entraña.*
- *esa delicada sierpe sin veneno:* sintagma nominal. Núcleo: *sierpe.*

**6** Señala el núcleo de estos sintagmas, como en el ejemplo:

Esas faldas de la tienda nueva.
(faldas: NÚCLEO)

- *Lejos de mi casa.*
- *Viven con nosotros.*
- *Amable con los niños.*
- *La alcazaba de Almería.*

**7** Copia la tabla en tu cuaderno y clasifica en ella los sintagmas subrayados en estas oraciones:

- *Aquel hombre sabía demasiado.*
- *Te comprendo perfectamente.*
- *Le gustan las novelas policiacas.*
- *Se colocó entre tú y yo.*
- *Te has puesto extremadamente cerca.*
- *Está muy segura de sí misma.*
- *La contaminación atmosférica es un problema.*
- *Una tarde otoñal, el desconocido se presentó.*
- *Mauricio saludó al público.*
- *Tuvimos un invierno muy frío.*

| Tipos de sintagma | Oración |
|---|---|
| Sintagma nominal | .... |
| Sintagma adjetival | .... |
| Sintagma adverbial | .... |
| Sintagma preposicional | .... |
| Sintagma verbal | .... |

**8** Inspírate en la imagen para escribir cinco oraciones que cumplan la estructura siguiente:

sujeto – núcleo del predicado – complemento

**9** Ahora, escribe cinco oraciones que compartan la estructura de la siguiente oración:

*Tú eres un buen amigo.*

**10** Escribe dos ejemplos que compartan la estructura de la siguiente oración:

*Hoy la tierra y los cielos me sonríen.*

**11** Copia y completa los sintagmas destacados con una de estas palabras: *noticia, grupo, difícil, nublado, deprisa, poesía, enseñó, nunca.* ¿Cuál es su *núcleo?* ¿Qué clase de sintagma es cada uno?

- *Mi profesora me ... a apreciar el arte.*
- *Organizamos un recital de ... .*
- *Laura toca la guitarra en un ... de rock.*
- *Hoy el cielo está muy .... .*
- *Juan corrió más ... .*
- *Este es un problema ... de resolver.*
- *... he visitado Moscú.*
- *Recibimos la buena ... con alegría.*

**12** ¿A qué categoría gramatical pertenece el término de cada uno de estos sintagmas preposicionales?

- *con sorna*
- *de acero inoxidable*
- *hasta mañana*
- *por soleares*

**13** Indica si son simples o complejos los siguientes sintagmas nominales: *el humo de la locomotora; manojitos de cebollas, judías verdes, tomates.*

## 3.3 La oración

La **oración** es un tipo de enunciado que consta normalmente de dos partes relacionadas: el **sujeto** y el **predicado.**

Son oraciones *Los niños tienen gripe; Los bomberos de Sevilla apagaron el incendio;* y *El coro universitario dio un concierto benéfico.* En estos ejemplos, los sintagmas subrayados funcionan como sujeto. Y, a su vez, las expresiones *tienen gripe, apagaron el incendio* y *dio un concierto benéfico* funcionan como predicado.

| Sujeto | Predicado |
|---|---|
| *Los niños* | *tienen gripe.* |
| *Los bomberos de Sevilla* | *apagaron el incendio.* |
| *El coro universitario* | *dio un concierto benéfico.* |

- La función del **sujeto** (S) la desempeña el **sintagma nominal** (SN): *Me gusta este concierto de piano; Ella lo explica bien.*
- La función de **predicado** (P) la desempeña un **sintagma verbal** (SV): *Ha sonado* el timbre; *Nuestra selección ganará el trofeo*.

### Características del sujeto

- El **núcleo del sintagma nominal** concuerda en número y persona con el **núcleo del sintagma verbal.** Observa cómo varía el número o la persona del verbo cuando se cambia el número o la persona del núcleo del sujeto:

  *Mi hermana lo sabía.* → *Mis hermanas lo sabían.*

  *Nosotros lo sabíamos.* → *Vosotros lo sabíais.*
- La **función de sujeto** se construye **sin preposición.**
- El **sintagma nominal sujeto** puede sustituirse por uno de los **pronombres personales de sujeto:** *El artista canta por soleares > Él canta por soleares.*

### Pronombres personales de sujeto

| | |
|---|---|
| 1.ª PERSONA | *yo, nosotros, nosotras* |
| 2.ª PERSONA | *tú, vosotros, vosotras* |
| 3.ª PERSONA | *él, ella, ellos, ellas* |

Los pronombres *usted* y *ustedes* designan 2.ª persona y concuerdan en 3.ª persona con el verbo *(Usted lo dijo).*

## Oraciones sin sujeto

Aunque es una función muy importante, el sujeto puede faltar en una oración. Esta ausencia se puede deber a dos factores: la **elipsis** y la **impersonalidad.**

### ORACIONES SIN SUJETO

#### Elipsis del sujeto

El sujeto no aparece en la oración porque es conocido y se sobrentiende por el contexto. La elipsis es, además, un mecanismo de cohesión.

*La montaña es bonita, pero [la montaña] es traidora.*

#### Oraciones impersonales

Oraciones impersonales son las que no tienen ni pueden tener sujeto.

Tipos

**1.** Oraciones construidas con el **pronombre *se*** y el **verbo en 3.ª persona del singular.**

El comercio (S (SN)) abre a las 10. (P (SV))

→ Se abre a las 10. (P (SV))

Ellos (S (SN)) hablaban de todo. (P (SV))

→ Se hablaba de todo. (P (SV))

**2.** Las oraciones construidas con los **verbos unipersonales.**

- Los verbos ***haber*** y ***hacer*** (verbos en 3.ª persona del singular).
  - Había necesidades. (P (SV))
  - Hace buen tiempo (P (SV))
- Los **verbos meteorológicos** *(nevar, granizar, tronar, llover, helar, diluviar, relampaguear...).*
  - Ayer nevó en la montaña. (P (SV))
  - No llueve desde mayo. (P (SV))

  En usos metafóricos, estos verbos admiten sujeto: *Le llovían los aplausos.*

## Actividades

### Actividad resuelta

**14** Observa las oraciones e indica si los sintagmas nominales subrayados funcionan o no como sujetos:

- *Le gustan los perros.*
- *Llegan los trenes.*
- *Abre la lata.*

**Solución**

Cambiar el número del verbo nos obliga a cambiar también el núcleo del sujeto.

Le gust**a** el perro → Le gust**an** **los** perr**os** (es sujeto)

Lleg**a** el tren → Lleg**an** **los** tren**es** (es sujeto)

Abr**e** la lata → Abr**en** **la lata** (no es sujeto)

**15** Sigue el modelo de la actividad anterior y determina si los SN subrayados son o no sujetos:

- *¡Me chiflan las excursiones por campo!*
- *Levantaron sus copas todos los comensales.*
- *La natación es muy saludable.*

## Actividades

**16** Identifica el sujeto y el predicado de las siguientes oraciones:

- *Este trimestre es muy largo.*
- *El nuevo alumno vive en mi bario.*
- *Su compañera llegó también este año.*
- *La profesora me preguntó por mi madre.*

**17** Sustituye el sujeto de las oraciones siguientes por un pronombre personal:

- *Tu perra es muy inteligente.*
- *A las tres llega mi hermano.*
- *Las cantantes estabais un poco cansadas.*

**18** Explica por qué es sujeto el sintagma subrayado en esta oración:

*El cine estaba en esa calle.*

**19** Construye cinco oraciones y subraya en ellas el sujeto y el predicado.

**20** Cambia el número del núcleo en el sujeto de estas oraciones y responde a las preguntas:

- *La mañana era fresca.*
- *Yo estaba bastante preocupada.*
- *Las farolas se apagaron todas de repente.*
- *¡Me encantan tus pendientes!*
- *El calor llegó inesperadamente.*
- *Tú siempre terminas el último.*
- *El estruendo se oyó en todo el edificio.*
- *Ellos te dieron una respuesta negativa.*
- *La senda era estrecha y sinuosa.*

a) ¿Qué otros cambios has tenido que hacer?

b) ¿Qué núcleos del sujeto son pronombres, y cuáles, sustantivos? Clasifícalos en tu cuaderno.

**21** Copia estas oraciones en tu cuaderno y sustituye el sujeto por un pronombre:

- *Las ovejas balaron toda la noche.*
- *Pedro y tú sois los más rápidos de la competición.*
- *León y Alberto llenan los papeles de fórmulas matemáticas.*
- *El niño soñó con monstruos terroríficos.*
- *La pintora barroca Artemisia Gentileschi comenzó su carrera artística en el taller de su padre.*
- *Martín y yo cerramos la pizzería todos los lunes del año.*

**22** Completa estas oraciones con un predicado:

- *El frío y la nieve ...*
- *Él y ella ...*
- *Tu perro y tú ...*
- *Ni tú ni yo ...*
- *Mi hermana y mejor amiga ...*
- *... las amapolas y las margaritas.*
- *El cine y el teatro ...*
- *Ni los bomberos ni la policía.*
- *Su tío y principal tutor ...*
- *Vosotros y los panaderos ...*
- *La orquesta ...*

**23** Determina si en los verbos subrayados en este texto hay elipsis del sujeto o impersonalidad.

> No era una mujer guapa. Si lo hubiera sido, no me habría impresionado tanto. Había muchas mujeres guapas, casi todos los días me cruzaba con alguna, pero aquella era otra cosa. Tenía unos ojos preciosos, negros, enormes, que brillaban como el agua mansa de un pozo muy hondo…

Almudena Grandes, *La madre de Frankenstein*, Tusquets.

**24** Indica si las siguientes oraciones tienen sujeto o son impersonales:

- *Hay muchos peligros.*
- *Existen amenazas constantes.*
- *Allí no llovía desde febrero.*

**25** Determina cuál es el sujeto de las siguientes construcciones. Razona tu respuesta.

- *Lo ha explicado muy bien mi presidente y vecino.*
- *No vendrán María ni su hermana.*

**26** Explica cuál es la diferencia entre estas dos oraciones:

- *Los mayores somos los delegados de clase.*
- *Los mayores sois los delegados de clase.*

**27** De estas oraciones construidas con el pronombre *se*, unas son impersonales y otras tienen sujeto. Identifícalas.

- *Se separa la clara de la yema.*
- *Se hace ropa a medida.*
- *Aquí no se habla de política.*
- *Entonces se creía en la magia.*
- *Se trabajaba mucho.*
- *Se habla francés.*

# APLICA LO APRENDIDO

## Reflexiona sobre la gramática

### Solución paso a paso

**1** Comprueba si los sintagmas nominales subrayados en estas oraciones funcionan como sujeto:

**A** Odia la guerra. **B** Le gusta la verdura.

**Paso 1.** Sustituye el número de los sintagmas.

a) *la guerra > las guerras*

b) *la verdura > las verduras*

**Paso 2.** Comprueba si esta sustitución te obliga a realizar algún cambio en el verbo.

a) ***Odia** la guerra. > **Odia** las guerras.* No cambia la persona verbal.

b) *Le **gusta** la verdura. > Le **gustan** las verduras.* Cambia la persona verbal.

**Paso 3.** Saca tus conclusiones.

a) El sintagma nominal subrayado no funciona como sujeto. Hay elipsis del sujeto.

b) El sintagma nominal subrayado funciona como sujeto.

**2** Lee este poema y responde a las preguntas:

Por aquí pasa un río.
Por aquí tus pisadas
fueron embelleciendo las arenas,
aclarando las aguas,
puliendo los guijarros, perdonando
a las embelesadas
azucenas…

No vas tú por el río:
es el río el que anda
detrás de ti, buscando en ti
el reflejo, mirándose en tu espalda.

Si vas de prisa, el río se apresura.
Si vas despacio, el agua se remansa.

Ángel González, *Palabra sobre palabra*, Barral.

a) ¿Cuántos enunciados se distinguen en el poema?

b) Especifica cuál es su modalidad.

c) ¿Son oraciones o frases?

d) Identifica el sujeto de las oraciones.

Isabel Allende, escritora chilena, autora de la célebre novela *La casa de los espíritus* (1982).

**3** Lee este texto y realiza las actividades:

Los monos rondaban siempre el campamento, listos para apropiarse de lo que pudieran echarse al hocico. Por las noches se metían en la basura y si no se aseguraban bien las provisiones, las robaban. No eran simpáticos, mostraban los colmillos y gruñían, pero tenían respeto por los humanos y se mantenían a prudente distancia. Ese asalto era inusitado.

Ante la imposibilidad de dominarlos, Mushaha dio orden de dispararles anestésico, pero dar en el blanco no fue fácil, porque corrían y saltaban como endemoniados.

Por fin, uno a uno, los mandriles recibieron el picotazo del tranquilizante y fueron cayendo secos por tierra. Alexander y Timothy Bruce ayudaron a levantarlos por los tobillos y las muñecas y llevarlos a doscientos metros del campamento, donde roncarían sin ser molestados hasta que se les pasara el efecto de la droga.

Isabel Allende, *El bosque de los pigmeos*, Debolsillo.

a) Localiza el sujeto de las oraciones subrayadas en el texto y sustitúyelo por un pronombre personal.

b) Señala en qué número y persona concuerda el pronombre sujeto con el verbo de las oraciones anteriores.

c) Completa en tu cuaderno estas oraciones con el sujeto elidido:

- *No eran simpáticos.*
- *Tenían respeto por los humanos.*
- *Por las noches se metían en la basura.*

d) ¿Por qué crees que la autora del texto ha suprimido estos sujetos?

**Repaso interactivo.** Accede a este juego interactivo y repasa el contenido de la unidad en anayaeducacion.es.

Recuerda seleccionar el material de trabajo de esta unidad para tu **portfolio.**

## Organiza tus ideas gramaticales

Copia y completa en tu cuaderno este organizador visual:

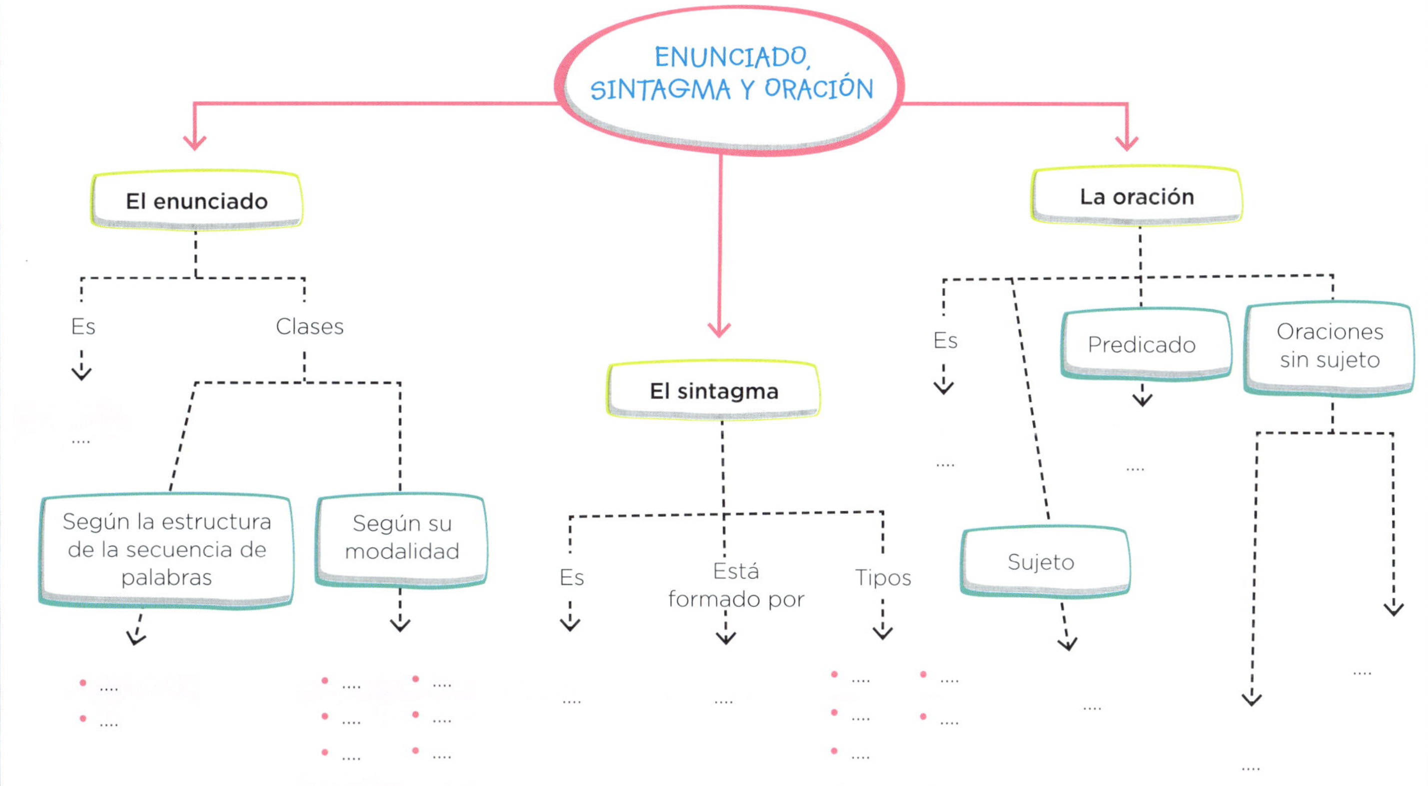


## Practica la ortografía

**1** Lee el texto y realiza las actividades:

> También está ese hombre de negocios inglés que, según un artículo que acaba de descubrir, ha hecho fortuna con la venta de pelo importado. Ahora es famoso en el mundo entero. Se desplaza en helicóptero. A su fábrica de Roma llegan toneladas de cabello indio. La mercancía viaja en avión al aeropuerto de Fiumicino, desde el que se transporta a una zona industrial del norte de la ciudad, donde es tratada en inmensos talleres. El pelo indio es el mejor, asegura el inglés. Tumbado en una hamaca junto a la piscina de su villa romana, explica cómo lo desinfectan, desenredan y sumergen en baños de despigmentación, antes de volverlo a teñir de rubio, castaño, pelirrojo o caoba, hasta que es absolutamente igual que el cabello europeo. «El oro negro se vuelve oro rubio», dice con satisfacción. Luego los mechones se clasifican por longitud, se empaquetan y se envían a todos los rincones del mundo, donde se transforman en extensiones o pelucas. Cincuenta y tres países y veinticinco mil peluquerías, ¡las cifras dan vértigo!
>
> Laetitia Colombani, *La trenza,* Salamandra.

a) Explica por qué llevan tilde o no las siguientes palabras: *también, negocios, avión, mercancías, países, veinticinco.*

b) Completa la tabla en tu cuaderno con palabras del texto que contengan estos diptongos. Si llevan tilde, ¿en qué vocal se sitúa esta?

| Palabras con diptongo | |
|---|---|
| Vocal cerrada + vocal abierta | Vocal cerrada + vocal cerrada |
| ... | ... |

c) Completa ahora la tabla con los hiatos que encuentres en el texto.

| Palabras con hiato | |
|---|---|
| Dos vocales abiertas | Vocal cerrada tónica + vocal abierta |
| ... | ... |

d) Justifica la acentuación de estas palabras del texto: *inglés, helicóptero.*

e) Localiza algún adverbio acabado en *-mente:* ¿Por qué no lleva tilde?

ORTOGRAFÍA CONSULTA EL ANEXO 2 3

Accede a más actividades para practicar la ortografía en **anayaeducacion.es**.

# 3

# HORA DE ACTUAR

El protagonista de la lectura de esta unidad emprende un viaje de exploración que le llevará a navegar por las heladas aguas del Ártico. Desde las primeras expediciones hasta los avances científicos actuales, hoy conocemos bien la importancia que tienen las regiones polares en la regulación del clima del planeta. Los cambios medioambientales que allí se producen, como la disminución de la superficie ocupada por los hielos o el retroceso de los glaciares, tienen un impacto sobre los ecosistemas terrestres y marinos de toda la Tierra. ¡Es hora de actuar!

**Plano abierto.** Accede al vídeo de la unidad en el banco de recursos de anayaeducacion.es.

## Intercambia opiniones

CONCIENCIA MEDIOAMBIENTAL

- ¿Qué sabes del cambio climático?
  - ¿Eres consciente de cómo afecta a tu vida presente o puede afectar a tu vida futura?
- ¿Te has parado a pensar en el elevado número de desastres naturales que ocurren en el mundo?
  - ¿Conoces la relación que existe entre esos desastres naturales y el cambio climático?
- ¿Crees que son necesarios acuerdos y planes nacionales e internacionales en la lucha contra el cambio climático?
  - ¿Qué medidas consideras más urgentes para combatir el cambio climático y sus consecuencias?

# QUÉ VAS A ENCONTRAR EN ESTA UNIDAD

## 1 LECTURA ODS

La lectura de esta unidad, un fragmento narrativo de la autora británica Mary Shelley, te llevará hacia las heladas aguas del Polo Norte en un viaje de exploración por espacios salvajes que pocos humanos se atreven a recorrer. Consulta los vídeos en **anayaeducacion.es** y reflexiona sobre la necesidad de crear conciencia y tomar medidas contra el cambio climático: metas ONU 13.1., 13.2 y 13.3.

## 2 COMUNICACIÓN

¿Para qué sirven los textos prescriptivos? ¿Qué tipo de textos prescriptivos conoces?

¿Qué clase de textos son un reglamento, un aviso, una solicitud, una instancia, un comunicado, una nota, un correo electrónico...? ¿Sabes identificar las características de cada uno de estos textos que solemos utilizar en nuestra vida cotidiana?

## 3 GRAMÁTICA

¿Puedes definir el concepto de sintagma? ¿Sabrías diferenciar entre un sintagma nominal, un sintagma adjetival, un sintagma adverbial y un sintagma preposicional? ¿Podrías identificar el núcleo de cada uno de ellos?

**ORTOGRAFÍA** Al final de este libro encontrarás un anexo con reglas ortográficas y actividades que te ayudarán a solucionar las propuestas a lo largo de esta unidad: **las letras *g* y *j*.**

# 1 LECTURA

## Comprensión oral

Escucha el texto locutado de la lectura y responde a las siguientes preguntas:

- ¿Quién envía la carta? ¿A quién se la envía?
- ¿Se narra algún incidente extraordinario en ella?
- ¿Qué divisaron desde el barco cuando se despejó la niebla?
- ¿Cómo se encontraba físicamente el hombre al que recogieron?
- ¿Dónde alojaron al hombre rescatado del mar?
- ¿Qué sentimiento acabó uniendo al capitán Robert Walton y al desconocido?

## Carta desde el Polo Norte

A la Sra. Saville, Inglaterra
5 de agosto de 17...

Mi querida hermana:

Nos ha sucedido un incidente tan extraño que no puedo dejar de anotarlo, aunque es muy probable que me veas antes de que estos papeles puedan llegar a tu poder.

El lunes pasado (31 de julio) el hielo rodeaba el barco por todos los lados, dejando apenas libre el trozo de mar en el que flotaba. Nuestra situación era un tanto peligrosa, sobre todo porque nos envolvía una espesa niebla.

Sobre las dos, la niebla despejó, y contemplamos grandes e irregulares llanuras de hielo, que parecían no tener fin y que se extendían en todas las direcciones. De repente, una extraña visión atrajo nuestro interés. Advertimos que un carruaje de poca altura, sujeto sobre un trineo y tirado por perros, avanzaba hacia el Norte a una distancia de media milla. Un ser con la forma de un hombre, pero de estatura gigantesca, iba sentado en el trineo y guiaba a los perros. Observamos el rápido avance del viajero con nuestros telescopios hasta que se perdió entre las irregularidades del hielo. Aprisionados como estábamos, era imposible seguir su rastro.

Unas dos horas después de este suceso oímos el fuerte rugido del mar y antes del anochecer, el hielo se rompió y liberó nuestro buque. Sin embargo, permanecimos allí hasta el amanecer, por miedo a encontrarnos en la oscuridad esas grandes masas sueltas que flotan tras haberse roto el hielo.

Por la mañana, tan pronto como se hizo de día, subí a la cubierta y encontré a todos los marineros ocupando uno de los lados del barco, aparentemente hablando con alguien que estaba en el mar. En efecto, se trataba de un trineo, como el que habíamos visto anteriormente, que la corriente había llevado hasta nosotros sobre un gran trozo de hielo. De los perros solo uno permanecía vivo, pero dentro había un ser humano al que los marineros trataban de convencer para que subiera al barco. No parecía, como el viajero de la noche anterior, un habitante salvaje de alguna isla desconocida, sino un europeo.

Al verme, el extraño se dirigió a mí en inglés, aunque con acento extranjero:

—Antes de subir a bordo de su barco —dijo—, ¿tendría la amabilidad de indicarme a dónde se dirige?

Te puedes imaginar mi asombro al oír semejante pregunta formulada por un hombre al borde de la muerte. Respondí, no obstante, que íbamos en viaje de exploración hacia el Polo Norte.

Al oír esto, pareció satisfecho y aceptó subir a bordo. Tenía sus miembros casi helados y el cuerpo terriblemente demacrado por el cansancio y el sufrimiento. Intentamos trasladarlo al camarote, pero tan pronto como le faltó el aire fresco, se desmayó. En cuanto volvió a mostrar signos de vida, lo envolvimos en mantas y lo colocamos cerca del fogón de la cocina. Lentamente se fue recuperando y comió un poco de sopa, con lo que se reanimó extraordinariamente.

Así pasó dos días antes de poder hablar. Cuando se hubo recuperado en parte, lo trasladé a mi propio camarote y lo atendí siempre que me lo permitían mis obligaciones.

En una ocasión, el lugarteniente le preguntó por qué se había adentrado tanto en el hielo en un vehículo tan extraño. Su semblante tomó al instante el aspecto de la más profunda desolación, y respondió:

—Para seguir a alguien que huía de mí.

—¿Y el hombre a quien perseguía viaja de la misma manera?

—Sí.

—Entonces creo que lo hemos visto, porque el día antes de recogerlo a usted vimos unos perros que tiraban de un trineo a través del hielo, con un hombre dentro.

Esto despertó la atención del desconocido, quien hizo una multitud de preguntas relativas a la dirección que había seguido el demonio, como él lo llamó.

Poco después de esto preguntó si yo pensaba que, al romperse el hielo, habría sido destruido el otro trineo. Le respondí que no podía contestar con certeza, puesto que el hielo no se había roto hasta casi medianoche y el viajero podría haber llegado antes a un lugar seguro. Desde entonces, un nuevo aliento de vida animó el deteriorado cuerpo del desconocido. Expresó el mayor anhelo de estar en cubierta para vigilar si aparecía de nuevo el trineo. He conseguido convencerlo de que permanezca en el camarote, ya que aún está muy débil para soportar las inclemencias del tiempo, pero le he prometido que alguien vigilará por él y le dará noticia al instante si algún objeto nuevo apareciera a la vista.

Este es mi diario de lo que se refiere a este extraño incidente hasta el día de hoy. El desconocido ha mejorado gradualmente su salud, pero es muy reservado y parece intranquilo cuando cualquiera que no sea yo entra en su camarote. Sin embargo, sus modales son tan conciliadores y amables que he empezado a quererlo como a un hermano. Ha debido de ser una criatura noble en sus mejores días. Te dije en una de mis cartas, querida Margaret, que no hallaría ningún amigo en el inmenso océano; sin embargo, he encontrado a un hombre al que, antes de que la desgracia quebrantara su espíritu, me habría gustado tener por hermano.

Continuaré mi diario en lo relativo al desconocido cuando tenga sucesos nuevos que anotar.

Mary W. Shelley, *Frankenstein,* Anaya (Clásicos a Medida).

## Vocabulario

Milla: unidad de medida de longitud equivalente, en el sistema anglosajón, a 1609,34 metros.

Lugarteniente: persona que tiene autoridad y poder para hacer las veces de otro en algún cargo. Aquí se refiere al segundo de a bordo.

**Hipertexto.** Conoce a la autora y contextualiza su obra en el banco de recursos de **anayaeducacion.es**.

## Comprende el texto

**Pasión por leer.** Disfruta con la lectura de textos de ciencia ficción en **anayaeducacion.es**.

### Extrae información

**1** ¿Qué tipo de texto es? Justifica tu respuesta.

Un diario | Una carta | Una autobiografía

**2** ¿En qué lugar está la hermana del narrador? Y el navegante, ¿hacia dónde se dirige? Localiza estos dos lugares en un mapa.

**3** ¿Por qué motivo el barco estaba parado?

**4** ¿Qué características destaca el narrador de la figura que conducía el primer trineo guiado por perros?

**5** Al amanecer, ¿qué encontraron en la cubierta?

**6** ¿Se mantenía consciente el desconocido?

**7** ¿Qué sabemos de este desconocido?

**8** El texto se estructura en tres partes. Ponle un título a cada parte y describe su argumento:

ESTRUCTURA

1.ª parte | 2.ª parte | 3.ª parte

**9** Escribe un breve texto en el que describas el paisaje que rodea el barco del navegante.

### Reflexiona sobre la lengua

**10** ¿A qué regla ortográfica se adscribe la forma verbal *dije* que aparece en el texto? Completa la conjugación de ese tiempo verbal en tu cuaderno.

**11** Continúa la serie de palabras del texto con otras cinco que sigan la misma regla ortográfica. ¿Cuál es esta regla?

viaje, salvaje, carruaje, ..., ..., ..., ..., ...

**12** En la lectura hallamos las formas verbales *dirige* y *recoger*. Escribe tres verbos más que sigan esta misma regla ortográfica de los verbos acabados en *-gir* y *-ger*.

**13** ¿A qué regla ortográfica de la *g* o de la *j* se atienen estas palabras del texto?

viajero | atrajo

ORTOGRAFÍA CONSULTA EL ANEXO 4

**14** Los tripulantes del barco divisaron la figura gigantesca con telescopios. Aquí, el elemento compositivo *tele-* significa ˋmás alláˊ. Escribe tres ejemplos más con este elemento.

### Interpreta y analiza

**15** ¿Qué interés puede tener el desconocido en averiguar si seguía vivo el ser a quien perseguía?

**16** ¿Qué cualidades del desconocido atraen al narrador, hasta el punto de desear tenerlo como amigo?

**17** **Antes pensaba... ahora pienso...** El texto pertenece a la novela *Frankenstein,* de la autora británica Mary W. Shelley. Seguro que ya has oído hablar de su protagonista, Frankenstein. ¿Qué sabes de él?

**18** **Esquema a cuatro bandas.** Busca información sobre el argumento de la obra a la que pertenece este fragmento y responde:

- ¿Quién es el náufrago que recoge el barco?
- ¿Qué había fabricado esta persona?
- ¿Quién es la figura gigantesca que avistaron?

**19** Planteamiento, nudo o desenlace, ¿a qué parte de la obra pertenece el fragmento que has leído?

### Valora y relaciona con tu mundo

**20** En esta carta a su hermana, Robert Walton expresa la necesidad que tiene de un amigo. ¿Qué importancia tiene para ti la figura de una amiga o de un amigo? Escribe una carta dirigida a quien tú desees en la que lo expreses.

**21** Por parejas, elaborad un listado de las cualidades que debe poseer vuestro mejor amigo o vuestra mejor amiga.

**22** **Tablero de historias.** ¿Tienes espíritu aventurero como Robert Walton? ¿Cuál sería la mayor aventura de tu vida?

**23** **Mesa redonda.** La ciencia ha aportado muchas cosas a la humanidad (vacunas, máquinas...). Pero ¿son todas positivas? ¿Crees que hay que poner límites a la ciencia?

**24** ¿Te gustan las historias de terror en la literatura o en el cine? ¿Por qué?

**25** ¿Qué es lo que más te aterroriza de una historia de miedo? ¿Por qué?

## Amplía tu vocabulario

### LA AMISTAD

Robert Walton pensaba que no iba a encontrar la **amistad** en el inmenso océano, pero se equivocó. Un buen amigo o una buena amiga es el mejor regalo que puede brindarnos la vida en cualquier etapa y lugar.

**1** *Amistad* es un sustantivo abstracto. ¿Cuál es el sustantivo abstracto derivado de *compañero* y de *camarada?*

**2** Dos amigos sienten afecto mutuo. Según esto, ¿qué sienten dos enemigos?

**3** En la amistad entre dos personas ha de reinar la concordia. ¿Qué reina en lugar de concordia entre los enemigos?

**4** ¿Cuál de estos verbos recoge mejor el significado de la expresión «romper la amistad»?

enamorarse | reñir | abandonar | olvidar

**5** ¿Con qué otras palabras puedes denominar de manera coloquial a tu amigo o amiga?

**6** ¿Significan lo mismo las palabras *amigable* y *amable?* Construye una oración con cada una de ellas.

**7** ¿Cuáles de estos verbos utilizarías para decir que *se está iniciando* o *formándose* una amistad? Escribe una oración con cada uno de ellos.

dispersar • forjar • entablar • relacionar

**8** Completa estas oraciones en tu cuaderno con el antónimo de *amigo* que corresponda en cada caso:

antagonista rival enemigo adversario

- *En la película ese personaje hacía el papel de ... de la heroína.*
- *Marcos era ... de Juan, ambos buscaban el tesoro.*
- *En aquella batalla el bando ... fue el ganador.*
- *Esa prueba consistía en derribar tres veces al ... .*

**9** ¿Qué significa la expresión «ser amigo de lo ajeno»? Construye una oración con ella.

**10** Explica el significado de estas expresiones e imagina una situación en la que podrías utilizarlas:

- *Tener cara de pocos amigos.*
- *Ser uña y carne.*
- *Estar a partir un piñón.*
- *Hacer buenas migas.*

**11** Explica el significado de la palabra *amiga* en estas oraciones:

- *No soy muy amiga de hacer bromas de mal gusto.*
- *Mi amiga Paloma suele darme buenos consejos.*

Mary Shelley (1797-1851), escritora británica que dio vida al relato de terror con su célebre novela *Frankenstein.*

# 2 COMUNICACIÓN

# TEXTOS PRESCRIPTIVOS, TEXTOS DE LA VIDA COTIDIANA, EL DIARIO

Julio Cortázar (1914-1984), escritor argentino, uno de los máximos exponentes del fenómeno editorial de éxito conocido como el *boom* latinoamericano.

## 2.1 Textos prescriptivos: instructivos y normativos

Los **textos prescriptivos** se elaboran para expresar las normas y las instrucciones que regulan las actividades y los comportamientos de las personas.

Los textos prescriptivos pueden ser **instructivos** o **normativos.**

### Los textos instructivos

Los **textos instructivos** contienen las indicaciones sobre cómo se realiza una tarea.

Por ejemplo, son textos instructivos el documento que indica cómo se usa el teléfono móvil, las reglas de un juego y el prospecto de un medicamento.

CARACTERÍSTICAS DE LOS TEXTOS INSTRUCTIVOS

- **Estructura** esquemática, que sigue un orden determinado según el tema (lógico, cronológico...).
- Aparición, a veces, de elementos **gráficos** e **ilustraciones,** que sitúan y orientan sobre la acción indicada.
- Uso de la misma **forma verbal** en los distintos pasos del proceso; esta suele ser el infinitivo *(insertar, rascar, introducir, cargar...)* o el imperativo *(inserta, rasca, introduce, carga...).*
- **Léxico** sencillo, estándar, pero con los términos técnicos precisos que la situación exija.
- **Enunciados** breves, cada uno indicando un paso o una acción diferente.

### Los textos normativos

Los **textos normativos** regulan la actuación o el comportamiento de individuos o colectivos.

Son textos normativos, por ejemplo, los decálogos y los reglamentos.

- Un **decálogo** es un conjunto, generalmente, de diez normas o consejos básicos para realizar correctamente una actividad (estudiar, comer, conducir, sentarse correctamente, etc.).
- Un **reglamento** regula una actividad realizada por un colectivo en un espacio (personas usuarias de una piscina, estudiantes en una biblioteca, espectadores de un concierto...).

Las normas que recoge esta clase de textos prescriptivos están dictadas por una autoridad y son de obligado cumplimiento.

CARACTERÍSTICAS DE LOS TEXTOS NORMATIVOS

- Las normas se **organizan** con coherencia, siguiendo un orden determinado.
- El **estilo** es impersonal, sin los puntos de vista particulares del emisor del texto.
- El comportamiento de las personas se orienta con **detalle.**
- El **lenguaje** es sencillo, de manera que lo entiendan todos los receptores.

## Actividades

**1** Completa en tu cuaderno este decálogo con las palabras siguientes y realiza después las actividades: *Preparación; Confianza; Autocontrol; Previsión; Control del tiempo; Revisión; Precisión; Práctica; Presentación; Comprensión.*

### Decálogo para hacer un buen examen

1. ..: dedicar la víspera a repasar.
2. ...: resolver muchos ejercicios muy similares a los que se vayan a realizar.
3. ...: confiar en nuestra competencia para realizar la prueba adecuadamente.
4. ...: llegar descansado, con tiempo suficiente y con el material necesario.
5. ...: controlar el tiempo disponible para realizar toda la prueba.
6. ...: mantener la calma. La tranquilidad nos ayudará a responder correctamente.
7. ..: leer atentamente los enunciados y la información que nos proporcionan.
8. ...: ajustarse a lo que piden.
9. ...: cuidar el contenido y la presentación.
10. ...: revisar y repasar todo el contenido antes de entregar el examen.

a) ¿Qué orden sigue el texto?

b) ¿Qué forma verbal predomina?

c) Haz una lista con las palabras del texto que pertenecen al campo de experiencia de *examen.*

d) ¿Añadirías alguna instrucción más? ¿Cuál?

**2** Busca información sobre algún juego tradicional y escribe un texto instructivo que recoja cómo se juega.

**3** Lee el texto siguiente y realiza las actividades:

**Instrucciones para subir una escalera**

Las escaleras se suben de frente, pues hacia atrás o de costado resultan particularmente incómodas. La actitud natural consiste en mantenerse de pie, los brazos colgando sin esfuerzo, la cabeza erguida aunque no tanto que los ojos dejen de ver los peldaños inmediatamente superiores al que se pisa, y respirando lenta y regularmente. Para subir una escalera se comienza por levantar esa parte del cuerpo situada a la derecha abajo, envuelta casi siempre en cuero o gamuza, y que salvo excepciones cabe exactamente en el escalón. Puesta en el primer peldaño dicha parte, que para abreviar llamaremos pie, se recoge la parte equivalente de la izquierda (también llamada pie, pero que no ha de confundirse con el pie antes citado), y llevándola a la altura del pie, se le hace seguir hasta colocarla en el segundo peldaño, con lo cual en este descansará el pie, y en el primero descansará el pie. [...]

Llegando en esta forma al segundo peldaño, basta repetir alternadamente los movimientos hasta encontrarse con el final de la escalera.

Julio Cortázar, *Historias de cronopios y de famas*, Alfaguara.

a) ¿Cuál es el tema de este texto?

b) ¿Qué orden siguen las instrucciones?

c) ¿Cómo es el texto: serio o humorístico? Justifica tu respuesta.

d) Reelabora el texto utilizando letras para esquematizarlo.

e) ¿Qué forma verbal has utilizado en el texto que has escrito?

f) Elige otra tarea tan cotidiana como la de la lectura y escribe un texto instructivo.

**4** Busca información y escribe un decálogo con las diez normas más importantes para llevar una vida saludable.

## 2.2 Textos de la vida cotidiana

### La instancia o la solicitud

En el ámbito social, la ciudadanía se enfrenta a situaciones cotidianas que debe saber resolver: tiene que informar a otra persona o a un colectivo, debe solicitar algo a un organismo administrativo, ha de dar su opinión, etc.

Por ello, es importante saber elaborar textos de la vida cotidiana y social. Por ejemplo: una instancia, un aviso, un comunicado y una nota.

La **instancia** es el escrito que se utiliza para solicitar algo a una empresa particular o a la Administración (ministerios, ayuntamientos...). También se lo denomina **solicitud.**

Para solicitar el permiso para crear un huerto urbano, hay que escribir una instancia al ayuntamiento.

**CARACTERÍSTICAS DE LA INSTANCIA**

- **Estructura** predeterminada, que no admite modificación.
- **Enunciados** cortos, para facilitar su comprensión.
- **Lenguaje** objetivo, que evita lo personal.
- **Vocabulario** medio o estándar, acomodado a cada circunstancia.

**ESTRUCTURA DE LA INSTANCIA**

**Encabezamiento** con los datos del solicitante.

D./Dña. ........................................................,
mayor de edad, con domicilio en ........................................,
y DNI n.° ......................, teléfono n.° ...................... y
correo electrónico ................................................ .

**Cuerpo,** que contiene un apartado en el que se exponen los motivos en que se basa la petición y otro apartado en el cual se solicita lo que se pide.

**EXPONE:**

Que reuniendo los requisitos exigidos para participar en la convocatoria de becas para el Área de Extensión Universitaria.

**SOLICITA:**

Le sea admitida esta instancia a la que acompaña la siguiente documentación:

a) Acreditación de estar matriculado en el curso 2021-2022.
b) Expediente académico.
c) Fotocopia del DNI.

**Final,** con el lugar, fecha y firma legible del solicitante y el pie o destinatario, cargo u organismo (no persona) al que se dirige.

Lo que traslado a V. E. a los efectos oportunos.

[Ciudad], ...... de 2021

Fdo.: ...

VICERRECTORADO DE LA UNIVERSIDAD DE ........................................

## El aviso y el comunicado

Los **avisos** son textos de la vida cotidiana que sirven para informar a una persona o a un colectivo. Cuando el aviso pretende llegar a un gran número de personas, se llama **comunicado.**

Estos textos tienen una gran variedad de posibles receptores. Por ejemplo, se puede poner un aviso en un tablón de anuncios del centro escolar que informe sobre la visita de un famoso escritor; o la directora de un club deportivo puede enviar un comunicado a un periódico donde informe a los aficionados del cambio de directiva.

**AVISO IMPORTANTE**

Se pone en conocimiento de toda la comunidad escolar que los números de lotería para el viaje de fin de curso del alumnado de 2.º ESO están ya a la venta en la Secretaría del centro.

20 de marzo de 2021

La Dirección.

## Los reglamentos y las circulares

La vida cotidiana se ha de regular para lograr un mejor funcionamiento de la sociedad. Esta regulación se hace efectiva por medio de variados documentos, entre ellos, las **circulares** y los **reglamentos,** que informan a un grupo de personas sobre las normas y el comportamiento que se debe observar en determinados lugares o actos.

## La nota

La **nota** es un texto de la vida cotidiana que sirve para informar a un familiar, a un amigo, a un compañero, etc.

La nota tiene una estructura muy sencilla. En ella solo aparece el mensaje de forma breve e incluso telegráfica y coloquial, con la eliminación de los elementos menos necesarios.

PAPÁ, HOY VOLVERÉ UN POCO MÁS TARDE DEL INSTITUTO. TENGO QUE PASAR POR LA BIBLIOTECA PARA PEDIR PRESTADO *EL LAZARILLO*. NECESITO LEERLO PARA LA PRÓXIMA SEMANA.

PABLO.

## Actividades

**5** Escribe en tu cuaderno un aviso para el tablón de anuncios de tu comunidad de vecinos en el que informes de que tienes una colección de novelas que quieres regalar.

**6** Busca una noticia que contenga algún comunicado oficial y explica:

- Quién emite el comunicado.
- Dónde aparece.
- Qué comunica.
- A quién se dirige.

**7** Redacta en tu cuaderno dos notas en las que des una información a algún miembro de tu familia y a una amiga.

**8** Escribe un reglamento con cinco normas que regulen el correcto funcionamiento de la sala de informática de tu centro escolar.

**9** ¿Qué pretende regular esta circular?

Estimado alumnado:

- Debido a la pandemia, se ha de hacer un uso cuidadoso de todos los espacios escolares, como pasillos, aulas y patio.
- La entrada al centro será escalonada: el alumnado de Bachillerato entrará a las 8:30, y el de la ESO, a las 8:45.
- Debemos evitar detenernos en el vestíbulo de entrada al centro y en los pasillos. Los alumnos y las alumnas deberán dirigirse directamente a su aula.
- Se ha de guardar una distancia de 1,50 metros entre pupitres.
- No se permite el uso de objetos comunes, como borrador, tizas, etc.

Gracias por vuestra colaboración.

LA DIRECTORA

## 2.3 Textos de la vida cotidiana en soporte digital

En la sociedad actual, las **nuevas tecnologías** favorecen la comunicación, no solo en los ámbitos laboral, educativo y de la administración, sino también en la vida cotidiana. De tal manera que utilizamos estos medios de forma habitual, continua y muy provechosa.

### El correo electrónico

El **correo electrónico** es un medio de comunicación que utiliza la red informática mundial que llamamos **Internet.** Sea con el ordenador, el teléfono móvil o la tableta, con este servicio podemos enviar y recibir mensajes de forma instantánea en los más diversos ámbitos. Permite incluir también archivos de texto, imagen y audio.

Si a través de la historia el contacto entre las personas distantes siempre fue una preocupación y hubo continuos intentos por mejorar y potenciar las formas de enviar noticias, documentos, etc., en la actualidad el correo electrónico ofrece enormes posibilidades: no solo salva estas distancias, sino que además es instantáneo y no invade la privacidad del destinatario, pues no exige respuesta inmediata de este, como sí ocurre con el teléfono.

### Las redes sociales

Las **redes sociales** son plataformas digitales que permiten comunicarse a un gran número de personas e intercambiar en tiempo real mensajes de texto, enlaces, audios, imágenes o vídeos. Hoy en día, estas redes sociales tienen una enorme vitalidad.

Mediante **chats, wasaps** y otras **aplicaciones de mensajería instantánea,** podemos mantener 'conversaciones' entre dos o más personas en tiempo real o diferido de forma escrita, con el apoyo de emoticonos; y en tiempo real, de forma hablada, incluso con las posibilidades de verse entre los interlocutores. En algunos de ellos, al ser tan inmediatos y espontáneos, se suele utilizar un lenguaje poco elaborado más propio del lenguaje oral.

Los **foros** son sitios de discusión a través de la red alrededor de una finalidad o tema específico. En ellos se intercambia información entre personas interesadas, por ejemplo, en cardiología, alpinismo, filosofía... En los foros, se ha de mantener un registro y nivel de lenguaje más cuidado ya que en ellos se tratan los temas de manera más formal y con cierta especialización.

Las redes sociales son una inmensa plaza pública y ofrecen enormes posibilidades para mantener el contacto, la amistad y el intercambio de información entre personas. Pero han de ser utilizadas de manera controlada y responsable y exigen sus normas, como son las de ofrecer un trato correcto, proteger nuestra identidad y la de las otras personas, cuidar la propia imagen y relacionarnos de manera saludable con los demás.

### Actividades

**10** Busca en Internet foros de debate cercanos a tus intereses. Anota cuatro o cinco.

**11** Busca el último correo electrónico que has enviado y el último que has recibido. Señala en ellos dos o tres características que te parezcan llamativas.

**12** ¿Qué fórmulas de saludo y despedida sueles utilizar para iniciar y finalizar un correo electrónico?

**13** Repasa el último wasap que has enviado y el último que has recibido. Señala en ellos al menos dos características.

**Webquest.** Accede a esta actividad en el banco de recursos de anayaeducacion.es e investiga sobre la privacidad en las redes sociales.

En el banco de recursos de anayaeducacion.es encontrarás una actividad de orientación académica y profesional.

## 2.4 El diario

El **diario personal** es un relato autobiográfico en el que la persona escribe lo que le sucede, siente y observa en su día a día para reflejar y rememorar en él lo más valioso de su vida y de su experiencia personal.

En la historia son numerosas las grandes figuras de todos los ámbitos que nos han dejado por escrito en diarios el relato de su experiencia vital y sus reflexiones más personales.

El diario personal se caracteriza por la gran libertad tanto en los contenidos tratados como en su estructuración, a la vez que por la variedad de elementos de diversa naturaleza que puede acoger: reflexiones y descripciones, comentarios de noticias, palabras textuales de otras personas, fotos...

Además del diario personal, existen otros tipos de diario que recogen otros temas o experiencias. Por ejemplo, el diario de viaje, el diario escolar, el diario de campo...

La elaboración de un diario puede aportar importantes beneficios a la persona:

- Permite registrar, almacenar y organizar la información que considera importante.
- Contribuye a desarrollar su capacidad de reflexión y análisis de las circunstancias y situaciones vividas.
- Ayuda a crecer y madurar, pues obliga a contemplar las distintas caras de las mismas realidades.
- Favorece la mejora de la escritura, en ese esfuerzo diario por pasar a un escrito los pensamientos y sucesos cotidianos.

### Actividades

**14** Lee este texto y realiza las actividades:

> Viernes, principios de septiembre
>
> Tras dos noches en el Village, me mudo de vivienda y de barrio. Y el nuevo alojamiento resulta espléndido: consta de una única y larga habitación con cama, sofá, comedor y una mesa para trabajar sobre la que el sol echa su luz desde la ventana de mi izquierda, mi posición preferida para escribir. Tiene un amplio baño y una pequeña cocina y ocupa el lado oriental de un tercer piso, letra G, en el número 333 de la calle 54 Este, entre las avenidas Primera y Segunda. Cuesta lo mismo que el estudio de Perry Street que acabo de dejar, esto es: un platal, como diría un latinoamericano.
>
> Me encuentro a cinco minutos, caminando, del East River, a diez de las Naciones Unidas, a doce de la Quinta Avenida, a quince del MoMa (Museo de Arte Moderno), a veinte de Gran Central Station, a veinticinco de Central Park, a treinta y cinco del MET (Metropolitan Museum) y a cuarenta y cinco en autobús de Harlem. También en metro, a media hora del Village.
>
> Pero sobre todo, a 5 779 kilómetros de Madrid, que es de lo que se trata.
>
> Y de pronto, mientras deambulo este primer día por el que definitivamente va a ser mi barrio neoyorkino en los próximos tres meses, noto crecer dentro de mí una sensación de euforia. Es una emoción reconocible desde años atrás, la misma que me embarga cuando emprendo un viaje o cuando me instalo en un lugar del que lo desconozco casi todo.

Javier Reverte, *New York, New York*, Plaza y Janés.

a) ¿Qué elementos propios de un diario observas en el texto que has leído?

b) ¿Qué tipo de diario es?

c) Elabora tú diez líneas de un diario personal. ¿Qué características de las indicadas anteriormente tiene tu diario?

# UN RECETARIO EN LA RED

¿TE GUSTARÍA PARTICIPAR EN UNA FERIA GASTRONÓMICA CON UN LIBRO DE RECETAS COLECTIVO?

## UN RECETARIO EN LA RED

### LEE

Infórmate sobre una feria gastronómica.

**1** Lee estos textos y realiza las actividades:

FERIA INTERNACIONAL DE

# GASTRONOMÍA

8, 9 y 10 de abril • Pabellón deportivo

¡PARTICIPA EN NUESTRA FERIA Y PREPARA TU PROPIA RECETA!

**Inscripciones:** En la Jefatura de Estudios • **Colabora:** ACEI Asociación de Centros Educativos Internacionales

## FERIA INTERNACIONAL DE **GASTRONOMÍA**

### Reglamento de participación

1. Podrán participar los alumnos y las alumnas de 2.° de la ESO.
2. Las solicitudes de participación están disponibles en la Secretaría del centro escolar. Irán acompañadas de una fotocopia del DNI y del carné de estudiante. Se entregarán en la misma Secretaría.
3. Plazo de entrega de solicitudes: del 1 de febrero al 20 de marzo.
4. Cuota de participación: 2 euros.
5. La inscripción da derecho a degustar las propuestas gastronómicas de la feria y a participar en todos los espectáculos, coloquios y talleres gastronómicos propuestos.
6. La participación en algunos de los talleres requiere inscripción previa debido a la gran demanda.
7. Es posible cancelar la inscripción siempre que se solicite con cinco días de antelación. Solo en este caso se devolverá el importe de la cuota de participación.
8. No se permite la entrada al recinto con comida o bebida del exterior.
9. La Feria Internacional de Gastronomía es un evento sostenible y está diseñada para minimizar los impactos medioambientales negativos. Por lo tanto, cualquier residuo se depositará en los contenedores de reciclaje específicos: papel-cartón, plástico-envases, madera, vidrio, resto…

**AVISO IMPORTANTE**

Se pone en conocimiento del alumnado de 2.° de la ESO interesado en participar en la **Feria Internacional de Gastronomía** que el 20 de marzo finaliza el período de inscripción para participar en el taller *«Recetario en la red»*, que servirá de colofón a la Feria. Podéis apuntaros en Secretaría en horario no lectivo.

*La Dirección*

a) ¿Qué tipo de texto es cada uno?

Expositivo · Descriptivo · Prescriptivo · Narrativo

b) ¿Cuáles son sus distintas finalidades?

c) ¿A quiénes van dirigidos?

d) ¿Qué tipo de lenguaje utilizan? Describe las principales características lingüísticas de cada uno.

e) ¿Es clara y precisa la información que aportan?

f) ¿En qué lugar de tu centro escolar podrías encontrar estos documentos?

g) ¿Qué otro tipo de textos de la vida cotidiana puedes leer en ese mismo lugar de tu centro?

UN RECETARIO EN LA RED

## ESCUCHA

Conoce otras especialidades gastronómicas internacionales.

**2** Escucha este coloquio y responde a las preguntas:

a) Según lo que has escuchado, ¿en qué crees que consiste un coloquio?

b) Investiga y explica el origen de la palabra *coloquio*.

c) ¿Cuántas personas participan en este coloquio?

d) ¿Qué tema se aborda en él? Invéntate un título.

e) En el audio has escuchado un texto instructivo. ¿Qué tipo de texto instructivo es? Justifica tu respuesta.

f) Observa estas imágenes de platos originarios de otras culturas:

- ¿Cuáles de ellos se mencionan en el audio?
- ¿Cómo se llaman?
- ¿Cuáles son sus países de origen?
- ¿Qué ingredientes se necesitan para prepararlos?

g) ¿Cuáles de estas especialidades conoces tú? ¿Cuál es tu preferida? ¿Sabes cómo prepararla?

UN RECETARIO EN LA RED

# HABLA

Prepara y graba un videotutorial sobre cocina saludable con tus compañeros y compañeras.

¡NO PIERDAS DE VISTA TU OBJETIVO!

**3** En grupo, elaborad un tutorial para participar en la Feria Gastronómica Internacional. Para ello, seguid estos pasos:

a) **¡Rompemos el hielo!** Organizad una tormenta de ideas con propuestas divertidas para cocinar de manera saludable. Elegid por votación las diez mejores propuestas.

b) **¡Planificamos!** Preparad el borrador del texto de vuestro tutorial. Tened en cuenta lo siguiente:

1. No olvidéis que un tutorial es un texto instructivo: poned en práctica lo que habéis aprendido en la unidad sobre este tipo de textos.
2. El orden es importante: organizad los pasos numerándolos y ayudándoos de conectores.
3. Utilizad un lenguaje claro y sencillo, con enunciados breves y fáciles de entender.
4. Utilizad las formas verbales que mejor se adecuan a este tipo de textos; por ejemplo, infinitivos o imperativos. Intentad ser coherentes y mantened la misma forma verbal en todos los pasos.
5. Como siempre a la hora de escribir un texto, prestad atención a la ortografía y al uso correcto de los signos de puntuación.
6. Ensayad varias veces: leed el texto en voz alta, despacio y ayudándoos de gestos y lenguaje corporal.
7. La duración de vuestro videotutorial no debería superar los dos o tres minutos.

c) **¡Acción!** Grabad el tutorial en vídeo.

d) **¡Compartimos!** Proyectad los tutoriales de toda la clase y elegid por votación el más divertido y útil. Justificad vuestra elección.

e) **Autoevaluación** ¿Qué es lo que os ha gustado más de esta actividad? ¿Qué mejoraríais? ¿Por qué?

f) **¿Y las emociones?** Describe cómo te has sentido durante la realización de esta actividad. Escucha con atención e interés al resto de tus compañeros y compañeras.

UN RECETARIO EN LA RED

## ESCRIBE

Redacta una receta y publica un recetario digital colectivo.

**4** Participa en el taller «Recetario en la red» de la Feria Gastronómica Internacional con la receta de tu plato preferido.

a) Aprende a escribir una receta de cocina:

### PASOS PARA REDACTAR UNA RECETA DE COCINA

**Título:** escribe el nombre del plato.

**Descripción:** añade una breve introducción a tu receta. Puedes indicar alguna anécdota, el origen del plato o cualquier información que para ti sea importante o curiosa.

**Lista de ingredientes:** escribe un listado de los ingredientes ordenados por categorías, alfabética o cronológicamente, según su uso en la elaboración del plato. Debes indicar sus nombres y cantidades precisas.

**Método de preparación:** describe los pasos que se deben seguir, es decir, las acciones que hay que realizar en la elaboración del plato. Utiliza párrafos cortos y un lenguaje sencillo y claro.

**Notas:** puedes añadir aclaraciones o información adicional sobre la receta como, por ejemplo, sugerencias en la presentación del plato o sustitución de algunos de los ingredientes por otros.

b) En grupo, decidid el procesador de textos que vais a utilizar y el formato que deben tener todas vuestras recetas: colores, tipo de letra, tamaño, elementos gráficos, etc.

c) Escribid individualmente la propia receta siguiendo las pautas establecidas en el grupo, así como los pasos descritos en la actividad a).

d) Reunid todas las recetas, buscad un título atractivo para vuestro «Recetario en la red», elaborad un índice y escribid una breve introducción que justifique el proyecto.

e) Finalmente, subidlo a la web del centro escolar desde donde se podrá descargar para leerlo en el móvil, en el ordenador o en un libro electrónico.

## Reflexiona sobre este ámbito profesional

¿Has pensado alguna vez en cómo se organiza una feria gastronómica? En grupos de cuatro, buscad información y responded a estas preguntas:

- ¿Qué profesionales son necesarios para llevar a cabo una feria gastronómica?
- Además de nutricionistas y chefs, ¿qué otros profesionales pueden ser necesarios en la organización, gestión y producción de un evento de este tipo?
- ¿Qué cualidades se necesitan para dedicarse a la organización y gestión de ferias y congresos? ¿Y para ser nutricionista, chef o crítico gastronómico?
- ¿Te gustaría trabajar en la organización de una feria gastronómica? ¿En qué sección? ¿Cómo te sentirías?

## 3 GRAMÁTICA

# EL SINTAGMA NOMINAL, ADJETIVAL, ADVERBIAL Y PREPOSICIONAL

### Clases de pronombres

- **Personales** *(yo, me, nosotras, tú, ti, te, vosotros, ella, se...).*
- **Demostrativos** *(este, esa, aquellas...).*
- **Indefinidos** *(alguien, algo, nadie, nada...).*
- **Numerales** *(dos, siete, veinte...).*
- **Relativos** *(que, quien, cuanto, cual).*
- **Interrogativos y exclamativos** *(qué, quién, cuánto, cuál...).*

### Expresiones referenciales

La voz *mesa* no señala ninguna mesa; pero las secuencias *la mesa, esta mesa, tu mesa* son expresiones referenciales, porque se refieren a una mesa en concreto.

## 3.1 El sintagma nominal

El **sintagma nominal** (SN) tiene como **núcleo** (N) un **sustantivo** o un **pronombre,** que puede estar acompañado por otras palabras que ayudan a identificar la realidad a la que se refiere o complementan su significado: **determinantes** (Det.) y **complementos del nombre** (CN).

| Ella | ha comprado | la | bufanda | verde | esta | mañana. |
|---|---|---|---|---|---|---|
| NÚCLEO | | DET. | NÚCLEO | CN | DET. | NÚCLEO |
| SN | | SN | | | SN | |

### El núcleo del sintagma nominal

El **sustantivo** y el **pronombre** funcionan como **núcleo** del sintagma nominal.

- El **nombre** o **sustantivo** es una palabra variable que sirve para designar personas, animales, objetos, sentimientos, lugares, tiempo, cualidad, cantidad, acción... *(carnicero, serpiente, ordenador, felicidad, Orense, semana, humildad, quincena, ataque...).*
- Los **pronombres** forman una categoría gramatical cuyos miembros pueden sustituir a un nombre o a todo un sintagma nominal:

  *Pedro fue ayer al cine.* → *Él fue ayer al cine.*

  *Llevan la comida.* → *La llevan.*

### Los determinantes en el sintagma nominal

Los **determinantes** (Det.) son una categoría gramatical de palabras que se anteponen a un nombre y contribuyen a formar expresiones referenciales.

En esta tabla se resumen los determinantes que ya has estudiado en cursos anteriores:

| Clases de determinantes | |
|---|---|
| Artículos | *el, la, lo, los, las; un, una, unos, unas* |
| Demostrativos | *este, esta, estos, estas; ese, esa, esos, esas; aquel, aquella, aquellos, aquellas* |
| Posesivos | *mi, tu, su, mis, tus, sus, nuestro, nuestra, vuestro, vuestra...* |
| Indefinidos | *algún (-a, -os, -as), ningún (-a, -os, -as), mucho (-a, -os, -as), poco (-a, -os, -as), bastante(s), demasiado (-a, -os, -as), varios (-as), cualquier (-a...), más, menos, tanto (-a, -os, -as)...* |
| Numerales | *uno, dos, tres...* |
| Relativos | *cuyo (-a, -os. -as), cuanto (-a, -os, -as)...* |
| Interrogativos y exclamativos | *qué, cuál, cuánto (-a, -os, -as)...* |

## Los complementos nominales

El núcleo del sintagma nominal puede llevar diferentes tipos de **complementos.**

Funcionan como complemento del nombre (CN):

- Los **adjetivos:** esas *preciosas* composiciones *musicales.*
- Los **sintagmas preposicionales** (SPrep.): *la música del baile*, *el arroz con tomate*.
- Los **sintagmas nominales en aposición,** que pueden modificar el núcleo de otro SN sin necesidad de que haya una preposición como elemento de enlace: *París, la capital de Francia*; *María, mi compañera de clase*.

## Actividades

### Actividad resuelta

**1** Analiza los siguientes sintagmas nominales. ¿Qué clase de complementos forman parte de ellos?

- *Cinco ordenadores nuevos.*
- *Un intenso olor a humo.*
- *Mi vecino Mariano.*

**Solución**

| Cinco | ordenadores | nuevos. |
|---|---|---|
| DET. | N (NOMBRE) | CN (ADJETIVO) |

| Un | intenso | olor | a humo. |
|---|---|---|---|
| DET. | CN (ADJETIVO) | N (NOMBRE) | CN (SPREP.) |

| Mi | vecino | Mariano. |
|---|---|---|
| DET. | N (NOMBRE) | CN (SN EN APOSICIÓN) |

**2** Analiza los sintagmas nominales de las siguientes oraciones, como en el ejemplo:

| Juan | compró | estos | lápices | azules. |
|---|---|---|---|---|
| NÚCLEO | | DET. | NÚCLEO | CN |
| SN | | | SN | |

- *El gato gris tenía rayas blancas.*
- *Ayer hice un buen examen de inglés.*
- *Varios músicos jóvenes llenaron la sala.*
- *Me gusta ese espectáculo flamenco.*
- *Ellos organizaron una divertida excursión.*

**3** Analiza los componentes de estos SN:

- *La casa vacía.*
- *Nuestro amigo de infancia, Luis.*

**4** Indica si el núcleo de los siguientes sintagmas nominales es un nombre o un pronombre:

- *Esa es mi película favorita.*
- *Nosotros vendimos la mesa.*
- *Roma está lejos.*
- *Algunos de los compañeros llegaron tarde.*

**5** Sustituye los sintagmas nominales de estas oraciones por un pronombre personal, como en el ejemplo:

*Los chicos sabían la lección.* → *Ellos la sabían.*

- *Mi compañera de piso compró toda la comida.*
- *Me convenció esa presentadora.*
- *Los protagonistas silbaban la canción.*
- *El mensajero entregó el paquete pronto.*
- *El nuevo camarero era un hombre muy amable.*

**6** Sustituye por pronombres los SN de las siguientes oraciones:

- *Llegaron varios vecinos.*
- *Sabían las últimas noticias.*
- *Coge los libros.*
- *Vuestro perro ha ladrado.*

**7** Clasifica los determinantes de estos sintagmas nominales:

- *Aquella orden*
- *Un papel amarillo*
- *¡Qué dices!*
- *Nuestros abrigos*
- *¿Cuántos euros?*
- *Tres exámenes finales*
- *Algunos amigos*
- *Mi abono mensual*

**La brújula del español.** Accede a esta guía del uso del español correcto en el banco de recursos de **anayaeducacion.es**.

## 3.2 El sintagma adjetival

El **sintagma adjetival** (SAdj.) es una construcción sintáctica que tiene como **núcleo** (N) un **adjetivo,** que puede estar acompañado por **modificadores** (Modif. Adj.) y por **complementos del adjetivo** (CAdj.).

Los sintagmas adjetivales realizan diversas funciones; por ejemplo, las de complementos nominales y atributos.

| Esa chica era | extremadamente | tímida | con sus amigos. |
|---|---|---|---|
| | MODIF. (ADV.) | N (ADJ.) | CADJ. (SPREP.) |
| | SADJ. | | |

### El núcleo del sintagma adjetival

El **adjetivo** es siempre el núcleo del sintagma adjetival. El adjetivo expresa una propiedad o una cualidad del nombre con el que concuerda en género y número.

#### Clases de adjetivos según su significado

- Los **adjetivos relacionales** aportan una propiedad que restringe el significado y la extensión del sustantivo: *fallo judicial, avión reactor, dedo meñique* y *conflicto bélico* son tipos de fallo, avión, dedo o conflicto. Van pospuestos al nombre, del que no pueden ser separados: **avión muy reactor.*
- Los **adjetivos calificativos** aportan una cualidad que afecta a la realidad designada: *dedos ágiles, fruta dulce, piel pálida.* Admiten modificación *(dedos muy ágiles)* y normalmente cambio de orden *(dulce fruta).*

#### Grados del adjetivo

La **cualidad** que expresa el adjetivo puede manifestarse en tres grados:

- En **grado positivo** expresa la cualidad sin cuantificar *(Está contenta).*
- En **grado comparativo** expresa una comparación que puede ser de superioridad *(Ella es más inteligente que él),* de igualdad *(Es tan rápida como él)* o de inferioridad *(Ella es menos ágil que él).*
- En **grado superlativo** manifiesta una cualidad en un nivel muy alto *(María es muy simpática, simpatiquísima, la más simpática).*

  Algunos adjetivos tienen comparativos y superlativos especiales:

| Positivo | Comparativo | Superlativo |
|---|---|---|
| bueno | mejor | óptimo |
| malo | peor | pésimo |
| grande | mayor | máximo |
| pequeño | menor | mínimo |
| alto | superior | supremo |
| bajo | inferior | ínfimo |

#### Usos de los adjetivos calificativos

- **Uso especificativo,** cuando delimitan el significado del nombre. Forman un subconjunto: por ejemplo, en *Estos alumnos lesionados no están en la lista,* el adjetivo se aplica solo a una parte de los alumnos, los que están lesionados. Van unidos directamente al nombre.
- **Uso explicativo,** cuando el adjetivo no restringe ni forma un subconjunto del nombre. Aportan una explicación que afecta a todo el proceso. Aparecen entre pausas. Por ejemplo: *Estos alumnos, lesionados, no están en la lista;* es decir, los alumanos no están en la lista porque estan lesionados.

## Los modificadores y complementos del adjetivo

Los **modificadores** (*muy fácil*) y los **complementos del adjetivo** (*loco por la música, harto de los ruidos*) acompañan al núcleo del sintagma adjetival.

| Muy | contento | con | su coche. |
|---|---|---|---|
| | | PREP. | SN |
| MODIF. | NÚCLEO (ADJ.) | CADJ. (SPREP.) | |
| SADJ. | | | |

- **Modificadores** (Modif.). Son adverbios que se anteponen al adjetivo y añaden normalmente intensidad: *muy, poco, más, menos, tan, algo, nada, bastante, demasiado…*.
- **Complementos del adjetivo** (CAdj.). Los complementos del adjetivo son sintagmas preposicionales: *amante del flamenco, contento con su suerte, fácil de manejar, feliz desde la infancia, alegre en todo momento.*

Emily Brontë (1818-1848), escritora británica.

## Actividades

### Actividad resuelta

**8** Identifica el núcleo, el modificador y el complemento del adjetivo en el siguiente sintagma adjetival:

*Bastante interesada por este asunto.*

**Solución**

| Bastante | interesada | por este asunto. |
|---|---|---|
| MODIF. (ADV.) | N (ADJ.) | CADJ. (SPREP.) |

**9** Sigue el ejemplo de la actividad anterior e identifica el núcleo, el modificador y el complemento de los siguientes sintagmas adjetivales:

- *Muy alejado de mis gustos..*
- *Más fácil de lo que imaginas.*
- *Diferentes de él.*
- *Bastante rápidos en las respuestas.*
- *Menos hábiles para las manualidades.*

**10** Determina si los siguientes sintagmas adjetivales son explicativos o especificativos:

- *Los trabajadores nuevos no supieron accionar la alarma de incendios.*
- *Los alumnos, nuevos, no supieron accionar la alarma de incendios.*
- *Los tejados antiguos se hundieron.*
- *Los tejados, antiguos, se hundieron.*

**11** Escribe en tu cuaderno sintagmas adjetivales con estas estructuras.

MODIF. (ADV.) + N

N + CADJ. (SPREP.)

**12** Identifica los adjetivos en este texto. Luego, elige cinco de ellos, escribe un sintagma adjetival con cada uno y analízalos.

> Cumbres Borrascosas es el nombre de la morada del señor Heathcliff. Borrascosas es un adjetivo muy local que describe la agitación atmosférica a que está expuesto el lugar en tiempo de tormenta. Debe haber, sin duda, allá arriba, una ventilación pura y saludable en todas las estaciones; uno se imagina la fuerza del viento del norte cuando sopla por encima del margen de la sierra, por la excesiva inclinación de unos abetos enanos que hay al final de la casa y por una hilera de flacos espinos que alargan sus miembros en una sola dirección, como mendigando la luz del sol. Por fortuna, el arquitecto tuvo la prevención de construirla sólida; las angostas ventanas están bien encajadas en el muro y los ángulos protegidos por grandes salientes de piedra.

Emily Brontë, *Cumbres Borrascosas*, Cátedra.

## Clases de adverbios

- **Lugar:** *aquí, ahí, lejos, cerca, dentro, fuera, arriba...*
- **Tiempo:** *ahora, antes, después, nunca, siempre, pronto...*
- **Cantidad:** *más, menos, tanto, algo, nada, mucho, todo...*
- **Modo:** *así, mal, bien, mejor, peor...*; adverbios en *-mente...*
- **Afirmación y negación:** *sí, no, cierto, también, tampoco...*
- **Duda:** *quizá, posiblemente, probablemente...*

## 3.3 El sintagma adverbial

El **sintagma adverbial** (SAdv.) es una construcción sintáctica que tiene como **núcleo** (N) un **adverbio,** que puede estar acompañado por otras palabras que funcionan como **modificadores** (Modif.) o **complementos del adverbio** (CAdv.).

| El teatro estaba | muy | lejos | de casa. |
|---|---|---|---|
| | MODIF. (ADV.) | NÚCLEO | CADV. (S PREP.) |
| | SADV. | | |

### El núcleo del sintagma adverbial

El **adverbio** es el núcleo del sintagma adverbial.

Los adverbios son palabras invariables, es decir, no tienen morfemas de género y número *(bien, lejos, ahora...)*. En algunos casos admiten sufijos: *cerquita, lejísimos, poquito...*

### Los modificadores y complementos del adverbio

El núcleo del sintagma adverbial puede estar acompañado por un **modificador** *(muy lejos)* y **un sintagma preposicional** *(cerca de su casa)*.

- **Modificadores** (Modif.): Son un tipo de complementos antes del núcleo. Normalmente son adverbios de cuantificación o intensidad: *más tarde, mucho antes, exageradamente lejos, algo después, demasiado arriba...*
- **Complementos del adverbio** (CAdv.). Los complementos del adverbio son sintagmas preposicionales: *antes de la boda, lejos de su casa.*

| Bastante | detrás | de | nosotras. |
|---|---|---|---|
| | | PREP. | SN |
| MODIF. (ADV,) | NÚCLEO (ADV.) | CADV. (SPREP.) | |
| SADV. | | | |

## Actividades

### Actividad resuelta

**13** Analiza el siguiente sintagma adverbial:

*Mucho antes de la cena.*

**Solución**

| Mucho | antes | de la cena. |
|---|---|---|
| MODIF. (ADV.) | NÚCLEO (ADV.) | CADV. (SPREP.) |

**14** Analiza los siguientes sintagmas adverbiales:

- *delante de casa*
- *después de clase*
- *tan mal*
- *realmente lejos*
- *fuera de la casa*
- *muy probablemente*

**15** Ordena las palabras para formar sintagmas adverbiales y escribe una oración con cada uno de ellos:

detrás • mi • justo • casa • de

tarde • más • mucho

clase • después • de • inmediatamente

**16** Observa tu aula y las personas que hay en ella. Inspírate en lo que ves e invéntate tres oraciones que contengan un sintagma adverbial.

## 3.4 El sintagma preposicional

El **sintagma preposicional** es una construcción sintáctica formada por una **preposición** que precede a su **término.**

El **término** es un sintagma, que puede ser nominal, adjetival, adverbial o preposicional, y que no se puede suprimir. Por ejemplo:

- Prep. + SN: *de Sevilla; con mi hermana; para sus hermanos.*
- Prep. + SAdj.: *de tontos, por imprudentes.*
- Prep. + SAdv.: *desde entonces; por aquí, hacia adentro.*
- Prep + SPrep.: *tras de, de entre.*

Los sintagmas preposicionales pueden estar precedidos por adverbios que funcionan como **modificadores:** *muy de aquí, algo hacia la izquierda, solo de madrugada, únicamente en su casa; incluso por la noche.*

Ejemplos:

| Pecan | de | generosos. |
|---|---|---|
| | PREP. | TÉRMINO (SADJ.) |
| | SPREP. | |

| *Son* | *muy* | *de* | *Sevilla.* |
|---|---|---|---|
| | MODIF. | PREP. | TÉRMINO (SN) |
| | SPREP. | | |

### Actividades

#### Actividad resuelta

**17** Analiza el sintagma preposicional subrayado:

*Vivimos en Sevilla.*

**Solución**

| Vivimos | en | Sevilla. |
|---|---|---|
| | PREP. | TÉRMINO (SN) |
| | SPREP. | |

**18** Identifica y copia en tu cuaderno los sintagmas preposicionales de los siguientes ejemplos:

- *café sin azúcar*
- *desde detrás de la casa*
- *la casa de las muñecas*
- *mucho antes de la clase*
- *cansado de nosotros*
- *hasta la meta*
- *un medicamento para el dolor*
- *ingenuo desde su nacimiento*
- *hacen de bobalicones*
- *de entre los arbustos*

**19** Sigue el ejemplo de la actividad 17 y analiza los sintagmas preposicionales subrayados en las siguientes oraciones:

- *Vine con mi hermana.*
- *Me muevo hacia delante.*
- *Eso le ocurrió por imprudente.*
- *Corrimos tras de ti.*

**20** Indica la clase de sintagma del término de la preposición en los ejemplos de la actividad anterior.

# APLICA LO APRENDIDO

## Reflexiona sobre la gramática

### Solución paso a paso

**1** Identifica paso a paso la estructura del siguiente sintagma nominal:

Dos magníficas novelas policíacas de Agatha Christie

**Paso 1.** Busca el núcleo del sintagma nominal: *novelas.*

**Paso 2.** Determina los complementos del nombre: *magníficas*, *policíacas*, *de Agatha Christie.*

**Paso 3.** Determina la clase de sintagma de cada complemento del nombre:
- *magníficas:* sintagma adjetival
- *policíacas:* sintagma adjetival
- *de Ágatha Christie:* sintagma preposicional

**Paso 4.** Señala si el adjetivo es relacional o calificativo.
*magníficas:* calificativo
*policíacas;* relacional

**Paso 5.** Señala, por último, los determinantes: *dos.*

**2** Lee el siguiente texto y realiza las actividades:

Desde mi ventana yo veía pasar los trenes, los del día y los de la noche, y mi fantasía volaba tras el humo de la locomotora. Mi pueblo era alegre. Había un gran mercado todos los sábados. Venían las mujeres de los caseríos aislados en el monte. Traían pollos y conejos vivos, manojitos de cebollas, judías verdes, tomates. Los buhoneros, los ganaderos, los negociantes tomaban en la taberna de la estación su copa de orujo mañanero y se instalaban luego para el trato y el regateo y la venta que terminaba hacia el comienzo de la tarde.

Josefina Aldecoa, *Historia de una maestra*. Alfaguara.

a) Señala la clase a la que pertenecen los siguientes sintagmas tomados del texto:

*desde mi ventana*
*los trenes*
*mi fantasía*

*mi pueblo*
*alegre*
*todos los sábados*

*tras el humo de la locomotora*
*aislados en el monte*
*en la taberna de la estación*
*hacia el comienzo de la tarde*

b) Elabora un breve resumen del fragmento en el que utilices un ejemplo de cada una de estas clases de sintagmas:

Sintagma nominal  Sintagma adjetival
Sintagma adverbial  Sintagma preposicional

**3** Escribe tres sintagmas preposicionales en los que utilices estas estructuras:

PREP. + SADJ. | PREP. + SADV. | PREP. + SN

**4** Lee el siguiente texto e identifica a qué tipo de sintagmas pertenecen los segmentos subrayados:

<u>La embarcación</u> avanzaba <u>por entre una charca gris</u> en la que flotaban <u>restos anónimos de basura y aves muertas</u> que comenzaban a descomponerse. <u>La superficie oleaginosa</u> dejaba paso a la quilla creando una lenta ola que iba a morir <u>perezosamente</u> un poco <u>más adelante</u>. Estábamos <u>lejos del siempre mudable desorden del mar</u>.

Álvaro Mutis, *Ilona llega con la lluvia,* Punto de Lectura.

**5** Identifica a qué tipo de sintagmas pertenecen los segmentos subrayados:

<u>En Santa Gadea de Burgos</u>
do juran <u>los hijosdalgo</u>,
<u>allí</u> toma juramento
<u>el Cid</u> al rey castellano,
<u>sobre un cerrojo de hierro</u>
y <u>una ballesta de palo</u>.

Menéndez Pidal,
*Flor nueva de romances viejos,*
Espasa Calpe.

**Visualiza la gramática.** Comprende los conceptos gramaticales mediante este vídeo disponible en anayaeducacion.es.

**Repaso interactivo.** Accede a este juego interactivo y repasa el contenido de la unidad en anayaeducacion.es.

Recuerda seleccionar el material de trabajo de esta unidad para tu **portfolio.**

Recuerda que en tu banco de recursos dispones de:
- Diversos talleres para gestionar tus emociones y de una diana para evaluarlas.
- Fichas para mejorar tu ciudadanía digital.

## Organiza tus ideas gramaticales

Copia y completa el siguiente organizador visual en tu cuaderno:

**ESTRUCTURA DEL SN**
- Deteminantes: ....
- Núcleo: ....
- Complementos: ....

**ESTRUCTURA DEL SADJ.**
- Modificadores: ....
- Núcleo: ....
- Complementos: ....

**ESTRUCTURA DEL SADV.**
- Modificadores: ....
- Núcleo: ....
- Complementos: ....

**ESTRUCTURA DEL SPREP.**
- Modificadores: ....
- Preposición: ....
- Término: ....

## Practica la ortografía

**1** Lee el texto siguiente y realiza las actividades:

Me fui a mi habitación y en tanto López remataba la diligencia me ocupé de buscarme un vuelo que me devolviera a Barcelona a la mañana siguiente. Todo lo que se podía hacer allí estaba hecho. Mi lugar estaba con mi gente y tras la pista de aquel Antonio Serret, alias Roberto, al que apuntaban todos los indicios. Como solía decir Robles cuando todo empezaba a señalar en una misma dirección: creo algo en la mayoría, pero a pies juntillas en la unanimidad. Conseguí billete para un vuelo que llegaba a Reus poco antes de las doce. Por un momento consideré la posibilidad de llamar a Chamorro para anunciárselo, y contarle de paso el resultado del interrogatorio de Salazar, pero no sabía qué estaría haciendo o si iba a interrumpirla, y después del esfuerzo no me apetecía hablar con nadie. Le puse, pues, un SMS y le pedí que me confirmara si podían ir a recogerme. A los quince segundos me entró un mensaje suyo: Allí estaremos.

Lorenzo Silva, *La marca del meridiano*, Planeta.

a) Explica a qué regla ortográfica se atienen las palabras subrayadas del texto. Escribe dos ejemplos más de cada una de esas reglas.

b) ¿Por qué *juntillas* se escribe con *j?*

c) Escribe tres palabras de la familia léxica de *mensaje.*

d) En el fragmento aparece el verbo *decir.* Escribe:
- El pretérito perfecto simple de indicativo.
- El pretérito imperfecto de subjuntivo.

e) Los protagonistas son dos guardias civiles que investigan un crimen. ¿Cómo se denomina la ciencia relacionada con esas cuestiones?

f) ¿Sabes qué ciencias estudian la piel, el corazón, las sustancias tóxicas o la sociedad? ¿A qué regla ortográfica de la *g* se adscriben estas palabras?

g) ¿Qué verbo acabado en *-gir* corresponde al sustantivo *dirección*?

ORTOGRAFÍA CONSULTA EL ANEXO 4

Accede a más actividades para practicar la ortografía en **anayaeducacion.es**.

# 4

# ME SIENTO BIEN

El bienestar físico y mental llega cuando respiramos a pleno pulmón y dejamos que nos sorprenda la poesía de las cosas. Y es que nuestro ser está hecho de células, pero también de pensamientos, sentimientos, emociones y sensaciones.

Sin embargo, no lograríamos este objetivo solos. Necesitamos en nuestra vida de la presencia de otros seres humanos. Para conquistar la felicidad, hay que construir la vida codo con codo con quienes nos rodean, con entusiasmo, cariño y resiliencia, plenamente integrados en la sociedad, y siendo conscientes de que formamos parte de un todo.

**Plano abierto.** Accede al vídeo de la unidad en el banco de recursos de anayaeducacion.es.

## Intercambia opiniones

VIVIR EN SOCIEDAD

¿Qué significa para ti vivir en sociedad?

- Seguir las normas sociales.
- Compartir valores.

¿Qué valores crees indispensables para vivir de manera armoniosa en sociedad?

- ¿Son los mismos en cualquier parte del mundo?
- ¿Qué papel juega la educación en la promoción de esos valores?

¿Podemos ser felices si vivimos fuera de la sociedad?

- ¿Por qué?

## QUÉ VAS A ENCONTRAR EN ESTA UNIDAD

### 1 LECTURA ODS

Vas a leer una entrevista a la filósofa francesa Claire Marin donde esta reflexiona acerca del impacto vital de las grandes rupturas, como puede ser una pandemia o un confinamiento, sobre la mente y las emociones de las personas. Consulta los vídeos en **anayaeducacion.es** y reflexiona sobre la necesidad de promover la salud mental y el bienestar de las personas: metas ONU 3.3. y 3.5.

### 2 COMUNICACIÓN

¿Te has parado a pensar que la exposición y la argumentación se pueden entender como un diálogo que mantenemos con otras personas cuando intentamos explicarles algo o cuando queremos hacerles cambiar de opinión? ¿Te parece importante dialogar correctamente con los demás, así como exponer y argumentar tus ideas con eficacia?

### 3 GRAMÁTICA

¿Sabrías decir qué categoría de palabras ejerce la función de núcleo del sintagma verbal? ¿Cuáles son los complementos que pueden acompañar a esta palabra? ¿Podrías identificarlos en la oración?

**ORTOGRAFÍA** Al final de este libro encontrarás un anexo con reglas ortográficas y actividades que te ayudarán a solucionar las propuestas a lo largo de esta unidad: **la letra *h*.**

## Comprensión oral

Escucha el texto locutado de la lectura y responde a las siguientes preguntas:

- ¿Qué tipo de texto es el que has escuchado?
- ¿Cuál es su tema principal?
- ¿Qué nacionalidad y profesión tiene la entrevistada?
- Según Claire Marin, ¿qué hemos descubierto de nosotros mismos a raíz de la pandemia?
- ¿Por qué no le gusta el lenguaje bélico?

# Claire Marin: «El confinamiento nos ha demostrado hasta qué punto somos seres sociales»

La filósofa francesa, experta en analizar el impacto vital de rupturas y enfermedades, reflexiona sobre las consecuencias de la pandemia.

Silvia Ayuso — Madrid, 30 de agosto de 2020

La filósofa Claire Marin (París, 1974) ha dedicado buena parte de su carrera a reflexionar sobre las enfermedades y otras disrupciones que ponen a prueba nuestras concepciones o modo de vida. Rupturas amorosas, como las que analiza en su libro *Rupturas* (Alienta Editorial, que se publica el 1 de septiembre), pero también todos esos procesos, desde el nacimiento a la muerte, que marcan un antes y un después —o al menos un giro— en nuestras vidas. Para ella, una crisis como la de la pandemia y el confinamiento es un campo de estudio ideal. Quizás, aventura en un encuentro en su casa parisina, una de las mayores sorpresas haya sido descubrir que no éramos tan invulnerables como nos creíamos. Aunque parezca que muchos quieren volver a olvidarlo.

**Pregunta.** ¿Estaba el mundo preparado para una pandemia?

**Respuesta.** Era inimaginable, sobre todo para los países más privilegiados, que consideraban las pandemias como algo de otro tiempo. Volver a métodos que nos parecen arcaicos, como el encierro, era algo que jamás habríamos imaginado. Encima recuerda a períodos más sombríos de la historia, lo que hace que en el plano colectivo vivamos esto casi como una regresión, una debilidad de nuestra medicina, de nuestra ciencia y tecnología.

**P.** ¿Nos creíamos invulnerables?

**R.** Había una ilusión sobre el poder que le habíamos conferido a la ciencia, a las tecnologías y a la medicina. Era algo que ya me sorprendía antes de la epidemia, cuando la gente preguntaba: «Pero esa enfermedad, ¿no somos capaces de curarla?», como si estuviéramos en un mundo, al menos en los países ricos y desarrollados, donde la ciencia es milagrosa, casi divina, y que haya enfermedades incurables parece una contradicción.

**P.** ¿Va a cambiar el coronavirus nuestra relación con las enfermedades, con la idea de la vulnerabilidad?

**R.** Puede que haya cuestionado nuestra relación con la salud, con lo que comemos y con el impacto de la contaminación. Pero, pese a todo, el reflejo es volver a esa especie de ingenuidad. No creo que, salvo en las primeras semanas, cuando todo el mundo tuvo miedo por lo que le podía suceder, hayamos interiorizado la idea de la vulnerabilidad.

**P.** Usted critica el «lenguaje bélico» en torno a las enfermedades. ¿Por qué no es buena idea hablar de la «guerra» contra el coronavirus o de «ganar la batalla» al cáncer?

**R.** Cuando hay una guerra hay un enemigo e intención de perjudicar. Estamos ante un virus que no es ni el bien ni el mal. Moralizamos un fenómeno que no es moral sino biológico, neutro. Además, la imagen de la batalla es muy injusta: lleva a pensar que si el enfermo sobrevive es porque fue valiente, combativo, voluntarioso, optimista. Por desgracia hay quienes tienen un comportamiento que podríamos llamar heroico y no sobreviven.

**P.** En su último libro dice que «las rupturas marcan nuestra existencia, nos transforman, nos hacen cuestionarnos profundamente». ¿Es el confinamiento una de esas rupturas?

**R.** Sí, y es algo que ni me planteé cuando escribí el libro. Antes del confinamiento tenía previsto reunirme con presos que habían trabajado con ese texto con su profesor y que de inmediato dijeron: «No habla de la gran ruptura que supone el encarcelamiento, la ruptura con la vida social, la vida familiar, profesional...». Y eso es lo que hemos acabado viviendo todos de golpe. Los vínculos con los otros se restringieron considerablemente. Hemos experimentado hasta qué punto somos seres sociales, animales políticos que necesitan relacionarse con otros.

**P.** Esta sociedad cada vez más individualista, ¿era un espejismo?

**R.** Esto nos ha puesto ante nuestra capacidad de estar solos. Es una expresión que hallamos en algunos psicoanalistas. Donald Winnicott dice que crecer, hacerse adulto, es ser capaz de estar solo. Puede que seamos mucho menos individuales de lo que pensábamos. También hemos descubierto nuestra dependencia material, vital, incluida la gente que se creía muy autónoma e independiente.

**P.** Al mismo tiempo hemos visto reacciones muy individualistas o hasta egoístas, como los que se niegan a ponerse mascarilla.

**R.** No hemos tomado conciencia de lo que es el cuerpo social, eso es un paradigma que hemos perdido. No quiero caer en caricaturas, pero hemos tenido esa especie de elogio del individuo que decide por sí mismo y que finalmente tiene poca conciencia de las implicaciones de sus acciones o de su coste humano. Salvo en el deporte, no se habla ya de lo colectivo, no es una prioridad.

**P.** ¿Es buena idea provocar una ruptura, hacer un cambio radical de vida, tras un momento tan particular como el confinamiento?

**R.** A veces las crisis, personales o colectivas, permiten la expresión de algo que ya estaba siendo cuestionado interiormente. Cuando es así, podemos estar seguros de nuestra decisión. Pero cuando la reacción está motivada por angustias, quizás hay que dar un poco de tiempo, ver si pierde fuerza el deseo a medida que la situación evoluciona. Soy bastante escéptica con esa nueva marea de urbanitas reconvertidos en seres campestres. Este tipo de conversiones funcionan bien si transferimos capacidades o competencias que ya poseíamos. Si no, a veces es una idealización que pensamos que va a salvarnos de una situación peor.

**P.** Entonces, aunque las rupturas pueden ser una oportunidad, hay que calcular bien los riesgos.

**R.** Sí, está la esperanza de encontrarse, pero también el riesgo de perderse. A menudo tenemos esa idea de que al cambiar seremos mejores. Cuanto más importante es la ruptura más pensamos que todo va a cambiar, y podemos encontrarnos con los mismos problemas en otros contextos.

*www.elpais.es*

## Vocabulario

Disrupción: ruptura.

Psicoanalista: psiquiatra que trata enfermedades mentales mediante el análisis de los conflictos inconscientes de las personas.

Implicación: consecuencia, efecto.

Urbanita: persona que vive en la gran ciudad y prefiere la vida en ella a la vida en el campo.

Transferir: trasladar, llevar de un lugar a otro.

**Hipertexto.** Conoce a la filósofa Claire Marin y contextualiza su obra en el banco de recursos de **anayaeducacion.es**.

## Comprende el texto

> **Pasión por leer.** Disfruta con la lectura de otros textos periodísticos en **anayaeducacion.es**.

### Extrae información

**1** ¿Cuáles son los temas preferidos por Claire Martin?

**2** ¿Era previsible una pandemia de esta magnitud?

**3** ¿Qué método para paliar la pandemia nos parecía de otro tiempo?

**4** ¿Qué piensa sobre la posibilidad de que el coronavirus cambie nuestra relación con las enfermedades?

**5** La periodista expone un ejemplo de reacción individualista durante la pandemia. ¿Qué análisis hace Claire Martin de esa reacción?

**6** Según la filósofa, ¿son beneficiosas o no las rupturas provocadas por situaciones de angustia?

**7** Indica las líneas del texto que se corresponden con cada una de estas partes de la entrevista periodística:

ESTRUCTURA: Titular · Presentación · Diálogo · Conclusión

### Reflexiona sobre la lengua

**8** Selecciona las cinco palabras clave del texto y escribe en tu cuaderno una oración con cada una de ellas:

pandemia · religión · enfermedades · rupturas · deporte · invulnerabilidad · sociedad

**9** Localiza en el texto palabras que respondan a estas reglas ortográficas relacionadas con la *h:*

- Formas de los verbos *haber, hacer, hablar* y sus derivados.
- Palabras que comiencen por *hum-*.

**10** Escribe tres palabras más que sigan las mismas reglas ortográficas de la actividad anterior.

**11** ¿A qué regla ortográfica de la *h* responden las palabras del texto *haya* y *habríamos?* Explica la diferencia de significado entre las parejas de palabras *haya/halla* y *habríamos/abríamos.* Escribe una oración con cada una.

ORTOGRAFÍA CONSULTA EL ANEXO 5

**12** La entrevista que has leído combina formas verbales en presente y en pasado. Busca y copia ejemplos de cada una de estas formas verbales:

- Presente de indicativo
- Pretérito perfecto compuesto
- Pretérito perfecto simple
- Pretérito imperfecto de indicativo

**13** En el último párrafo hay una pareja de antónimos. Señálala y escribe una oración con cada uno.

### Interpreta y analiza

**14** **Rastreador de problemas.** ¿Por qué creíamos que éramos invulnerables antes de la pandemia?

**15** ¿Qué argumentos emplea la filosofa para criticar la utilización del lenguaje bélico en relación con las enfermedades? ¿Qué piensas tú de ello?

**16** ¿Qué quiere decir «moralizamos un fenómeno que no es moral, sino biológico, neutro»?

**17** **Rompecabezas.** Indica qué piensa la autora sobre:

- El poder de la ciencia.
- Los urbanitas.

**18** Describe algunas de las consecuencias que la pandemia ha tenido en nuestra sociedad.

### Valora y relaciona con tu mundo

**19** Explica brevemente si las ideas de la filósofa entrevistada te parecen extremas o, por el contrario, su postura sopesa los aspectos negativos y positivos de manera argumentada.

**20** **Asamblea de ideas.** Organizad un debate en clase acerca del siguiente interrogante:

*¿Somos individualistas o seres sociales?*

**21** **Viajes en el espacio y en el tiempo.** Elaborad un listado sobre los cambios positivos y negativos que la pandemia ha provocado en vuestras vidas y en las de vuestros familiares y amistades.

Amplía tu vocabulario

## LA SOCIEDAD

Situaciones vitales como una pandemia ponen en evidencia la importancia de sentirnos parte de un colectivo, de una **sociedad** que se une para afrontar retos y buscar soluciones comunes.

**1** *Individual* es antónimo de *colectivo.* Escribe en tu cuaderno el sustantivo colectivo de los siguientes sustantivos individuales:

| | | |
|---|---|---|
| *músico* | *soldado* | *abeja* |
| *león* | *cerdo* | *plato* |
| *oveja* | *jugador* | *pez* |

**2** Escribe una oración en que *colectivo* sea un sustantivo y otra en que sea un adjetivo.

**3** Sustituye la palabra *sociedad* por el sinónimo que corresponda:

comunidad · empresa · ciudadanía

- *Las abejas viven en sociedad.*
- *Mi padre y su socio francés formaron una sociedad.*
- *La sociedad española ha mostrado una gran solidaridad.*

**4** Escribe a qué derivado de *social* equivalen las siguientes definiciones:

- Que gusta de la compañía de sus semejantes.
- Movimiento político, social y económico según el cual todos los medios de producción han de ser de propiedad común.
- Conjunto de seres humanos que conviven y se relacionan.
- Hacer vida de relación social.

**5** Llamamos *sociable* a la persona inclinada a relacionarse con los demás. Según esto, ¿cómo llamamos a aquella que huye del trato con sus semejantes? Selecciona las cuatro palabras que correspondan.

arisco · cordial · pesimista · triste
asocial · hosco · jocoso · huraño

**6** Completa las siguientes oraciones con la palabra que corresponda:

MISÁNTROPA · FILÁNTROPA

- Milena es una ... que dedica su tiempo y su dinero a ayudar a los demás.
- Como buena ..., evita todo trato humano y se refugia en su soledad.

**7** En grupos, informaos sobre el significado de estos tipos de agrupaciones y reuniones sociales. ¿Cuál es la diferencia entre ellas? ¿En qué se asemejan? ¿De qué tipo de agrupación te gustaría formar parte? ¿Para qué?

*asociación • ateneo • círculo • club • tertulia • casino*

2 COMUNICACIÓN

# TEXTO EXPOSITIVO, ARGUMENTATIVO Y DIALOGADO

## 2.1 El texto expositivo

Los **textos expositivos** orales o escritos tienen la finalidad de transmitir información de manera objetiva sobre un tema.

Encontramos textos expositivos, por ejemplo, en las revistas científicas, en las enciclopedias, en los libros de texto y en la mayoría de las actividades escolares tales como exámenes, trabajos, explicaciones del profesor o de la profesora...

### El texto explicativo

El **texto explicativo** es una modalidad del texto expositivo. Su finalidad es hacer comprender a la persona destinataria el fenómeno, el acontecimiento o la idea que en él se trata.

El texto explicativo satisface una necesidad de conocimiento o resuelve una duda. No pretende solo hacer saber algo, sino que ofrece explicaciones que aclaran el tema y contribuyen a que sea mejor comprendido.

Observa este ejemplo:

**Estereofonía.** Un equipo estereofónico reproduce el sonido de tal manera que genera la sensación de relieve acústico, de estar escuchando la música en directo.

Para obtener este resultado estereofónico, el sonido se debe registrar con dos micrófonos como mínimo. Cuando se reproduce, deben emplearse dos o más sistemas de altavoces, cada uno con su canal respectivo.

ESTRUCTURA DE LOS TEXTOS EXPLICATIVOS

- La **introducción,** donde se plantea el contenido que se va a explicar.
- El **desarrollo** de la información.
- La **conclusión,** que resume los aspectos más importantes.

**Características de los textos explicativos:**

Las explicaciones que transmiten este tipo de textos tienen las siguientes características que facilitan el entendimiento del tema:

- Son textos objetivos; es decir, la persona emisora no opina sobre el tema.
- Suelen utilizar verbos en 3.ª persona y en modo indicativo.
- Utilizan un vocabulario adecuado, preciso y específico sobre el tema que se trata.
- Con frecuencia incluyen definiciones que se introducen por medio del verbo *ser* y expresiones como: *se denomina, se llama, consiste en...* O bien mediante paréntesis, comas o guiones.
- Suelen recurrir a ejemplos para apoyar la explicación.
- Están ordenados según la lógica del tema del que se trate. Por ejemplo: si el texto trata sobre el clima en las distintas partes de España, la explicación podría organizarse de la siguiente manera:

*En el norte...; en el sur...; en la parte central...; en el Mediterráneo...*

## 2.2 El texto argumentativo

El **texto argumentativo** pretende, mediante el razonamiento, convencer de una idea e influir en las opiniones, las actitudes o los comportamientos de quien lo lee o escucha.

Encontramos textos argumentativos, por ejemplo, en la publicidad, en la propaganda política, en el periodismo de opinión y en nuestras conversaciones con los demás.

Cuando la argumentación se produce en un contexto más formal, el texto se estructura en varias partes:

- La **introducción,** que plantea el tema o tesis.
- La **argumentación o cuerpo central.** Puede incluir:
  - **Exposición de los datos y las ideas** que se van a defender.
  - **Planteamiento de las ideas contrarias** a la tesis inicial para rechazarlas, o refutarlas, mostrando sus puntos débiles o defectos.
  - **Desarrollo de los argumentos a favor de la tesis.** A veces, en estos razonamientos se acude a las palabras de autores o autoras de prestigio en las que apoyar las ideas defendidas; es lo que se llama **argumento de autoridad.**
- La **conclusión,** que puede ser un resumen de la argumentación o una vuelta a la idea inicial para confirmarla.

En la vida diaria, sobre todo en las argumentaciones orales, si queremos convencer a alguien, le damos, de manera espontánea, las razones o los argumentos para conseguirlo. Observa este ejemplo:

**Introducción**

Una vez más, pues, había cometido una tontería con mi costumbre de escribir cartas muy espontáneas y enviarlas enseguida. Las cartas de importancia hay que retenerlas por lo menos un día hasta que se vean claramente todas las posibles consecuencias.

Quedaba un recurso desesperado, ¡el recibo! Lo busqué en todos los bolsillos, pero no lo encontré: lo habría arrojado estúpidamente por ahí. Volví corriendo al correo, sin embargo, y me puse en la fila de las certificadas. Cuando llegó mi turno, pregunté a la empleada, mientras hacía un horrible e hipócrita esfuerzo para sonreír:

**Cuerpo**

—¿No me reconoce? [...]

—¿Usted quiere que le devuelvan la carta?

—Así es.

—¿Y ni siquiera tiene el recibo? [...] Es completamente imposible.

—Le puedo mostrar documentos —repliqué, sacando unos papeles.

—No hay nada que hacer. El reglamento es terminante.

—El reglamento, como usted comprenderá, debe estar de acuerdo con la lógica [...].

—¿Usted conoce el reglamento? —me preguntó con sorna.

—No hay necesidad de conocerlo, señora —respondí fríamente, sabiendo que la palabra señora debía herirla mortalmente—. [...] ¿O es que el correo tiene empeño en hacer llegar cartas incompletas o equívocas? Es perfectamente claro y razonable que el correo es un medio de comunicación, no un medio de compulsión: el correo no puede obligar a mandar una carta si yo no quiero.

—Pero usted lo quiso —respondió.

—¡Sí! —grité—, ¡pero le vuelvo a repetir que ahora no lo quiero!

—No me grite, no sea mal educado. Ahora es tarde.

**Conclusión**

—No es tarde porque la carta está allí —dije, señalando hacia el resto de las cartas despachadas. [...] —¡Mándela usted así y váyase al infierno! —le grité, mientras me iba.

Ernesto Sábato, *El túnel*, Cátedra.

## Actividades

**1** Lee este texto y realiza las actividades:

**La peste, un invitado inesperado en 1348**

De pronto, la peste irrumpió en aquel mundo de contrastes y desplegó sobre todas sus gentes y países el común denominador de la muerte.

«Sepa Vuestra Real Alteza que Nuestro Señor Dios ha tocado así fuertemente este reino vuestro de Mallorca, que gran parte de cuanta gente había allí se murió de enfermedad y muchos de aquellos que aquí se encuentran están enfermos y continuamente mueren, porque está este reino desamparado». Lamentaciones como esta de los mallorquines brotaron en 1348 por toda Europa. La trágica epidemia asoló con fuerza todos los reinos y los sumió en la ruina y la decadencia. Inglaterra perdió el 25 por 100 de su población; Escocia, un 30 por 100; Francia y Alemania, casi el 50 por 100. La devastación alcanzó también de manera funesta a los reinos peninsulares ibéricos, a Italia y a la práctica totalidad de los territorios centroeuropeos.

El impacto que causó el terrible morbo fue verdaderamente sobrecogedor. Muchas ciudades observaron impotentes cómo sus habitantes disminuían drásticamente. Así, la rica y señorial Florencia pasó de 100000 a 50000 almas; Venecia, que contaba con 100000 residentes, perdió 70000; en Barcelona murieron 38000 de sus 50000 pobladores; en Túnez, y en un solo día, perdieron la vida 1202 personas. La lista sería interminable.

A pesar de que a lo largo de la historia ya se habían producido algunos brotes de peste antes de 1348, como la que en el año 541 afectó a todo el Mediterráneo y al Imperio Bizantino, la epidemia no había vuelto a hacer acto de presencia. Se trataba de un mal recuerdo relegado al olvido, y su eclosión sorprendió a las gentes de manera escalofriante.

Ángel Blanco, *La peste negra,* Anaya.

a) Explica por qué este texto es expositivo.

b) ¿Qué características de este tipo de texto identificas en él?

c) Copia y completa el esquema de la estructura del fragmento que has leído.

INTRODUCCIÓN
↓
DESARROLLO
↓
CONCLUSIÓN

d) Busca un título para cada una de las partes.

e) Los textos expositivos suelen aportar datos, cifras, fechas... Identifica la información de este tipo que proporciona este texto.

Hipatia de Alejandría (siglo IV), filósofa, matemática y astrónoma griega.

**2** Infórmate sobre el personaje que aparece en la imagen y escribe un texto expositivo de unas 20 líneas en el que expliques el contexto histórico en el que vivió, su trayectoria vital y profesional y su importancia para la ciencia y la libertad de pensamiento.

**3** Lee el texto siguiente e indica los argumentos y contraargumentos de cada personaje. ¿Cuál es su conclusión?

*Una portera de vivienda oculta su vasta formación para no llamar la atención de los propietarios. Pero es descubierta por un nuevo vecino, el señor Ozu, quien descubre su cultura y la invita a cenar.*

—Ahora en serio —me dice el señor Ozu—, ¿no le parece fantástico? Su gato se llama León, los míos, Kitty y Levin; nos gusta a los dos Tolstoi y la pintura holandesa, y vivimos en el mismo lugar. ¿Cuál es la probabilidad de que ocurra algo así?

—No debería haberme regalado esa magnífica edición —le digo—; no era necesario.

—Mi querida señora —responde el señor Ozu—, ¿le ha gustado?

—Pues sí —le digo—, me ha gustado mucho, pero también me ha dado un poco de miedo. Es que, ¿sabe?, me esfuerzo por ser discreta, no querría que la gente de la casa se imaginara…

—…¿quién es usted? —completa—. ¿Por qué?

—No quiero llamar la atención. Nadie quiere una portera con pretensiones.

—¿Pretensiones? Pero ¡usted no tiene pretensiones, sino gustos, luces, cualidades!

—¡Pero soy la portera! —protesto—. Y, además, no tengo educación, soy de otro mundo que no es el de ustedes.

—¡Pues vaya una cosa! […]

Prosigo con mi idea.

—Es usted hijo de diplomático, yo soy hija de campesinos pobres. Es incluso inconcebible que cene en su casa esta noche.

—Y, sin embargo —dice—, cena usted aquí esta noche.

Y añade, con una sonrisa muy cordial:

—Y me siento muy honrado por ello.

Muriel Barbery, *La elegancia del erizo,* Booket.

## 2.3 El texto dialogado

Los **textos dialogados** son aquellos en los que intervienen dos o más personas que se intercambian información entre ellas, alternando los turnos de palabra.

Los textos dialogados pueden ser orales o escritos, y en ellos se diferencia:

- El **diálogo espontáneo,** como la **conversación,** que se produce en situaciones que no se han previsto.
- El **diálogo planificado,** como la **entrevista** o el **debate,** que se realiza en situaciones programadas y formales.

### Textos dialogados orales

En los **textos dialogados orales** predominan la improvisación y la espontaneidad. En ellos se suele usar la lengua estándar y, a menudo, un registro informal.

El diálogo oral se acompaña de:

- **Elementos no lingüísticos,** como la mirada y los gestos de la cara, los movimientos de las manos y la postura corporal.
- **Elementos paralingüísticos,** como es elevar o bajar el tono de voz, alargar las vocales, introducir carraspeos, hacer pausas más o menos largas... Todo ello se utiliza con la intención de expresar duda, indecisión, afirmaciones rotundas, sorpresa, etc.

**Recuerda**

La **lengua estándar** sirve de modelo para el conjunto de hablantes de una lengua y, a partir de ella, se fija la **norma;** es decir, se fijan sus usos correctos.

### Textos dialogados escritos

En los **textos dialogados escritos,** el autor o la autora intenta adaptar las intervenciones de los personajes a las características del lenguaje oral.

Al carecer de los elementos no lingüísticos (gestos, movimientos...) y de los paralingüísticos (tono, sonidos, carraspeos...), los diálogos escritos exigen aclaraciones en el texto que indiquen esos significados que se transmiten con la comunicación no verbal.

## 2.4 La conversación

La **conversación** es un intercambio espontáneo de mensajes orales entre varios interlocutores que alternan sus turnos de palabra.

El **turno de palabra** es la intervención de cada uno de los hablantes. En la conversación hay alternancia de turnos, pues si no la hay, se convierte en un monólogo.

La conversación puede reproducirse por escrito en textos literarios. Al ser una conversación reproducida, se hace referencia a los emisores, a los actos de habla, a las circunstancias e incluso a la comunicación no verbal.

**ESTRUCTURA DE LA CONVERSACIÓN**

- **Apertura o inicio**: Suele consistir en un saludo o en una pregunta.
- **Cuerpo**: Parte central de la conversación, en la que se trata uno o varios temas.
- **Final o cierre**: Suele consistir en una fórmula de despedida.

### Características de la conversación

- Intervienen al menos dos personas, que se alternan en el uso de la palabra.
- Las intervenciones son espontáneas, no están planificadas ni organizadas.
- Los interlocutores intercambian su información de manera directa, por ejemplo en la calle, o indirecta, por ejemplo a través del teléfono.

### Principios y normas de la conversación

Al participar en una conversación se ha de intentar que esta transcurra de forma correcta. Para ello, se deben tener en cuenta los siguientes principios:

- El **principio de cooperación,** que intenta facilitar el intercambio de información con el interlocutor o la interlocutora. Este principio se consigue mediante tres normas:
  - decir en cada momento solo lo que se debe decir, sin extenderse en detalles innecesarios;
  - hablar de temas que tengan que ver con lo que se está diciendo;
  - hablar de manera clara, breve y ordenada.
- El **principio de cortesía,** que permite que las relaciones sociales entre interlocutores sean correctas. Las normas que desarrollan este principio son:
  - suavizar las críticas y remarcar los aciertos del otro;
  - amplificar el acuerdo y minimizar el desacuerdo con el interlocutor o interlocutora;
  - resaltar la simpatía y disimular la antipatía, si existiera.

### Texto de ejemplo

Nada más verme me dijo:

—Oye, no vuelvas a llamarme doña Luisa, que no soy tan vieja.

—Ni tanto ni nada —le dije—; usted no tiene edad, parece que ha nacido así.

No quiso recoger el halago que había en mis palabras; me dijo con su impasibilidad de siempre:

—Podría muy bien ser tu madre.

Y yo repuse:

—Pues, a veces, me parece que por dentro podría yo ser la suya.

Contestó en el mismo tono:

—En ese caso voy a tener que respetarte.

Rosa Chacel, *Memorias de Leticia Valle,* Seix Barral.

Rosa Chacel (1898-1994), escritora española.

### La conversación telemática

Los principios de cooperación y cortesía han de aplicarse también a las conversaciones orales y escritas que mantenemos a través de las herramientas digitales, como las videollamadas, los chats y las redes sociales.

## 2.5 El debate

Un **debate** es una conversación organizada y regulada por una figura de moderador o moderadora en la que participan varias personas para tratar sobre algún asunto polémico (social, político, científico...).

Una variante del debate es la **mesa redonda,** en la que, también coordinados por una moderadora o un moderador, cada participante expone su punto de vista sobre la cuestión planteada. Al final suele haber preguntas del público.

**Partes del debate**

- Una **presentación** de los participantes y del tema, a cargo del moderador o de la moderadora.
- El **debate propiamente dicho,** o serie de manifestaciones, con sus réplicas, preguntas, ampliaciones, contestaciones, precisiones, etc.
- El **final,** en el que el moderador o la moderadora hace una valoración y un resumen final de lo tratado.

### Aspectos importantes

En los debates es importante:

- Guardar los turnos de palabra, sin interrumpir a los demás, y escuchar con interés lo que dicen para poder argumentar a favor o en contra.
- No manifestar opiniones muy rígidas ni utilizar argumentos y datos falsos.
- Actuar con espíritu participativo y constructivo.

## Actividades

**4** Lee el siguiente texto y responde a las preguntas:

> BERALDO.—Ante todo, te ruego que me oigas con calma y sin que se te vaya el santo al cielo.
>
> ARGÁN.—Conforme.
>
> BERALDO.—Que respondas acorde y sin exaltación a mis palabras..
>
> ARGÁN.—Sí. [...]
>
> BERALDO.—¿Cuál es tu intención en casarla con el hijo de un médico?
>
> ARGÁN.—Tener el yerno que necesito.
>
> BERALDO.—Pero eso a ella no le conviene, sobre todo presentándosele un partido mucho más ventajoso.
>
> ARGÁN.—Para mí, el más ventajoso es este.
>
> BERALDO.—¿Pero el marido es para ella o para ti?
>
> ARGÁN.—Para los dos; quiero tener en la familia las personas que me son necesarias.
>
> BERALDO.—Según eso, si Luisa fuera mayor, la casarías con un farmacéutico.
>
> ARGÁN.—¿Y por qué no?
>
> BERALDO.—¿Pero es posible que te emperres en vivir zarandeado por médicos y boticarios y que quieras estar enfermo en contra de la opinión de todos y de tu misma naturaleza?
>
> ARGÁN.—¿Qué me quieres decir con eso?
>
> BERALDO.—Quiero decirte que no conozco hombre más sano que tú y que no quisiera más que tener una constitución como la tuya. La prueba más palpable de lo bueno que estás y de que tienes un organismo perfectamente sano es que, a pesar de todo lo que has hecho, no has conseguido quebrantar lo saludable de tu naturaleza ni has reventado con tanta medicina.
>
> ARGÁN.—¡Gracias a ellas vivo, querido hermano! Y mil veces me ha repetido el señor Purgón que soy hombre muerto con que deje de atenderme nada más de tres días.
>
> BERALDO.—Pues si no pones coto, tanto te atenderá que te enviará al otro mundo.
>
> Molière, *El enfermo de aprensión*, Austral.

a) ¿Qué características de la conversación tiene este diálogo?

b) ¿Quiénes son los interlocutores?

c) ¿Cuántos turnos de palabra corresponden a cada uno de ellos?

d) ¿De qué están hablando?

e) Imagina que este diálogo no fuera escrito, sino oral. ¿Qué elementos no lingüísticos acompañarían a las intervenciones?

**5** De todas las normas que rigen una conversación correcta, ¿cuál te parece más importante? Justifica tu respuesta.

**6** En grupos, escuchad en la radio o en Internet un debate y explicad los puntos siguientes:

- ¿Cuál era el tema del debate que habéis elegido?
- ¿Cuántos interlocutores participaban en él?
- ¿Había un moderador o una moderadora?

# LA SEMANA DEL CÓMIC

**¿TE ANIMAS A PARTICIPAR EN LA SEMANA DE CÓMIC QUE SE VA A CELEBRAR EN LA BIBLIOTECA PÚBLICA DE TU LOCALIDAD?**

LA SEMANA DEL CÓMIC

## LEE

Lee una página de un cómic y conoce el programa de la Semana del Cómic.

**1** Lee esta página del cómic *Galdós, un escritor en Madrid,* y responde:

a) ¿Qué tipo de texto es? ¿Es espontáneo o planificado? ¿Por qué?

b) ¿A qué se dedican los personajes? ¿Cuántos años crees que tienen?

c) ¿De dónde es el protagonista? ¿Y sus amigos?

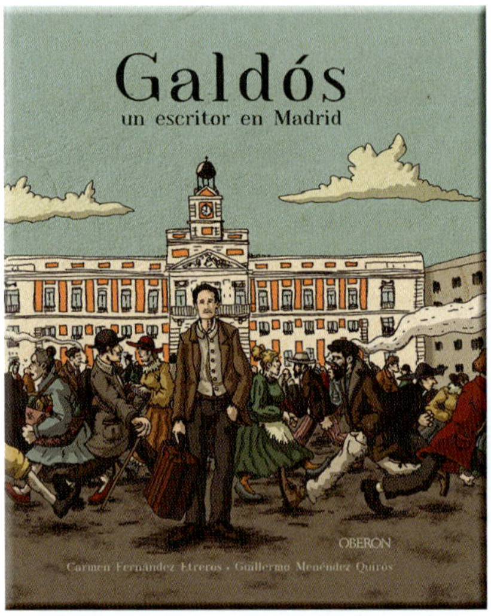


En el año 2020 se publicó este cómic dedicado a la vida del escritor Benito Pérez Galdós desde que llegó a Madrid con 18 años, después de haber dejado Las Palmas. Sus autores son la escritora Carmen Fernández Etreros y el dibujante Guillermo Menéndez Quirós.

**2** Lee el programa de la Semana del Cómic que ha organizado la Biblioteca Municipal de tu localidad y responde a las preguntas:

a) ¿Qué tipo de texto es? Justifica tu respuesta.

b) ¿Dónde podrías verlo publicado? ¿Con qué fin?

c) ¿Qué tipo de actividades se van a realizar en la Semana del Cómic? ¿Son todas de entrada libre? ¿Cuál te parece más interesante? ¿Por qué?

**LUNES, 8 DE FEBRERO**

- 9:00 - 10:30 h Sesión de apertura.
- 11:00 - 12:00 h Conferencia: Los grandes mercados del cómic, a cargo de Sandrine Saule.
- 12:30 - 14:00 h Coloquio: Los jóvenes talentos del cómic.
- 16:00 - 20:00 h Taller de narración gráfica, con Camila Camilleri.*

**MARTES, 9 DE FEBRERO**

- 9:00 - 10:30 h Presentación del libro *El arte de narrar con ilustraciones*, de Beatriz Cardoza.
- 11:00 - 12:00 h Conferencia: El cómic y la novela gráfica, a cargo de Raúl Gascón.
- 12:30 - 14:00 h Homenaje a Quino, padre de Mafalda.
- 16:00 - 20:00 h Taller de diseño de historietas, con Rubén Ruesa.*

**MIÉRCOLES, 10 DE FEBRERO**

- 9:00 - 10:30 h Presentación de la exposición *Cinco años de la Semana del Cómic.*
- 11:00 - 12:00 h Conferencia: *El garaje hermético*, de Moebius, por Olivia Llanos.
- 12:30 - 14:00 h Conferencia: Hugo Pratt, novelista y dibujante, a cargo de Julio Salamanca.
- 16:00 - 20:00 h Taller de creación de personajes, con Paola Colino.*

**JUEVES, 11 DE FEBRERO**

- 9:00 - 10:30 h Conferencia: El mito literario de Corto Maltés, a cargo de Mathew Brook.
- 11:00 - 12:00 h Entrevista a Setsuko Kimura.
- 12:30 - 14:00 h Coloquio: El imperio del manga.
- 16:00 - 20:00 h Taller de software de ilustración digital, con Mery Markaida.*

**VIERNES, 12 DE FEBRERO**

- 9:00 - 10:30 h Coloquio: Los dosieres de cómics.
- 11:00 - 12:00 h Conferencia: Los personajes femeninos del cómic, a cargo de Luis Feijóo.
- 12:30 - 14:00 h Coloquio: El futuro del cómic.
- 16:00 - 20:00 h Taller de creación de superhéroes y superheroínas, con Ángela Osiria.*

**SÁBADO, 13 DE FEBRERO**

- 9:00 - 10:30 h Coloquio: Las editoriales del cómic.
- 11:00 - 12:00 h Conferencia: Las grandes portadas del cómic, a cargo de Marcela Russo.
- 12:30 - 14:00 h Taller de narración visual a través de secuencias y colores.*
- 16:00 - 18:00 h Entrega de los Premios del Cómic Escolar, edición 2022.
- 18:00 h Acto de clausura.

* La participación en los talleres requiere de solicitud por correo electrónico y carta de motivación.

**Webquest.** Accede a esta actividad en el banco de recursos de anayaeducacion.es e investiga sobre el lenguaje del cómic.

LA SEMANA DEL CÓMIC

# ESCRIBE

Inscríbete en uno de los talleres de la Semana del Cómic.

**3** Elige uno de los talleres propuestos en la Semana del Cómic y envía la carta de motivación y el correo electrónico requeridos para inscribirte.

a) Redacta tu carta de motivación en un procesador de textos. En ella deberás argumentar tu idoneidad y tu interés por participar en el taller que has elegido. Sigue este modelo:

Diego García,
Curso: 2.º ESO. Grupo: B
Centro de Secundaria
Almería

María Pérez
Responsable de la Semana del Cómic
Biblioteca Municipal
Calle Juan Sebastián Elcano, 8
Almería

20 de enero de 2022

Estimada Sra. María Pérez:

Mi nombre es Diego García. Soy estudiante de 2.º de Secundaria. Le escribo esta carta porque estoy muy interesado en participar en el Taller de creación de superhéroes y su superheroínas de la Semana del Cómic de este año.

Llevo varios años estudiando dibujo artístico en mi tiempo libre, y el año pasado en las clases nos centramos en los cómics y en la creación de historietas de fantasía. Siempre me han encantado los superhéroes y superheroínas, y tengo mucho interés en crear mi propio personaje y desarrollarlo para escribir y diseñar una historia para los chicos y chicas de mi edad, y quizá algún día poder publicarla. Además, Ángela Osiria es una de mis autoras favoritas y sería genial poder participar en uno de sus talleres.

Agradezco su atención y espero con ilusión su respuesta.

Atentamente,
Diego García

Datos del remitente y destinatario.

Fecha y saludo

Presentación y motivos de la carta.

Exposición de los intereses, cualidades, títulos o experiencia del remitente que lo hacen candidato a asistir al taller.

Despedida y firma.

b) Redacta tu correo electrónico en el que te presentes y adjuntes la carta de motivación que has redactado en la actividad anterior.

¡Mucha suerte!

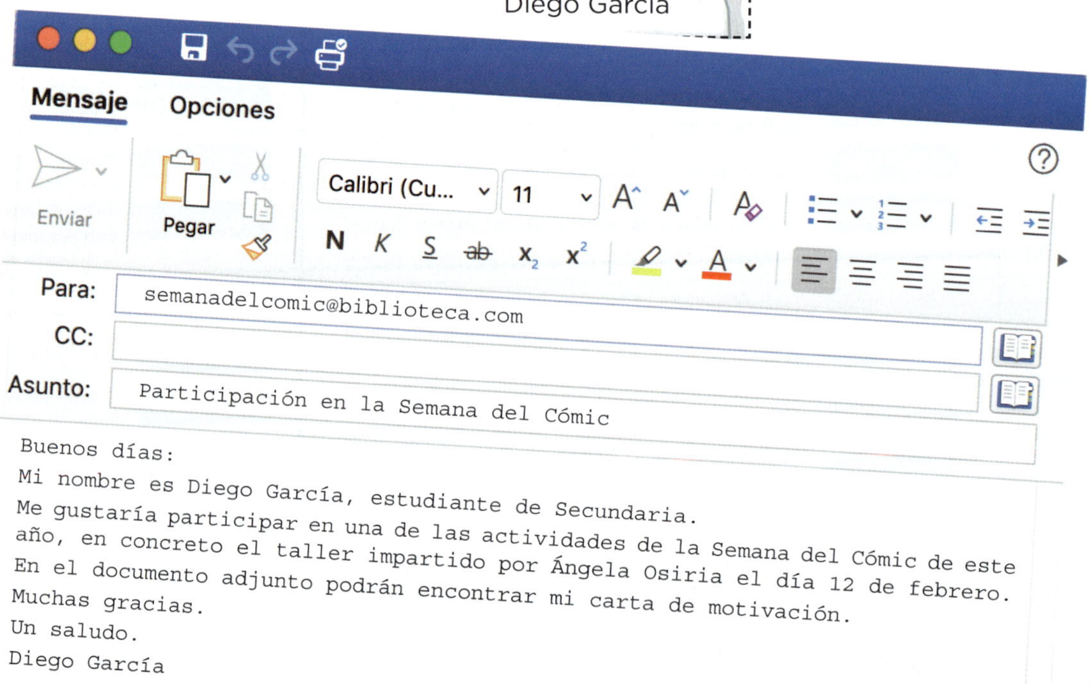

LA SEMANA DEL CÓMIC

## HABLA

Prepara y dramatiza una entrevista.

**4** Realizad la entrevista oral a la famosa creadora de manga japonesa Setsuko Kimura.

a) Inventaos la biografía y el perfil profesional de la entrevistada.

b) Preparad un guion. Para ello, tened en cuenta las partes en que suele estructurarse una entrevista:

**Inicio**
Saludo y presentación de la entrevistada. Podéis hacer mención a algún dato de su biografía, su obra o su profesión.

**Cuerpo**
Preparad diez preguntas y respuestas concisas sobre aspectos que consideréis importantes. Utilizad un lenguaje formal y respetuoso hacia la entrevistada.

**Cierre**
Concluid la entrevista con algún comentario, reflexión o resumen a partir de la vida o la obra de la entrevistada. Finalizad con una despedida.

c) Dramatizad la entrevista. Apoyaos en el lenguaje corporal y no perdáis el contacto visual entre la persona entrevistada y la entrevistadora, y de ambos con el público. ¡Grabad vuestra entrevista!

### Reflexiona sobre este ámbito profesional

¿Sabes cuántos profesionales han participado para lograr que un cómic llegue a las librerías o tiendas especializadas?

- En grupos, realizad una tormenta de ideas y elaborad un listado de los profesionales que participan en la producción de un cómic.
- Organizad vuestras propuestas por orden de intervención de cada profesional en la cadena de producción del cómic.
- Describid la función que desempeña cada profesional.
- Compartid vuestros resultados con el resto de los grupos de la clase.

LA SEMANA DEL CÓMIC

## ESCUCHA

Escucha la presentación de un libro sobre el cómic.

**5** Escucha la presentación del libro *El arte de narrar con ilustraciones* y responde a las preguntas:

a) ¿Qué objetivo tiene este acto?

b) ¿Cuántas personas intervienen en la presentación del libro? ¿Quiénes son? ¿Consideras que son personas adecuadas para participar en este acto? ¿Por qué?

c) ¿Por qué las intervenciones en la presentación de *El arte de narrar con ilustraciones* son predominantemente expositivas? Justifica tu respuesta.

d) ¿Qué otra modalidad textual puedes identificar en el texto que has escuchado? Justifica tu respuesta.

prescriptiva | argumentativa

e) ¿Estás de acuerdo con Beatriz Cardoza cuando afirma que la Semana del Cómic es el mejor lugar para presentar su obra? ¿Por qué?

f) ¿Quién ha diseñado la cubierta de *El arte de narrar con ilustraciones?*

g) ¿Alguna vez has asistido a la presentación de un libro? ¿A cuál? De no ser así, ¿te gustaría acudir a este tipo de actos? Argumenta tu respuesta.

# 3 GRAMÁTICA

## EL SINTAGMA VERBAL (I)

### 3.1 Estructura del sintagma verbal

El **sintagma verbal** (SV) tiene como **núcleo** (N) un **verbo,** que puede estar acompañado por otros sintagmas: sus **complementos.**

Son complementos del verbo: el **complemento directo** (CD), el **complemento indirecto** (CI), el **complemento de régimen** (CR), el **complemento agente** (CAg.), los **complementos circunstanciales** (CC), el **atributo** (Atrib.) y el **predicativo** (Pred.).

En esta unidad estudiarás el complemento directo y el indirecto.

Por ejemplo:

| Martín | lleva | su libro | a la editora. |
|---|---|---|---|
| NÚCLEO | NÚCLEO | CD | CI |
| SUJETO (SN) | PREDICADO (SV) | | |

El **sintagma verbal** funciona siempre como el predicado de una oración.

### 3.2 El verbo, núcleo del sintagma verbal

El **verbo** es una palabra variable que expresa una acción o un estado que se desarrolla en el tiempo: *remar, romper, resistir...*

| Desinencias del verbo | |
|---|---|
| Número | • Singular *(dibujo, dibujas, dibuja)*<br>• Plural *(dibujamos, dibujáis, dibujan)* |
| Persona | • Primera *(yo informo, nosotros informamos)*<br>• Segunda *(tú informas, vosotros informáis)*<br>• Tercera *(ella informa, ellas informan)* |
| Tiempo | • Pasado o pretérito *(ella conquistó)*<br>• Presente *(tú conquistas)*<br>• Futuro *(ellos conquistarán)* |
| Modo | • Indicativo *(yo canto, yo aprendo, yo río)*<br>• Subjuntivo *(yo cante, yo aprenda, yo ría)*<br>• Imperativo *(canta tú, aprende tú, ríe tú)* |
| Aspecto | • Tiempos perfectos *(yo tuve, yo he ahorrado, yo había dicho)*, si la acción se considera acabada.<br>• Tiempos imperfectos *(yo limpiaba)*, si no se dice si ha acabado. |

La **conjugación verbal** es el conjunto de todas las formas que puede adoptar el verbo como resultado de unir a su raíz todas las desinencias: *lavo, lavaba, lavé, lavaré, lava...*

Hay **tres conjugaciones** verbales:

- **Primera conjugación** → Verbos cuyo infinitivo acaba en *-ar.*
- **Segunda conjugación** → Verbos cuyo infinitivo acaba en *-er.*
- **Tercera conjugación** → Verbos cuyo infinitivo acaba en *-ir.*

En la conjugación se diferencian dos grupos de formas verbales:

- Las **formas simples,** que están formadas por la raíz del verbo que se conjuga más sus desinencias: *solucion-ó, luc-ían, salud-aban.*
- Las **formas compuestas,** que están integradas por una forma simple del verbo auxiliar *haber* más el participio del verbo que se conjuga: *han solucionado, habrían lucido, habíamos saludado.*

Las formas simples y compuestas se agrupan en distintos tiempos de la conjugación, de manera que a cada tiempo simple le corresponde un tiempo compuesto.

### Las formas no personales del verbo son:

El **infinitivo** *(hablar, beber, vivir)*; el **gerundio** *(hablando, bebiendo, viviendo)*; y el **participio** *(hablado, bebido, vivido).*

| Formas verbales simples | | | Formas verbales compuestas | | |
|---|---|---|---|---|---|
| | Indicativo | Subjuntivo | | Indicativo | Subjuntivo |
| **Presente** | *canto* | *cante* | **Pretérito perfecto compuesto** | *he cantado* | *haya cantado* |
| **Pretérito imperfecto** | *cantaba* | *cantara o cantase* | **Pretérito pluscuamperfecto** | *había cantado* | *hubiera o hubiese cantado* |
| **Pretérito perfecto simple** | *canté* | | **Pretérito anterior** | *hube cantado* | |
| **Futuro simple** | *cantaré* | *cantare* | **Futuro compuesto** | *habré cantado* | *hubiere cantado* |
| **Condicional simple** | *cantaría* | | **Condicional compuesto** | *habría cantado* | |

## Actividades

**1** Copia estas oraciones, subraya en ellas el predicado y rodea el núcleo del predicado:

- *El bus realiza dos paradas en esa calle.*
- *El profesor corrige hoy los ejercicios.*
- *Come fruta todos los días.*
- *Encontró una foto vieja en un libro.*

**2** Clasifica los verbos correspondientes a estas imágenes según pertenezcan a la 1.ª, 2.ª o 3.ª conjugación.

### Actividad resuelta

**3** Analiza morfológicamente los siguientes verbos:

llamaron · vengáis · cantando

**Solución**

- *llamaron:* 3.ª persona del plural del pretérito perfecto simple de indicativo del verbo *llamar.*
- *vengáis:* 2.ª persona del plural del presente de subjuntivo del verbo *venir.*
- *cantando:* gerundio simple del verbo *cantar.*

**4** Sigue el modelo de la actividad anterior y analiza morfológicamente, como en el ejemplo, los verbos subrayados en el texto siguiente:

> Muy poca gente pudo sostener una mirada de reproche de su madre. María sentía que los genes dominantes son como un arcón enorme que llevamos dentro pero que desconocemos. El color de ojos, de piel, las enfermedades, están ahí, esperando unirse a otro gen para tomarnos por sorpresa y hacernos decir: ¿de dónde salieron estos ojos azules o ese pelo rizado o esa piel negra? ¿Qué absurda necesidad obliga a esos genes extraviados a deambular sin rumbo aparente para, de pronto, aparecer en nuestras vidas y trastocarlo todo? ¿A quién obedecen? ¿Qué leyes los gobiernan?

Laura Esquivel, *Mi negro pasado,* Debolsillo.

**La brújula del español.** Accede a esta guía del uso del español correcto en el banco de recursos de anayaeducacion.es.

## 3.3 El complemento directo

El **complemento directo** (CD) es una función sintáctica muy ligada al verbo, que completa su significado y que normalmente expresa la realidad sobre la que recae la acción del verbo: *El camarero limpiaba la mesa; Escribe una carta; Quiere a Inés.*

Por ejemplo:

| Sus amigos | han preparado | su fiesta de cumpleaños. |
|---|---|---|
| | NÚCLEO | CD |
| SUJETO (SN) | PREDICADO (SV) | |

El complemento directo es un **sintagma nominal** o construcción equivalente que puede ser sustituido por uno de los pronombres de la serie: *la, lo, los, las.*

### El leísmo

El **leísmo** se produce cuando se utilizan los pronombres personales *le* o *les* en función de CD, en lugar de *lo, la, los, las.*

La Real Academia Española autoriza el leísmo en masculino singular *(le)* cuando hace referencia a personas: *A tu padre le vi en el mercado.*

**Características del complemento directo**

- Realizan la función de CD sintagmas nominales: *Leían unos tebeos; Hacen la compra.*
- Se pueden sustituir por los pronombres personales *lo, la, los, las:*
  - *Hay mucho dinero. → Lo hay.*
  - *Subió la cuesta. → La subió.*
  - *Terminó los deberes. → Los terminó.*
  - *Cantaba las canciones. → Las cantaba.*

| Su jefa | abrió | la caja fuerte. |
|---|---|---|
| | NÚCLEO | CD |
| SUJETO (SN) | PREDICADO (SV) | |

| Su jefa | la | abrió. |
|---|---|---|
| | CD | NÚCLEO |
| SUJETO (SN) | PREDICADO (SV) | |

- El complemento directo antepuesto al verbo aparece normalmente duplicado con el pronombre correspondiente: *La fruta la compran en el mercado; A mis primas no las veo desde Navidad.*
- Los complementos directos que se refieren a seres animados llevan normalmente la preposición *a: Vencieron al enemigo* (frente a *Vencieron muchas dificultades*).
- A diferencia del sujeto, no concuerdan con el verbo.

### Actividades

**5** Identifica los CD en las siguientes oraciones:

- *Escribió su testamento antes de operarse.*
- *Nadie sabía la verdad de lo ocurrido.*
- *Escribió ese libro a los veinte años.*
- *TVE transmitirá ese encuentro.*

**6** Copia en tu cuaderno estas oraciones y sustituye por pronombres los CD subrayados:

- *El director convocó el consejo.*
- *Llamaremos a nuestros amigos.*
- *Sobre la mesa había naranjas y plátanos.*
- *Bajó las persianas muy pronto.*

**7** Escribe de nuevo estas oraciones colocando el CD delante del verbo. Observa el ejemplo y explica qué ocurre:

*Él perdió su móvil → Su móvil lo perdió él.*

- *Recogen las manzanas en noviembre.*
- *Firmarán el contrato mañana.*

**8** Explica por qué llevan o no la preposición *a* estos CD:

- *Laura escuchó las palabras del conferenciante.*
- *Laura escuchó al conferenciante.*
- *Los periodistas criticaron la decisión del árbitro.*
- *Los periodistas criticaron al árbitro.*

## 3.4 El complemento indirecto

El **complemento indirecto** (CI) es una función sintáctica que suele expresar el destinatario o el beneficiario del significado del verbo: *Mi madre entregó las llaves al conserje*; *Presentó su trabajo al profesor*; *Cepillaba todos los días el pelo a la niña*.

Por ejemplo:

| El guía | enseñó | la catedral | a los turistas. |
|---|---|---|---|
| | NÚCLEO | CD | CI |
| SUJETO (SN) | PREDICADO (SV) | | |

**Características del complemento indirecto**

- Realizan la función de CI sintagmas nominales precedidos de la preposición *a*: *Contaba buenos chistes al público*; *Ha vendido toda la mercancía a los clientes*.
- Se pueden sustituir por los pronombres personales *le*, *les*.
  - *Abrió la puerta a los invitados.* → *Les abrió la puerta.*
  - *María decía la verdad a su amiga.* → *María le decía la verdad.*
- El complemento indirecto puede aparecer duplicado con el pronombre correspondiente: *Llévale esta carta al abuelo*; *Le arrebató el poder a la directiva*.
- Cuando uno de los pronombres de CI (*le*, *les*) coincide con un pronombre en función de CD (*lo*, *la*, *los*, *las*), se transforma automáticamente en *se*: *Llévale esta carta al abuelo*, se convertiría en *Llévasela* (o en *Se la llevas*), en lugar de **Llévalela* (o **Le la lleva*).
- En primera y segunda personas los pronombres personales átonos *me*, *te*, *nos*, *os* pueden ser CD o CI. Para identificar su función, es necesario sustituirlos por un pronombre personal en tercera persona:

  *Te alababa* → *La alababa*, *los alababa* (*te* = CD)

  *Nos sonreía* → *A ella le sonreía* *A ellas les sonreía* (*nos* = CI)

### El laísmo y el loísmo

- El **laísmo** se produce cuando se usan los pronombres *la* o *las* en función de CI. Se debe decir *Le pasé a ella la llamada* y no **La pasé a ella la llamada*.
- El **loísmo** se produce cuando se usan los pronombres *lo* o *los* en función de CI. Se debe decir *Le di a él la noticia* y no **Lo di a él la noticia*.

### Actividades

**9** Identifica el CI en los siguientes ejemplos:

- *Mamá nos dio los buenos días a todos.*
- *Entrega este paquete al cartero.*
- *María ha regalado un portátil a su hija.*
- *Retiraron el permiso de conducir a Jorge.*
- *La directora impuso la medalla al secretario.*

**10** Copia en tu cuaderno las oraciones anteriores sustituyendo el CI por el pronombre que corresponda.

**11** Escribe las oraciones de la actividad 9 y sustituye el CD y el CI por pronombres.

**12** Identifica los CD y los CI de las oraciones siguientes:

- *Aquel hombre debía dinero a sus vecinos.*
- *El director escribió una nota a los empleados.*
- *Lanzaron una cuerda al accidentado.*

**13** Completa en tu cuaderno las oraciones siguientes con CD y CI:

- *Tú publicaste ... ...*
- *Ellos escribieron ...*
- *Aquella llamada dio ...*
- *El bibliotecario pidió ...*
- *La organización repartía ...*
- *La diseñadora había dibujado ...*

**14** Identifica los CD y CI presentes en el siguiente texto:

> Enseguida debió olvidar el percance, le había cogido gusto al agua. En los días sucesivos él solo se introducía en el río y llegó a alcanzar la otra orilla, sin tener que acercarle el palo para que se asiera como los primeros días. Le había perdido totalmente el miedo.

Anuska Allepuz, *Dos lágrimas por Máquina*, Anaya.

# APLICA LO APRENDIDO

## Reflexiona sobre la gramática

### Solución paso a paso

**1** Observa este análisis razonado para identificar las funciones de CD y CI en dos oraciones.

**Oración A**

*El vecino entregó el ladrón a los policías.*

**Paso 1.** Sustituye cada sintagma por los pronombres que corresponda:

*El vecino le/lo entregó a los policías.* → *el ladrón* es CD

*El vecino les entregó el ladrón.* → *los policías* es CI

**Paso 2.** Sustituye ambos sintagmas por los pronombres que correspondan:

*El vecino se lo entregó.* → *se* es CI; *lo* es CD.

**Paso 3.** Explica por qué no aparece la preposición *a* ante un CD animado:

Se debe a la coincidencia de un CD animado con un CI que también lo es. Se elimina la preposición para evitar confusión.

**Oración B**

*Unos amigos nos sonreían*

El pronombre *nos* puede ser CD o CI. Para identificar su función, hay que sustituirlo por una tercera persona. En este caso es CI.

*Nos sonreían → (a ella) le sonreían, (A ellas) les sonreían. Nos es CI.*

**2** Lee este texto y realiza las actividades:

Sin embargo, él dudaba siempre, desconfiaba de mí, pensaba que le ocultaba algo, que le engañaba. Se lo repetía mil veces, me hizo prometérselo, jurárselo, pero no creo que sirviese de nada.

Yo sé que en el fondo no le gustaba ser así, pero hay algo dentro de él que no puede controlar. Me lo ha tratado de explicar alguna vez, en esos momentos maravillosos que hemos vivido juntos, en los que yo le sentía frágil e inseguro, buscando mi regazo como si fuera un niño pequeño. Ese es el Eugenio que me ha enamorado. Ese es para mí el verdadero Eugenio, el que reconocía sus errores, el que se arrepentía de algo que me había hecho o que me había dicho y se sentía culpable. Entonces lo pasaba mal, muy mal. Hasta le costaba trabajo articular palabras.

Yo sé que en el fondo no le gustaba ser así, lo sé; quizá sea la única persona que lo sepa. Lo conozco. Pero ya lo he dicho: hay algo dentro de él que no puede controlar, que aflora cada dos por tres, que lo transforma, que lo enloquece.

Alfredo Gómez Cerdá, *Ninfa rota,* Anaya.

a) Analiza la función de los pronombres átonos destacados.

b) Identifica el núcleo del predicado de las oraciones subrayadas en el texto.

c) Analiza morfológicamente estos verbos tomados del texto.

pensaba • controlar • hemos vivido • sé
buscando • fuera • sepa • conozco

**3** Completa las siguientes oraciones con un CD y un CI, como en el ejemplo:

*Mi amiga compró* globos (CD) a los niños. (CI)

- *Juan escribió ... ...*
- *Ese hombre regaló ... ...*
- *Los vecinos de Ana entregaron ... ...*

**4** Indica si en las siguientes oraciones se produce leísmo, laísmo o loísmo. Cópialas correctamente en tu cuaderno.

- **A María la dije algunas verdades.*
- **Los ordenó que no gritaran.*
- **A su madre le llama todos los días.*

**5** Completa en tu cuaderno estas oraciones con un CD. Después, anteponlo al verbo y realiza los cambios necesarios. No olvides añadir el pronombre personal correcto.

- *Luis aprobó ...*
- *Quiero mucho ...*
- *Por las mañanas se lava ...*
- *Mamá llamó por teléfono ...*

**6** Sustituye los CD y CI de estas oraciones por pronombres y explica qué ocurre:

- *Ofreció su ayuda a todos los asistentes.*
- *Comunica la buena noticia a tus padres.*

**Repaso interactivo.** Accede a este juego interactivo y repasa el contenido de la unidad en **anayaeducacion.es**.

Recuerda seleccionar el material de trabajo de esta unidad para tu **portfolio.**

## Organiza tus ideas gramaticales

Copia y completa el siguiente organizador visual en tu cuaderno:

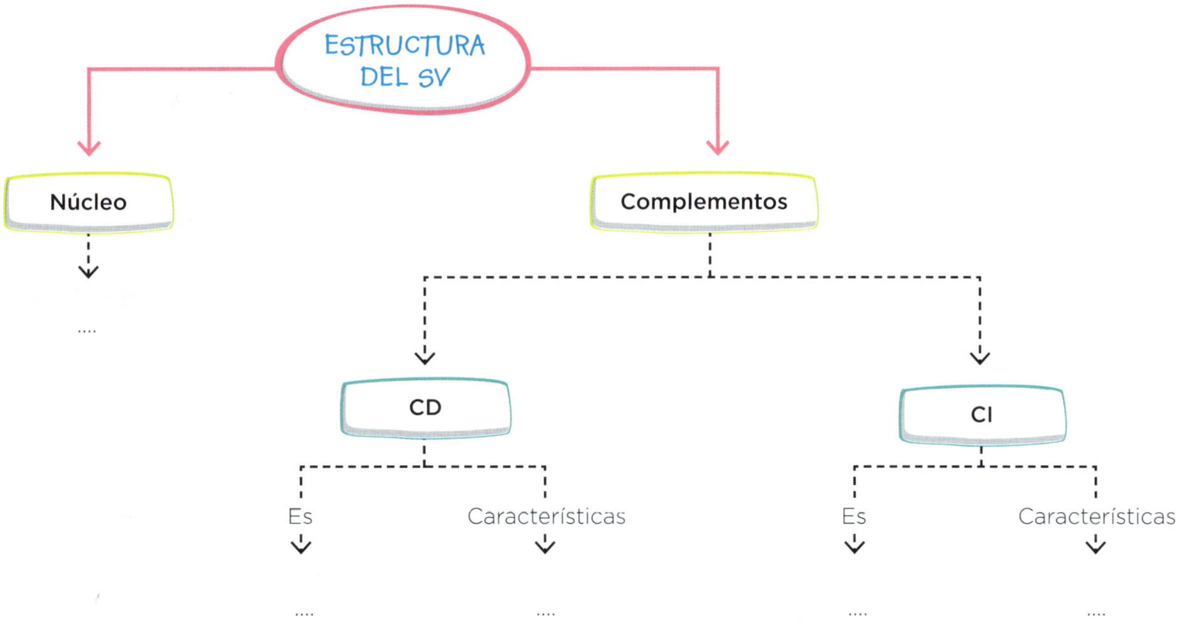


## Practica la ortografía

**1** Lee el siguiente texto y realiza las actividades:

En el inicio de los tiempos, cuando el mundo apenas se había estrenado y los animales apenas comenzaban a trabajar para el ser humano, había un dromedario que vivía en la mitad de un desolado desierto, porque no quería trabajar. Y además él mismo era ya un ser desolador.

Así pues, comía ramas secas y espinas y tamariscos y leche de malas hierbas y púas, sumido en la más dolorosa pereza, y cuando alguien le dirigía la palabra, respondía:

—No me jorobes…

Simplemente:

—No me jorobes… Y nada más.

Una vez, en la mañana de un lunes, se le acercó el caballo con su silla de montar sobre el lomo y la brida en la boca, y le dijo:

—Dromedario, oh dromedario, ven conmigo y trota como hacemos los demás.

—No me jorobes —replicó el dromedario.

El caballo se marchó y se lo contó al hombre.

Rudyard Kipling, *Solo cuentos (para niños)*, Anaya.

**a)** Explica a qué regla ortográfica se atienen estas palabras del texto. Escribe dos ejemplos más de cada una de esas reglas.

había — humano — hierbas — hacemos

**b)** *¡Oh!* es una interjección que expresa sorpresa, admiración... Escribe otras cuatro interjecciones que se escriban con *h*. Empléalas en oraciones.

**c)** Busca y escribe dos palabras compuestas que contengan la palabra simple *hierba*.

**d)** Explica la diferencia entre *hierba* e *hierva*. Usa las dos en una misma oración.

**e)** Escribe palabras pertenecientes a la familia léxica de *humano*.

**f)** Clasifica estas palabras según pertenezcan a la familia léxica de *hombre, hambre* u *hombro:*

hombrera — hombretón — hombría — hambruna — hambrón — hombrear — hombrillo

**ORTOGRAFÍA** CONSULTA EL ANEXO 5

Accede a más actividades para practicar la ortografía en **anayaeducacion.es**.

# 5

# EN BUENA COMPAÑÍA

Leer es poner en práctica un conjunto de habilidades que permiten dar sentido a una serie de signos escritos y, con ello, acceder a un caudal infinito de información, historias, aventuras... La lectura es nuestra principal puerta de entrada al conocimiento, a la educación y al progreso. Nos proporciona grandes momentos de diversión y nos transporta a otros mundos reales o imaginarios.

En palabras de la poeta estadounidense Emily Dickinson: «Para viajar lejos, no hay mejor nave que un libro».

**Plano abierto.** Accede al vídeo de la unidad en el banco de recursos de anayaeducacion.es.

## Intercambia opiniones

MI PERFIL LECTOR

- ¿Qué es para ti la lectura?
  - ¿Una actividad para compartir con los demás?
  - ¿Un espacio sin límites donde divertirte en solitario?
- Se dice que los libros permiten, «volar con la imaginación». ¿Qué significa para ti esta expresión?
  - ¿Qué tipo de libros son tus favoritos para volar con la imaginación?
- ¿Cuáles son tus principales razones para leer?
  - Relajarme
  - Ampliar mis conocimientos y enriquecer mi vocabulario.
  - Divertirme

# QUÉ VAS A ENCONTRAR EN ESTA UNIDAD

## 1 LECTURA ODS

Matilda, heroína del libro de Roald Dahl que lleva ese mismo nombre, es una niña con un talento extraordinario. Multiplica cifras complicadas y lee a Dickens y a Hemingway. Sin embargo, no todo es perfecto en la vida y en la educación de Matilda. Consulta los vídeos en anayaeducacion.es y reflexiona sobre la necesidad de promover una educación de calidad: metas ONU 4.5., 4.a. y 5.1.

## 2 COMUNICACIÓN

Los medios de comunicación de masas nos informan, nos educan, nos orientan y nos entretienen. Son fundamentales para estar bien informados en el mundo actual. Sin embargo, debemos también aplicar nuestro espíritu crítico, pensar por nuestra cuenta y forjarnos libremente nuestra propia opinión, alejándonos de prejuicios, falsas informaciones y rumores.

## 3 GRAMÁTICA

Ya sabes que el núcleo del sintagma verbal es siempre un verbo y que este puede estar acompañado de complementos. ¿Puedes diferenciar las clases de complementos en la oración? ¿Sabes identificar los distintos tipos de complemento circunstancial?

**ORTOGRAFÍA** Al final de este libro encontrarás un anexo con reglas ortográficas y actividades que te ayudarán a solucionar las propuestas a lo largo de esta unidad: **las letras *b* y *v*.**

1 LECTURA

## Comprensión oral

Escucha el texto locutado de la lectura y responde a las siguientes preguntas:

- ¿Quiénes intervienen en el diálogo? ¿De quién hablan?
- ¿Qué hacía la madre de Matilda cuando llegó la profesora? ¿Dejó de hacerlo? ¿Cómo interpretas esa actitud?
- ¿Qué piensan los padres de que Matilda vaya a la universidad?
- ¿Se alegró la señorita Honey de haber visitado a la familia de Matilda?

**Hipertexto.** Conoce al autor y contextualiza su obra en el banco de recursos de **anayaeducacion.es**.

## Matilda

—Soy la profesora de Matilda y es preciso que hable con usted y con su esposa.

—Ya tiene problemas, ¿no? —dijo el señor Wormwood, obstaculizando la entrada—. Bueno, a partir de ahora es responsabilidad suya. Tendrá que ocuparse usted de ella.

—Matilda no tiene ningún problema —dijo la señorita Honey—. He venido a traerle buenas noticias. Noticias bastante asombrosas, señor Wormwood. ¿Puedo pasar unos minutos y hablar con ustedes de Matilda?

—Muy bien —dijo bruscamente—. Entre y hablaremos de ello.

La señorita Honey entró con paso decidido.

—A la señora Wormwood no le va a hacer gracia —dijo el hombre, mientras la conducía al cuarto de estar, donde una mujerona rubia platino miraba entusiasmada la pantalla del televisor.

—¿Quién es? —preguntó la mujer, sin mirar.

—Una profesora de la escuela —dijo el señor Wormwood—. Dice que tiene que hablar con nosotros de Matilda.

Se acercó al televisor y quitó el sonido, dejando la imagen.

—¡No hagas eso, Harry! —gritó la señora Wormwood—. ¡Willard está a punto de declararse a Angelica!

—Puedes seguir mirando mientras hablamos —dijo el señor Wormwood—. Esta es la profesora de Matilda. Dice que tiene que contarnos una serie de cosas.

—Me llamo Jennifer Honey —dijo la señorita Honey—. ¿Cómo está usted, señora Wormwood?

La señora Wormwood la miró con cara de pocos amigos y dijo:

—¿Qué es lo que pasa?

Nadie invitó a la señorita Honey a sentarse, por lo que eligió una silla y se sentó.

—Hoy —dijo— ha sido el primer día de clase de su hija.

—Ya lo sabemos —dijo la señora Wormwood, enfadada por tener que perderse el programa—. ¿Es eso todo lo que ha venido a decirnos? [...]

—Ustedes deben saber —comenzó la señorita Honey— que los niños del curso inferior de la escuela no suelen saber leer, ni deletrear ni hacer malabarismos con los números cuando llegan a ella. Los niños de cinco años no pueden hacerlo. Pero Matilda hace todo eso. Y si he de creer lo que dice...

—Yo no lo creería —dijo la señora Wormwood, aún furiosa por no tener sonido en el televisor.

—¿Mentía entonces —preguntó la señorita Honey— cuando me dijo que nadie le había enseñado a multiplicar y a leer? ¿Alguno de ustedes le ha enseñado?

—¿Enseñado a qué? —preguntó el señor Wormwood.

—A leer. A leer libros —dijo la señorita Honey—. Puede que le hayan enseñado ustedes y que haya mentido ella. Quizá tengan ustedes estanterías llenas de libros por toda la casa. Yo no podía saberlo. Puede que sean ustedes grandes lectores.

—Claro que leemos —asintió el señor Wormwood—. No diga tonterías. Yo leo todas las semanas el *Autocar* y el *Motor* de cabo a rabo.

—Esa niña ha leído ya un número asombroso de libros —dijo la señorita Honey—. Únicamente quería saber si provenía de una familia amante de la buena literatura.

—Nosotros no somos muy aficionados a leer libros —replicó el señor Wormwood—. Uno no puede labrarse un futuro sentado sobre el trasero y leyendo libros de cuentos. No tenemos libros en casa.

—Ya veo —dijo la señorita Honey—. Bien, todo lo que quería decirles es que Matilda tiene un talento extraordinario, pero supongo que ya lo sabrán ustedes.

—Claro que sabíamos que leía —dijo la madre—. Se pasa la vida en su cuarto enfrascada en algún libro absurdo.

—Pero ¿no les llama la atención —preguntó la señorita Honey— que una niña de cinco años lea extensas novelas para adultos, de Dickens y Hemingway? ¿No les impresiona eso? [...]

La señorita Honey pensó que si quería conseguir algo de aquella gente no debía perder la paciencia.

—No les he contado todo —dijo—. Matilda, por lo que he podido advertir hasta ahora, es también una especie de genio matemático. Multiplica mentalmente cifras complicadas, como el rayo.

—¿Para qué sirve eso si uno puede comprarse una calculadora? —preguntó el señor Wormwood. [...]

—El problema de Matilda —dijo, intentándolo una vez más— es que se encuentra tan por encima de cualquiera de los que están en su entorno [...] que podría alcanzar el nivel universitario en dos o tres años de enseñanza apropiada.

—¿Universidad? —gritó el señor Wormwood, dando un brinco de su asiento—. ¡Quién quiere ir a la universidad, por Dios! ¡Allí solo aprenden malas costumbres!

—Eso no es cierto —dijo la señorita Honey—. Si usted sufriera ahora un ataque cardiaco y tuviera que llamar a un médico, ese médico sería un graduado universitario. Si a usted le denunciaran por venderle a alguien un coche de segunda mano estropeado, usted tendría que buscar un abogado, que también sería un graduado universitario. No menosprecie a las personas inteligentes, señor Wormwood. Pero veo que no nos vamos a poner de acuerdo. Siento haber venido.

La señorita Honey se levantó de la silla y salió de la habitación.

El señor Wormwood la siguió hasta la puerta principal y dijo:

—Gracias por haber venido, señorita Hawkes, ¿o es señorita Harris?

—Ninguno de los dos —dijo la señorita Honey—, pero da igual —y se fue.

Roald Dahl, *Matilda,* Alfaguara.

# Comprende el texto

**Pasión por leer.** Disfruta con la lectura de otros textos de Roald Dahl en **anayaeducacion.es**.

## Extrae información

**1** ¿Cuál fue el primer pensamiento que tuvo el señor Wormwood cuando la profesora de Matilda le dijo que necesitaba hablar con ellos?

**2** ¿Cómo reacciona la madre ante la inesperada visita?

**3** ¿Qué trato recibe la profesora de los padres?

amable | grosero | indiferente

**4** ¿En qué dos facetas educativas sobresale Matilda? ¿Tienen los padres algo que ver en ello?

**5** ¿A qué tipo de lectura es aficionado el señor Wormwood? ¿Y Matilda?

**6** ¿Qué ejemplos utiliza la señorita Honey en su argumentación para hacer comprender a los padres de Matilda la importancia de ir a la universidad?

**7** Completa en tu cuaderno la estructura del texto:

**Estructura**
- 1.ª parte → Contenido: / Empieza / Acaba por ...
- 2.ª parte → Contenido: / Empieza / Acaba por ...
- 3.ª parte → Contenido: / Empieza / Acaba por ...

## Reflexiona sobre la lengua

**8** Indica a qué regla ortográfica de la *b* o de la *v* se atienen estas palabras del texto: *sabemos, había, deben, tuviera, servir.*

**9** Escribe términos de la familia léxica de *novela* y *habitación.* ¿Conservan todos la grafía *b* o *v*?

**10** En el texto aparecen formas verbales como *va* y *vamos.* Escribe el presente de indicativo y el pretérito imperfecto de indicativo del verbo *ir.*

**11** Completa estas oraciones con palabras con *b* o con *v.* ¿A qué regla responde cada una?

- *Los señores Wormwood no atienden a la profesora con ...*
- *Los padres de Matilda deberían haber ... a la señorita Honey a sentarse.*

ORTOGRAFÍA CONSULTA EL ANEXO 6

**12** ¿Con qué sustantivo y con qué adjetivos se describe a la señora Wormwood?

**13** Localiza en el texto tres infinitivos, tres gerundios y tres participios.

**14** Indica qué modalidad oracional presentan estos enunciados del texto:

- *Entre y hablaremos de ello.*
- *¡Willard está a punto de declararse a Angelica!*
- *Nosotros no somos muy aficionados a leer libros.*
- *¿Qué es lo que pasa?*
- *Puede que le hayan enseñado ustedes.*

**15** ¿Qué significa la expresión «de cabo a rabo»?

## Interpreta y analiza

**16** ¿Cuáles de estas características definen el comportamiento de los padres de Matilda? ¿Por qué?

EJEMPLARES · IRRESPONSABLES · MATERIALISTAS · LECTORES · SUPERFICIALES · EDUCADORES

**17** ¿Conocen los padres a Matilda? ¿Qué visión tienen de ella?

**18** Poco a poco la señorita Honey se va haciendo una idea del tipo de familia que tiene enfrente. ¿Qué decide hacer? ¿Por qué?

**19** **Preguntas provocadoras.** ¿Qué comprendió la profesora cuando abandonó la casa de Matilda?

## Valora y relaciona con tu mundo

**20** **Organizo y defiendo una postura.** Debatid en clase sobre la importancia de la educación y la formación académica en la actualidad.

**21** **Preparar la tarea.** Hoy en día Matilda sería una niña considerada «de altas capacidades». ¿Conoces a alguna persona que haya sido evaluada así? ¿Qué medidas serían recomendables para fomentar y estimular esas capacidades?

**22** **Juego de palabras y frases.** Los padres de Matilda se dedican a ver televisión sin discriminar los tipos de programas. ¿Crees que hay que fomentar el espíritu crítico ante los medios de comunicación? Justifica tu respuesta.

## Amplía tu vocabulario

### LA LECTURA

Aprender a leer, dominar la **lectura,** es una de las fases más apasionantes en el desarrollo intelectual de las personas. Amar la literatura, como Matilda, es dar un paso más hacia el descubrimiento de nuevos mundos.

Roald Dahl (1916-1990), escritor galés, autor de obras tan conocidas como *Matilda* o *Charlie y la fábrica de chocolate.*

**1** Copia y completa la siguiente tabla con los derivados que faltan:

| | | |
|---|---|---|
| leer | lector | lección |
| instruir | ... | ... |
| ... | ... | dirección |
| ... | redactor | ... |

**2** La lectura es la ´acción de leer´. ¿Cuál es la acción o el efecto que corresponde a los siguientes verbos?

| | | |
|---|---|---|
| *escribir* | *capturar* | *limar* |
| *romper* | *censurar* | *envolver* |
| *atar* | *abrir* | *morder* |

**3** *Legible* significa ´que se puede leer´. ¿Cuál es su antónimo?

**4** *Leyenda* es un término de la familia léxica de *leer.* Búscalo en el diccionario e indica qué acepción aparece en cada una de estas oraciones:

Ayer leí una de las famosas leyendas escritas por Bécquer.

Para interpretar bien el mapa, hay que fijarse en la leyenda.

**5** Clasifica las palabras de la nube en sinónimos o antónimos de *intelectual:*

ERUDITO INCULTO ESTUDIOSO IGNORANTE ILETRADO DOCTO PENSADOR CULTO ANALFABETO

**6** La literatura está plagada de grandes literatas y literatos que escriben obras de diversa tipología. Indica qué nombre recibe la persona que escribe cada una de estas modalidades literarias:

ensayo — novela — prosa — teatro — poesía

**7** Relaciona cada oración con la acepción que le corresponda de *literatura:*

Conjunto de la producción literaria de un país, una época, un género...

Arte cuyo medio de expresión es la palabra oral o escrita.

Palabrería, abundancia de palabras vanas.

- *¡Anda que no tienes tú* literatura!
- *Dominar el lenguaje es esencial en la* literatura.
- *La* literatura *rusa es mi preferida.*

**Webquest.** Accede a esta actividad en el banco de recursos de anayaeducacion.es e investiga sobre la lectura y los audiolibros.

# 2 COMUNICACIÓN

## TEXTOS PERIODÍSTICOS Y TEXTOS PUBLICITARIOS

### El contenido de la noticia

Todas las noticias intentan contestar a seis preguntas que en el ámbito periodístico se conocen como las 6W. El origen de esta expresión está en la letra *w* que está presente en los interrogativos en inglés:

- **Qué** ha sucedido *(what).*
- **Quién** es el protagonista *(who).*
- **Cuándo** ha ocurrido *(when).*
- **Dónde** ha sucedido *(where).*
- **Por qué** se ha producido *(why).*
- **Cómo** ha ocurrido *(how).*

## 2.1 Los textos periodísticos

En los textos periodísticos se diferencian dos clases de géneros:

- Los **géneros informativos,** cuyo fin es transmitir información objetiva sobre un hecho de actualidad que interesa a un gran número de personas. Por ejemplo: la noticia, la crónica y el reportaje.
- Los **géneros de opinión,** cuyo fin es analizar los hechos desde un punto de vista subjetivo, con la intención de crear opinión entre los destinatarios. Por ejemplo: el editorial, la columna y el artículo de opinión.

### La noticia

La **noticia** es un texto narrativo que informa con objetividad sobre algún hecho de interés que ha ocurrido recientemente. Toda noticia ha de responder a las preguntas: *qué, quién, cuándo, dónde, por qué* y *cómo.*

PARTES DE LA NOTICIA

- **Titular**: Enunciado breve, claro y atractivo, para llamar la atención de quien lo lee. Suele estar escrito con letra mayor que el resto de la noticia.
- **Entradilla**: También llamada entrada o encabezamiento, es un texto con letra menor que el titular pero mayor que el cuerpo de la noticia en el que se resume lo más importante.
- **Cuerpo**: Texto de extensión variable en el que se desarrollan y amplían los contenidos.

En la noticia lo más importante va al principio, y después se van dando los detalles que amplían la información: dónde ocurrió, cómo, en qué circunstancias... De forma gráfica, se dice que una noticia tiene la estructura de una **pirámide invertida,** donde lo más ancho equivale a lo más importante y va al principio, y va reduciéndose progresivamente su anchura, a medida que disminuye la importancia.

Observa la siguiente noticia:

# UNA ROTURA DE VÍA AFECTA A CINCO TRENES ENTRE SEVILLA Y ANDALUCÍA ORIENTAL

*** LA INCIDENCIA, SOLUCIONADA A LAS SIETE DE LA TARDE, OBLIGA A TRANSBORDAR A CENTENARES DE VIAJEROS ***

Una rotura de vía ha afectado este domingo al tráfico ferroviario entre Sevilla y Andalucía oriental, según han confirmado fuentes de Renfe, compañía a la que informó el ente de infraestructuras Adif de la incidencia en un tramo situado entre las localidades sevillanas de Arahal y Marchena.

El fallo en la vía ha sido detectado a las cinco y cuarto y ha perjudicado a los pasajeros de cinco trenes. El primero en sufrir la interrupción del tráfico ha sido un tren con destino a Almería y en el que viajaba un centenar de personas. Todas han sido trasladadas en autobús hasta su destino.

Los otros trenes afectados han sido los que unen Sevilla y Málaga, cuyos pasajeros han evitado el tramo afectado en autobús y se han incorporado a unidades de Renfe trasladadas hasta Marchena y Arahal. Adif informó de la solución de la incidencia a partir de las siete de la tarde, aunque no aclaró las causas de la rotura de la vía.

*www.elpais.es*

## La crónica

La **crónica** es la información detallada y amplia de un acontecimiento de actualidad a la que el autor o la autora imprime su sello y valoración personal.

En la crónica se distinguen también tres partes:

- Un **titular.**
- Una **entradilla,** que también recibe el nombre de **encabezamiento** o **entrada.**
- El **cuerpo,** donde el firmante o la firmante tiene libertad de ordenar el texto como crea más conveniente.
- A veces, acaba en un **cierre** o **final.**

## El reportaje

El **reportaje** combina la información con la investigación y el análisis de un hecho.

El reportaje depende menos que la noticia y la crónica de la actualidad. Profundiza en las causas y en las consecuencias de los hechos tratados.

## Actividades

**1** Lee este texto y realiza las actividades:

### NOBEL DE LITERATURA: LA POETISA ESTADOUNIDENSE LOUISE GLÜCK OBTIENE EL GALARDÓN

**LA ESTADOUNIDENSE LOUISE GLÜCK ES LA GANADORA DEL PREMIO NOBEL DE LITERATURA DE ESTE AÑO, «POR SU INCONFUNDIBLE VOZ POÉTICA QUE, CON UNA BELLEZA AUSTERA, HACE UNIVERSAL LA EXISTENCIA INDIVIDUAL», ANUNCIÓ LA ACADEMIA SUECA ESTE JUEVES.**

Glück es considerada una de las poetas más destacadas de la literatura contemporánea estadounidense.

La Academia dijo que la premiada se había «sorprendido» cuando recibió la llamada telefónica.

Desde su debut en 1968 con *Firstborn,* Glück ha publicado doce colecciones de poesía y algunos ensayos sobre el género.

Nacida en Nueva York en 1943, también es profesora de inglés en la Universidad de Yale, en Connecticut.

Ha recibido varios reconocimientos de prestigio, entre ellos el Premio Pulitzer por su poemario *The Wild Iris (El iris salvaje)* en 1993 y el Premio Nacional del Libro (2014).

Su poesía se centra en la dolorosa realidad del ser humano, y aborda temas como la muerte, la infancia y la vida familiar.

Glück «busca lo universal, y para esto se inspira en los mitos y motivos clásicos, presentes en la mayoría de sus obras», agregó la Academia.

*BBC News Mundo,* 8 octubre 2020.

Louise Glück, poeta estadounidense que recibió el Premio Nobel en 2020.

a) Toda noticia tiene titular, entradilla y cuerpo. Señala dichas partes en esta.

b) ¿Qué datos se recogen en la entradilla? ¿Te parecen los más importantes? ¿Qué datos hubieras recogido tú?

c) Señala los datos que se recogen en el cuerpo de la noticia. ¿Llevan un orden de pirámide invertida, es decir, van de lo más a lo menos importante? ¿Tú le hubieras cambiado el orden a alguno de los datos?

d) ¿Qué aspectos le faltan a esta noticia para ser una crónica? ¿Y cuáles para ser un reportaje?

e) Redacta esta misma noticia de otra manera.

f) Invéntate otros dos titulares para esta misma noticia.

## El artículo de opinión y el editorial

El **artículo de opinión** es un texto periodístico cuyo objetivo es exponer y argumentar el juicio o parecer que de un asunto posee la persona que lo firma.

En un artículo de opinión se han de exponer razones y es frecuente plantearlo con humor o ironía para captar la atención y el beneplácito de quien lo lee.

El **editorial** es un texto periodístico de opinión que expresa el punto de vista del medio sobre un asunto relevante y de actualidad. Los editoriales siguen la línea ideológica del periódico, la revista o el medio donde aparecen.

El editorial no suele ir firmado y aparece siempre en el mismo sitio, en un lugar destacado y fácilmente reconocible.

Aunque la estructura de los géneros periodísticos de opinión es muy libre, suelen constar de tres partes:

| Inicio | Cuerpo | Final |
|---|---|---|
| Donde se plantea el tema. | Donde se desarrolla el tema. | Donde se retoma y concluye la idea principal que se está defendiendo. |

### Actividades

**2** Lee este texto y realiza las actividades:

**LOS JÓVENES ABANDONAN LA DIETA MEDITERRÁNEA QUE SIGUIERON DE PEQUEÑOS**

**EL PORCENTAJE DE ADOLESCENTES QUE SIGUE UNA ALIMENTACIÓN SALUDABLE ES 10 PUNTOS INFERIOR AL DE LOS NIÑOS, SEGÚN EL ESTUDIO PASOS 2019**

**Noor Mahtani y Miguel Ángel Medina** **19/11/2019**

La alimentación es una asignatura pendiente entre los adolescentes, que cada vez se alejan más de la dieta mediterránea: el porcentaje de jóvenes (35,9%) que siguen esta saludable rutina es menor que el de la población infantil (45,7%). Así lo muestra el *Estudio Pasos 2019,* que ha presentado este lunes la Gasol Foundation. [...]

¿Y por qué los adolescentes abandonan la dieta mediterránea? El pediatra Carlos Casabona lo achaca a la presión de grupo y al entorno. «Cuando los jóvenes salen con sus amigos, van al McDonald's o a otras cadenas de comida rápida. Y también porque ven que los padres tampoco comen muy bien. Los anuncios tampoco ayudan: no suele haber publicidad de frutas y verduras, pero sí de ultraprocesados y bebidas azucaradas».

Solo dos de cada diez niños consumen al menos cuatro raciones de frutas y verduras a diario, según el estudio, que cuenta con una muestra de 3 887 niños y niñas de más de 200 centros educativos. En la población joven, solo uno de cada diez incluye estos alimentos en su día a día. A Abel Mariné, profesor emérito de Nutrición y Bromatología de la Universidad de Barcelona, no le sorprenden estos datos. «En la adolescencia se produce una modificación de la conducta y una desestructuración», cuenta. «Los hábitos alimentarios empezaron a cambiar cuando sustituimos la frase de "Esto es lo que hay para cenar" por "¿Qué quieres cenar?"».

«A partir de los siete años los niños empiezan a comer peor», dice el pediatra Casabona. «Cuando son más pequeños, los padres están muy encima de la alimentación, pero a partir de esa edad empieza el ambiente obesogénico con comidas copiosas. Y se contagian de lo que ven en el patio del colegio, donde uno lleva donetes y otro una palmera de chocolate. Es el momento en el que muchos empiezan a engordar», añade el autor de *Tú eliges lo que comes* (Paidós).

*www.elpais.es*

a) ¿En qué género periodístico incluirías este texto en el que los autores opinan sobre los hábitos alimentarios de los jóvenes?

b) Describe un argumento de autoridad que se utiliza en él.

c) ¿A quién va dirigido?

d) ¿Es un texto coherente? Razona tu respuesta.

e) ¿Te parecería adecuado leer este texto en un centro educativo? ¿Por qué?

f) Invéntate tres posibles títulos para este mismo texto.

## 2.2 El periódico

Los géneros periodísticos estudiados en esta unidad tienen uno de sus principales medios de difusión en el periódico.

El **periódico** es una publicación en papel o electrónica destinada a proporcionar información diariamente o con una determinada regularidad.

Los periódicos cumplen varias funciones:

- Función **informativa,** en las noticias, las crónicas, los reportajes.
- Función **crítica,** que se despliega en el editorial, en artículos y columnas de opinión, en entrevistas...
- Función **formativa** y **educadora,** que será consecuencia de la buena información y de la buena crítica.
- Función **lúdica** y **de entretenimiento,** con juegos de palabras, horóscopo, crucigramas...

La credibilidad y el prestigio de un periódico dependen de la calidad de la información que ofrece. Así, la **información de un periódico:**

- Ha de estar **contrastada** y ser **fiel** a la realidad.
- Debe abordar asuntos de **actualidad.**
- Cubre sucesos de **interés general** para la población.
- Busca la **objetividad** y alejarse de toda tergiversación o interpretación tendenciosa de lo sucedido.
- Ofrece **diversidad,** tanto en los contenidos como en los enfoques.

La información de los periódicos se organiza en **secciones.** Por ejemplo: portada, política nacional, política internacional, deportes, economía, medioambiente, cultura, sociedad, ciencia, salud...

En la **portada** o **primera plana** del periódico en papel se colocan los grandes titulares con un breve resumen de las informaciones o sucesos más relevantes, a modo de anticipo.

Los **periódicos digitales** suelen respetar la estructura de los periódicos impresos en papel, pero el soporte utilizado (ordenador, tableta, teléfono móvil) condiciona el orden de las noticias. En los medios digitales las informaciones aparecen por orden de importancia, en primer lugar los grandes titulares de interés general.

En el momento actual, algunos periódicos tienen una vertiente tradicional en **papel;** pero tienen también una vertiente **digital.** Otros ya solo se editan en la red.

### Clases de periódicos

La enorme diversidad social, de edades, intereses, cultura, aficiones... ha generado una enorme variedad de **clases de periódicos.** Existen periódicos de información general, pero también periódicos especializados en economía, deporte, cultura, literatura...

### Actividades

**3** Selecciona una noticia en un periódico en papel y responde a las preguntas:

a) ¿A qué sección pertenece?

b) ¿Crees que ofrece una información contrastada y fiel a la realidad?

c) ¿Describe un acontecimiento actual y de interés general?

**4** En grupos, elegid dos periódicos digitales y dos periódicos en papel del mismo día y comparad sus portadas.

a) ¿Qué diferencias observáis entre ellas?

b) ¿Observáis alguna semejanza? ¿Cuál?

c) ¿Qué conclusiones sacáis de esta comparación? Redactadlas en un texto de cinco o seis líneas.

En el banco de recursos de anayaeducacion.es encontrarás una actividad de orientación académica y profesional.

## 2.3 Los textos publicitarios

El **texto publicitario** tiene como objetivo informar sobre algún producto, bien de consumo o servicio con fines comerciales o propagandísticos.

Los textos publicitarios se difunden en los diversos medios de comunicación de masas (prensa, radio, televisión, Internet...) y en otros soportes, como las vallas publicitarias o los carteles.

### Información y persuasión

Es importante que la persona que recibe un mensaje publicitario distinga entre la publicidad informativa y la publicidad persuasiva.

La **publicidad informativa** destaca, con más o menos objetividad, las características del producto para promover su consumo. Suelen ser productos necesarios para la vida diaria.

La **publicidad persuasiva** estimula los sueños, los deseos o las emociones de los destinatarios para provocar en ellos la necesidad de comprar bienes de consumo como coches, perfumes, ropa, relojes, móviles...

### Lo verbal y lo no verbal en la publicidad: el anuncio

La publicidad utiliza todos los medios necesarios para lograr su objetivo: vender el producto, bien de consumo o servicio del que se trate. Por ello, intenta primero captar la atención del potencial comprador de las más diversas maneras, para luego estimularlo, convencerlo y crearle la necesidad de comprar.

En televisión, radio, Internet... los mensajes publicitarios utilizan música, imágenes, color, movimiento y, lógicamente, palabras. Los medios escritos (revistas, periódicos, carteles...) utilizan recursos verbales (palabras) y no verbales (imágenes y elementos gráficos).

En función del medio de comunicación utilizado, los anuncios publicitarios se acompañan de elementos visuales y sonoros que se apoyan mutuamente para despertar el interés y dar credibilidad y prestigio al producto:

- **Elementos verbales** como palabras, enunciados o expresiones, a veces incluso en lenguas extranjeras prestigiadas, como el inglés o el francés. Podemos distinguir dos tipos de elementos verbales en un anuncio:
  - **Texto informativo:** informa, por ejemplo, sobre las características y los beneficios del producto.
  - **Eslogan:** texto corto, llamativo y fácil de recordar cuyo objetivo es transmitir el mensaje esencial de la marca o del producto publicitado y atraer la atención del público.
- **Elementos no verbales:**
  - **Imágenes** (vídeo, fotografías, ilustraciones...).
  - **Elementos tipográficos y de diseño** (tamaño y tipo de letra, color, ubicación en el espacio...).
  - **Elementos sonoros,** muy importantes en radio, televisión, cine o Internet (música, efectos acústicos, ruidos...).

### La propaganda

A diferencia de la publicidad, la **propaganda,** sobre todo la **propaganda institucional,** no pretende vender un producto, sino expresar los beneficios de un proyecto o una iniciativa cultural, política o social.

Cortesía del Museo ABC de dibujo e ilustración, Madrid.

## Actividades

**5** Observa este anuncio y contesta a las preguntas:

a) El contenido de este anuncio, ¿es publicitario o propagandístico?

b) ¿Cuáles de estos recursos literarios identificas en la imagen? ¿Y en el texto?

METÁFORA ONOMATOPEYA HIPÉRBOLE PERSONIFICACIÓN PARALELISMO METONIMIA aliteración

c) ¿Crees que este cartel cumple su función de concienciar a la población sobre un determinado problema? ¿Cuál es ese problema? ¿Cómo te hace sentir a ti?

d) ¿Qué mensaje quiere transmitir?

e) ¿Qué elementos no verbales se utilizan para transmitir el mensaje? ¿Qué efecto crees que producen en la persona que lo recibe? Justifica tu respuesta.

f) En el texto del anuncio hay una parte que informa y otra que busca concienciar. Identifica cada una de estas partes.

**6** Observa este anuncio y responde a las preguntas:

a) ¿Tiene fines comerciales o propagandísticos?

b) ¿Qué mensaje quiere transmitir? Resúmelo en dos líneas.

c) En el texto del anuncio hay una parte que informa y otra que busca concienciar. Identifícalas.

d) Indica cuál de estos recursos literarios fónicos se ha utilizado:

RIMA ALITERACIÓN ONOMATOPEYA

e) Explica en qué consiste la personificación utilizada en la imagen y en el texto del anuncio.

**7** Relaciona en tu cuaderno cada palabra con su significado:

eslogan *spot* *sponsor*

- Anuncio.
- Patrocinador.
- Fórmula breve y original, utilizada en la publicidad, en la propaganda política, etc.

**8** En publicidad se utilizan muchos términos y expresiones inglesas. Averigua qué significan las siguientes: *prime time* y *share*.

# UNA OPINIÓN MEDITADA

¿TE ANIMAS A PUBLICAR UN ARTÍCULO DE OPINIÓN SOBRE LOS HÁBITOS DEPORTIVOS ENTRE JÓVENES?

UNA **OPINIÓN** MEDITADA

## ESCUCHA

Infórmate sobre la importancia del ejercicio físico.

**1** Escucha estos textos emitidos en una radio local y realiza las actividades:

a) Relaciona cada uno de los textos que has escuchado con el género que le corresponda.

Entrevista | Anuncio | Noticia

b) ¿Qué objetivo tiene cada uno de ellos?

c) ¿En qué programas de radio podrías escucharlos?

d) ¿Cuál es el titular de la noticia radiofónica? ¿Y su cierre?

e) Completa en tu cuaderno este organizador gráfico para describir el contenido de la noticia. ¿Responde a las 6W? ¿Falta alguna? ¿Cuál?

f) El anuncio que has escuchado, ¿es publicidad o propaganda?

g) ¿A qué tipo de público está destinado?

h) ¿Cuál es el eslogan? ¿Qué recurso propio de la poesía se utiliza en él?

i) ¿Qué nueva información te aporta la entrevista que has escuchado?

j) En grupos, ¿cuáles pueden ser esas otras causas que expliquen por qué la gente joven no practica suficiente deporte?

k) En tu opinión, ¿qué consecuencias positivas tiene para la salud la práctica de ejercicio físico?

l) ¿Participarías en alguna de esas actividades? ¿En cuál? ¿Por qué?

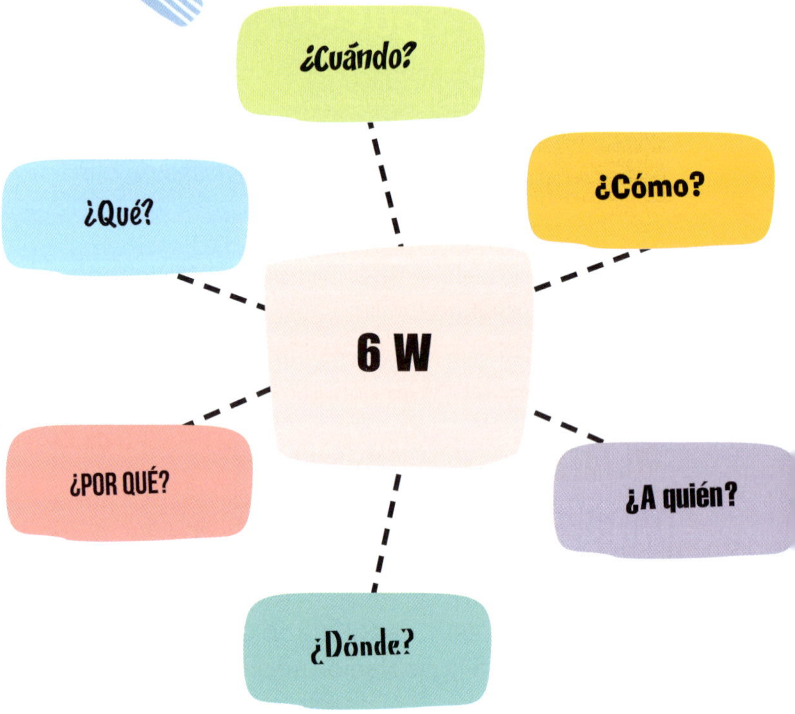

UNA OPINIÓN MEDITADA

## LEE

Conoce un informe de resultados sobre los hábitos deportivos entre jóvenes.

### El informe

Un informe es un documento donde se detallan los resultados de un estudio en profundidad sobre la situación de un asunto.

**2** Lee este informe y responde a las preguntas:

a) ¿Qué tipo de texto es?

b) ¿Dónde se ha publicado?

c) ¿Qué organización lo ha elaborado?

d) En grupos, plantead una tormenta de ideas para encontrar posibles respuestas a la siguiente pregunta: ¿para qué podría servir este informe?

e) Observa el gráfico y los mapas que acompañan al informe y responde: ¿qué representa cada uno?

# INFORME SOBRE LA PRÁCTICA DE EJERCICIO FÍSICO ENTRE JÓVENES

Los primeros datos sobre tendencias mundiales en cuanto a actividad física insuficiente entre los adolescentes ponen de manifiesto la necesidad de adoptar medidas urgentes para incrementar los niveles de actividad física entre las niñas y los niños de 11 a 17 años de edad. El estudio, publicado en la revista *The Lancet Child & Adolescent Health* y elaborado por investigadoras de la Organización Mundial de la Salud (OMS), concluye que más del 80 % de los adolescentes en edad escolar de todo el mundo —en concreto, el 85 % de las niñas y el 78 % de los niños— no llegan al nivel mínimo recomendado de una hora de actividad física al día.

Para estimar el número de jóvenes de 11 a 17 años que no cumplen con esta recomendación, las autoras analizaron datos relativos a los niveles de actividad física recopilados a partir de encuestas realizadas en escuelas. En la evaluación se tuvieron en cuenta todos los tipos de actividad física como, por ejemplo, el tiempo dedicado al juego activo, las actividades recreativas y los deportes, las tareas domésticas activas, los desplazamientos a pie y en bicicleta u otros tipos de transporte activo, la educación física y el ejercicio planificado.

**Proporción de chicas y chicos de 11 a 17 años que no practican suficiente deporte (2001 y 2016)**

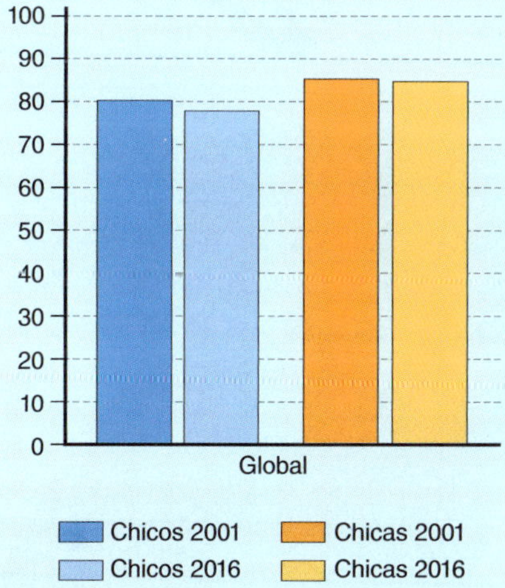


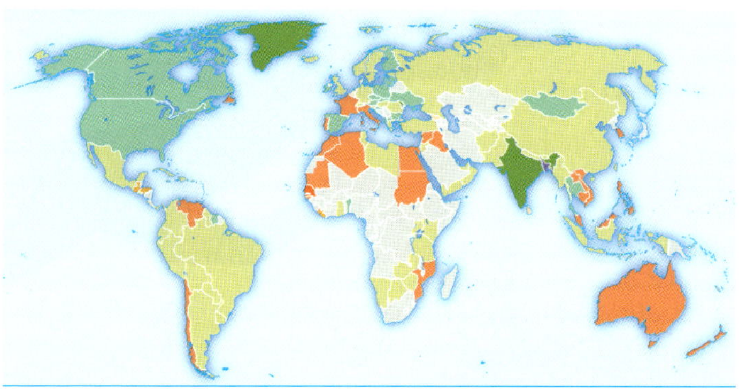

**Porcentaje de chicas de 11 a 17 años que no practican suficiente deporte.**
< 75 % | 80 - 84 % | ≥ 90 % | 75 - 79 % | 85 - 89 % | Sin datos

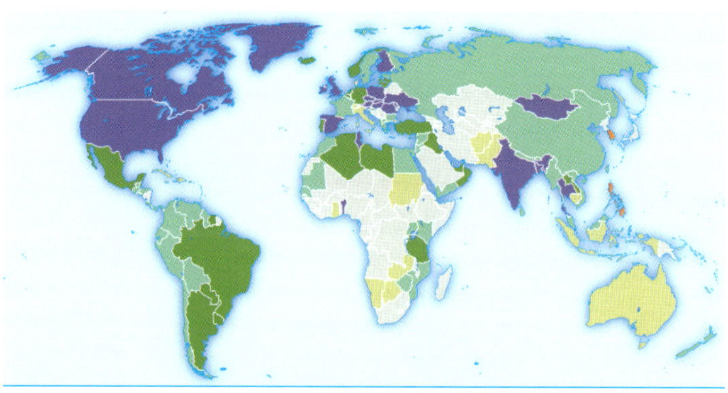

**Porcentaje de chicos de 11 a 17 años que no practican suficiente deporte.**
< 75 % | 80 - 84 % | ≥ 90 % | 75 - 79 % | 85 - 89 % | Sin datos

Fuente: *www.thelancet.com*

UNA OPINIÓN MEDITADA

# HABLA

Trabaja con títulos de artículos periodísticos.

**3** Antes de redactar vuestro artículo de opinión, elegid su título. Para ello:

a) Decidid un tema que os interese y que esté relacionado con el deporte y la salud de los jóvenes.

b) En grupos de cuatro personas, organizad una tormenta de ideas con propuestas de títulos y seleccionad el que más guste a la mayoría. Seguid estos consejos:

## CONSEJOS PARA ENCONTRAR UN BUEN TÍTULO DE ARTÍCULO

**Un buen título de artículo...**

- debe contener la esencia del texto que le sigue, de manera que el lector o la lectora se haga una idea de su contenido;
- ha de ser un texto breve y claro;
- debe tener en cuenta el público al que va dirigido;
- busca la originalidad y sorprender;
- debe ser atractivo, suscitar la curiosidad e interpelar a las personas que los leen;
- puede utilizar recursos como la aliteración, la antítesis, la ironía, la comparación, la metáfora, la hipérbole...

Si vuestro artículo va a publicarse en algún medio en Internet, es aconsejable que su título contenga palabras importantes que lo posicionen favorablemente en los resultados de los motores de búsqueda.

c) Elaborad un argumentario para defender vuestra propuesta de título ante el resto de grupos de la clase:

Pensad en los puntos fuertes y los aspectos positivos de vuestro título.

Preved las objeciones que pueden plantear los otros grupos a vuestro título y buscad argumentos para rebatirlas.

d) Defended oralmente vuestro título ante el resto de la clase y escuchad con atención e interés los argumentos del resto de grupos.

e) Elegid por votación el título que más haya gustado a la mayoría.

UNA OPINIÓN MEDITADA

## ESCRIBE

Redacta un artículo de opinión.

**4** Lee este artículo de opinión:

## MÁS DEPORTE, POR FAVOR

POR: VERÓNICA PALMA

Es innegable la cantidad de beneficios que el deporte aporta a nuestra vida, pero parece que todavía hoy en día muchas personas se resisten a abandonar el sedentarismo e incorporar la actividad física a sus rutinas diarias. Si son las modas lo que mueve a la mayoría, ¡pongamos de moda el deporte! Y no me refiero a imitar a algunos famosos en el uso de determinadas marcas de zapatillas o de ropa deportiva, sino al movimiento, a la acción. Es evidente que falta motivación, y que detrás de ello está la idea de disciplina y trabajo duro, pero nada más lejos de la realidad. La clave está en la diversión. ¿Qué hay más motivador que pasárselo bien y disfrutar de una sesión de baile, un entrenamiento en grupo, un paseo en la montaña o un partido de vóley playa con las amigas y los amigos? Moverse es vivir, vivir es disfrutar. Busca tu motivación, siempre habrá un deporte esperándote. ¡Vamos!

a) Redacta ahora tu artículo de opinión a partir del título que habéis elegido entre toda la clase.

b) Recuerda que la argumentación pretende, mediante el razonamiento, convencer al receptor de una idea o influir en sus actitudes o comportamientos. Por lo tanto, deben estar presentes la función apelativa y la función referencial.

c) Como es un artículo de opinión, puedes usar la primera persona. Utiliza conectores textuales *(en primer lugar, además, por otro lado, igualmente, en conclusión...)* para dar cohesión a tu artículo periodístico.

d) Puedes inspirarte en esta estructura para dar forma a tu artículo:

**¡APÓYATE EN LA IRONÍA Y EL HUMOR PARA ENRIQUECER TU TEXTO!**

### Reflexiona sobre este ámbito profesional

Has pensado alguna vez en qué profesionales son necesarios para elaborar un informe de resultados. ¿Sabes para qué sirve este tipo de documento y en qué partes se estructura?

En grupos, organizad una tormenta de ideas para averiguarlo y, luego, responded a estas preguntas:

- ¿Cómo se clasifican los informes dependiendo de la materia que traten?
- ¿Qué tareas hay que realizar para elaborar un informe de resultados?
- ¿Qué estudios habrán tenido que cursar los profesionales que los elaboran? ¿Dónde habrán realizado dichos estudios?
- ¿Qué habilidades y conocimientos son necesarios para elaborar un informe de resultados?
- ¿Cuáles de dichas habilidades posees tú?
- ¿Para cuál de todas las tareas estás mejor dotada o dotado?
- ¿Qué organizaciones o empresas pueden necesitar elaborar o utilizar informes de resultados y con qué objetivo? Justifica tu respuesta.

# 3 GRAMÁTICA

## EL SINTAGMA VERBAL (II)

### Algunos verbos que se construyen con CR

- Acceder (a)
- Abalanzarse (sobre)
- Abusar (de)
- Adecuar (a)
- Arrepentirse (de)
- Carecer (de)
- Confiar (en)
- Confundir (con)
- Constar (de)
- Desconfiar (de)
- Insistir (en)
- Influir (en)
- Librar (de)
- Obligar (a)
- Preocuparse (por)
- Quejarse (de)
- Renunciar (a)

## 3.1 El complemento de régimen

El **complemento de régimen** (CR) es una función sintáctica preposicional, estrechamente ligada al significado verbal, que algunos verbos como *quejarse, atreverse, insistir, confiar...* necesitan para completar su significado.

Por ejemplo:

| Mi | entrenador | insistía | en la necesidad de defender. |
|---|---|---|---|
| DET. | NÚCLEO | NÚCLEO | CR |
| SUJETO (SN) | | PREDICADO (SV) | |

**Características del complemento de régimen**

- Funciona como CR un sintagma preposicional cuya preposición es exigida por el verbo:

| La | nueva | reina | accedió | a | sus súplicas. |
|---|---|---|---|---|---|
| | | | | PREP. | TÉRMINO (SN) |
| DET. | CN | NÚCLEO | NÚCLEO | CR | |
| SUJETO (SN) | | | PREDICADO (SV) | | |

- El SN del complemento de régimen puede sustituirse por pronombres del tipo *eso, aquello, ellos...*
  - *Elena piensa en sus planes. → Elena piensa en eso.*
  - *Mi madre no renuncia a sus viajes. → Mi madre no renuncia a ello.*

## Actividades

**Actividad resuelta**

**1** Analiza la oración:

*La enfermera confió en su consejo.*

**Solución**

| La | enfermera | confió | en | su consejo. |
|---|---|---|---|---|
| | | | PREP. | TÉRMINO (SN) |
| DET. | NÚCLEO | NÚCLEO | CR | |
| SUJETO (SN) | | PREDICADO (SV) | | |

**2** Analiza las oraciones siguientes:

- *Luis desconfía de ese remedio.*
- *Todos ellos accedieron a la información.*

**3** Completa en tu cuaderno las oraciones siguientes con un complemento de régimen:

- *Las fechas del congreso coincidieron ....*
- *Esos animales confían ....*

**4** Añade un CR a estos verbos: *carecer, librar, preocuparse, interesarse, quejarse, atreverse, dedicarse.*

**Actividad resuelta**

**5** Sustituye los CD y los CR de esta oración por los pronombres que correspondan:

*Mi prima invitó a un té a sus amigas.*

**Solución**

| Mi | prima | invitó | a un té | a sus amigas. |
|---|---|---|---|---|
| DET. | NÚCLEO | NÚCLEO | CR | CD |
| SUJETO (SN) | | PREDICADO (SV) | | |

*Las* (CD) *invitó a eso* (CR)

**6** Sustituye los CD y los CR de estas oraciones por los pronombres correspondientes:

- *Adecuaron la casa a su incapacidad.*
- *Informó a los asistentes de la decisión.*

## 3.2 Los complementos circunstanciales

Los **complementos circunstanciales** (CC) son un conjunto de funciones no exigidas por el significado del verbo que informan sobre las circunstancias en las que se desarrolla el proceso verbal.

En la oración *Luis viene los lunes en el metro con su hermana* hay tres complementos circunstanciales: uno de ellos indica tiempo *(los lunes);* otro, lugar *(en el metro);* y el último, compañía *(con su hermana).*

| Luis | viene | los lunes | en el metro | con su hermana. |
|---|---|---|---|---|
| | NÚCLEO | CC (TIEMPO) | CC (LUGAR) | CC (COMPAÑÍA) |
| SUJETO | PREDICADO | | | |

Funcionan como complementos circunstanciales:

- los sintagmas adverbiales *(Cantará mañana),*
- los sintagmas nominales *(Se instala esta semana),*
- los sintagmas preposicionales *(Viaja con su prima Eva).*

Existen dos tipos de complementos circunstanciales: los **adverbiales** y los **no adverbiales.**

### Los complementos circunstanciales adverbiales

Los **complementos circunstanciales adverbiales** pueden ser sustituidos por un **adverbio.** Aportan información sobre lugar, tiempo, modo o cantidad.

| Clases de complementos circunstanciales adverbiales | |
|---|---|
| De lugar (CCL) | Aportan informaciones de lugar relacionadas con el significado del verbo. Pueden sustituirse por los adverbios *aquí, ahí, allí...: Ella compró la fruta en el supermercado. → Ella compró la fruta allí.*<br>Responden a la pregunta del adverbio *¿dónde?: ¿Dónde compró la fruta? → Allí.*<br>Pueden indicar, por ejemplo, procedencia *(Los participantes acudían de todos los pueblos),* ubicación *(Colocó la compra sobre la mesa),* destino *(Conducía hacia su nuevo trabajo),* lugar por donde se pasa *(Atravesaba por la playa)...* |
| De tiempo (CCT) | Aportan informaciones sobre las circunstancias de tiempo que rodean el proceso verbal. Pueden sustituirse por los adverbios *entonces, ahora...: Ellos llegarán el lunes. → Ellos llegarán entonces.*<br>Responden a la pregunta del adverbio *¿cuándo?: ¿Cuándo llegarán? → El lunes.*<br>Pueden indicar, por ejemplo, ubicación en el tiempo *(Se marcha los viernes),* duración *(Duerme durante el día),* término *(Se queda hasta el sábado)...* |
| De modo (CCM) | Indican cómo se produce la acción verbal. Pueden sustituirse por los adverbios *así, mal, bien...: Lo abrí con mucho cuidado. → Lo abrí así.*<br>Responden a la pregunta *¿cómo?: ¿Cómo lo abriste? → Así.* |
| De cantidad (CCC) | Cuantifican o indican la intensidad de la acción verbal. Pueden sustituirse por los adverbios *mucho, poco, nada, bastante...,* y por algunos adverbios acabados en *-mente:*<br>*Se ríe con frecuencia. → Se ríe mucho. → Se ríe frecuentemente.* |

**Observa**

Algunos complementos de lugar y de tiempo, sustituibles por adverbios, son exigidos por el verbo. Se analizan como complementos de régimen (CR) y no como CC:

- *Ese ruido emana de la fábrica (de allí).*
- *Esa idea procede de la Edad Media (de entonces).*
- *Mis primos residen en Málaga (allí).*

**La brújula del español.** Accede a esta guía del uso del español correcto en el banco de recursos de **anayaeducacion.es**.

## Los complementos circunstanciales no adverbiales

Los **complementos circunstanciales no adverbiales** no pueden ser sustituidos por un **adverbio.**

| Clases de complementos circunstanciales no adverbiales | |
|---|---|
| De compañía | Hacen referencia a un ser que acompaña al sujeto en la acción verbal. Se construyen con la preposición *con:*<br>- *Lo celebran con sus hermanos.*<br>- *Canta a dúo con una soprano.* |
| De instrumento | Designan un objeto o un utensilio empleado por el sujeto para realizar la acción del verbo:<br>- *Levantaron la viga con una grúa.*<br>- *Araban el campo con su tractor.*<br>- *Los convocaba con un silbato.* |
| De medio | Se refieren al canal a través del que se realiza una acción (medio de comunicación o de percepción, medio de transporte, etc.). Se construyen con las preposiciones *por, con* y *mediante:*<br>- *Lo enviaron por mensajería.*<br>- *Se comunican mediante signos.*<br>- *Se entendieron con los gestos.* |
| De materia | Designan una sustancia empleada para llevar a término la acción significada por el verbo. Utilizan las preposiciones *con, de...* normalmente unidas a sustantivos no contables:<br>- *Lo construyó con materiales de desecho.*<br>- *Hizo la estatua de bronce.* |
| De finalidad | Expresan un hecho o una acción que sirve de fin u objetivo a lo expresado por el predicado. Utilizan las preposiciones *a* y *para:*<br>- *Reunió el dinero para el regalo.* |
| De beneficiario | Se refieren a un individuo a quien beneficia o perjudica lo que el verbo expresa. Utilizan las preposiciones *para* y *por:*<br>- *He traído este libro para ti.*<br>- *Se sacrifica por sus hijos.* |
| De causa | Expresan la razón que motiva o justifica la acción verbal. Utilizan las preposiciones *por* y *de:*<br>- *Trabajan por necesidad.*<br>- *Saltaban de alegría.* |

## Actividades

### Actividad resuelta

**7** Localiza los CC adverbiales en esta oración:

*Trabaja mucho por las noches en el hospital.*

**Solución**

- *mucho:* CC de cantidad
- *por las noches:* CC de tiempo (duración)
- *en el hospital:* CC de lugar (ubicación)

**8** Siguiendo las pautas de la actividad anterior, identifica los CC de estas oraciones. ¿A qué clase pertenecen?

- *Nadie pasará nunca hambre en esta tierra.*
- *Caminaba con cuidado por el pasillo.*
- *La luna brillará mucho esta noche.*
- *Nos veíamos por las tardes en el paseo.*
- *Lo intentaba con paciencia día tras día.*
- *Nadie habla de esa forma en mi país.*
- *Tu perro ladra muy fuerte por las noches.*
- *La lámpara lucía con fuerza en la sala.*

**9** Sustituye los CC de estas oraciones por adverbios:

- *Preparó la cena de Navidad con mucho cariño.*
- *El perro corrió hacia su comida.*
- *La película se estrenará el próximo domingo.*
- *Luisa se tropieza cada dos por tres.*
- *Ha aparcado su coche al lado de la tapia.*

**10** Escribe oraciones que contengan CC de lugar y de tiempo introducidos por estas preposiciones:

| | | |
|---|---|---|
| *en* | *sobre* | *bajo* |
| *de* | *desde* | *por* |
| *a* | *hacia* | *hasta* |

### Actividad resuelta

**11** Diferencia el CD con *a* y el CC en esta oración:

*Condujeron a los heridos a la enfermería*

**Solución**

El CD puede sustituirse por un pronombre *(lo, los, la, las)* y el CC, en cambio, no.

*Los condujeron a la enfermería.*

↓ CD (Los) ↓ CC (a la enfermería)

**12** Siguiendo las pautas de la actividad anterior, diferencia el CD con *a* y el CC en estas oraciones:

- *Llevaron a los niños al dentista.*
- *Llamaron a los compañeros a la salida.*
- *Trasladaron a los turistas a la playa.*

**13** Añade a esta oración CC que expresen compañía, lugar, tiempo, modo y causa.

*Javier toca la guitarra.*

**14** Clasifica los CC de las oraciones siguientes según sean adverbiales o no adverbiales:

- *Estudia con Luis para el examen.*
- *No hablan en público por pudor.*
- *Corren desde la mañana hasta la tarde.*
- *Viajan en tren los lunes y los viernes.*
- *Vendrán hasta nuestra casa con sus amigos.*

**15** Identifica el tipo de complementos circunstanciales de las siguientes oraciones:

- *Hablan todas las noches por teléfono.*
- *Hicieron el puré con una batidora.*
- *Construyó una estatua con arcilla.*
- *En conserjería dejaron esto para ti.*
- *Cortan el césped con una segadora.*

**16** Identifica cuál es el CC y cuál es el CR en las siguientes oraciones:

**Recuerda**

El CR es un complemento imprescindible para el verbo, mientras que la información que aporta el CC no es necesaria para construir la oración.

- *Se enteró de la noticia de madrugada.*
- *Renunció a su puesto al día sigueinte..*
- *Se preocupa por su hermano por su enfermedad.*

**17** Diferencia en estas oraciones cuándo se trata de un complemento de régimen y cuándo de un complemento circunstancial:

- *La música procedía del salón de actos.*
- *Residían en otra ciudad.*
- *Papá puso las bolsas de la compra en la mesa.*
- *Los empleados comieron en un restaurante.*

## Reflexiona sobre la gramática

### Solución paso a paso

**1** Sigue los pasos para identificar los CC adverbiales y los CR en estas oraciones:

- *Se defiende de los mosquitos de noche.*
- *Se compara con sus hermanos con frecuencia.*
- *Los persuade de sus errores de viva voz.*
- *Habla de los temas de pie.*

**Paso 1.** Observa qué complementos pueden ser sustituidos por un pronombre; normalmente serán CR.

- *Se defiende de algo.*
- *Se compara con ellos.*
- *Los persuade de eso.*
- *Habla de eso.*

**Paso 2.** Observa qué complementos pueden ser sustituidos por adverbios: serán normalmente CC.

- *Se defiende de los mosquitos entonces.*
- *Se compara con sus hermanos frecuentemente.*
- *Los persuade de sus errores así.*
- *Habla de los temas así.*

**2** Sigue el modelo de la actividad anterior y diferencia en estas oraciones los complementos circunstanciales de otros complementos verbales:

- *Accedió a sus peticiones a tiempo.*
- *Arremete contra su familia contra nuestro parecer.*
- *Los libra de castigos de continuo.*
- *Se ocupa de sus mascotas de madrugada.*
- *Acude a la iglesia al atardecer.*
- *Reside en Llanes en verano.*

**3** Lee el texto siguiente y realiza las actividades:

> —Hemos venido tan rápido precisamente por eso, querido Maximilian. No es conveniente que tú y tu prometida viváis bajo el mismo techo antes de ser marido y mujer sin nadie más alrededor, de modo que Kathy y yo nos quedaremos hasta la boda. Tu tío tiene asuntos que atender en casa y vendrá mañana o pasado, aunque parece que está de viaje y nadie sabe exactamente dónde encontrarlo, pero ya volverá… La falsa moneda acaba siempre por volver —dijo con retintín en una poltrona junto al fuego y se quedó mirando a Nora como si estuviera pensando en comprarla—. A ver, hija, dime quién eres.
>
> —Soy… Nora.
>
> —Sí, eso ya lo sabemos, pero ¿de dónde vienes? ¿De qué familia, quiénes son tus padres, dónde tenéis vuestras tierras, vuestra casa? ¿Tienes hermanos? ¿Quién ha sido tu institutriz? ¿Con quién te relacionas?
>
> Elia Barceló, *El efecto Frankenstein*, Edebé.

a) Identifica en el texto los CC de modo, de lugar y de tiempo.

b) En el último párrafo aparecen cuatro sintagmas interrogativos en función de CC. ¿Qué tipo de CC es cada uno de ellos?

c) Señala un complemento circunstancial de causa.

**4** Construye oraciones con estas estructuras:

- Sujeto + Núcleo del predicado + CCL + CCT
- Sujeto + Núcleo del predicado + CD + CCM
- Núcleo del predicado + CC de compañía + + CC de finalidad
- Sujeto + Núcleo del predicado + CR

**5** Lee el texto siguiente y realiza las actividades:

> Cuando entré en la capilla, los vi desaparecer tras el altar mayor, el de la Virgen. Aguardé un rato a que salieran, porque sabía que detrás del altar no había puerta y, viendo que no lo hacían, avancé cautelosamente y comprobé que habían desaparecido. No me costó trabajo deducir que se habían valido de un pasadizo secreto.
>
> Eduardo Mendoza, *El misterio de la cripta embrujada*, Seix Barral.

a) Identifica los adverbios en el texto. ¿Qué tipo de adverbios son?

b) Señala otros CC. ¿Qué tipo de CC son?

**6** Subraya en tu cuaderno los CR de estas oraciones:

- *Se refirió a aquel oscuro asunto.*
- *Pensábamos en vosotros a todas horas.*
- *No te arrepientas de tus buenas acciones.*
- *Él accedía a sus demandas continuamente.*
- *Mi prima siempre hablaba de cine durante la cena.*

**Repaso interactivo.** Accede a este juego interactivo y repasa el contenido de la unidad en anayaeducacion.es.

Recuerda seleccionar el material de trabajo de esta unidad para tu **portfolio.**

## Organiza tus ideas gramaticales

Copia y completa el siguiente organizador visual en tu cuaderno:

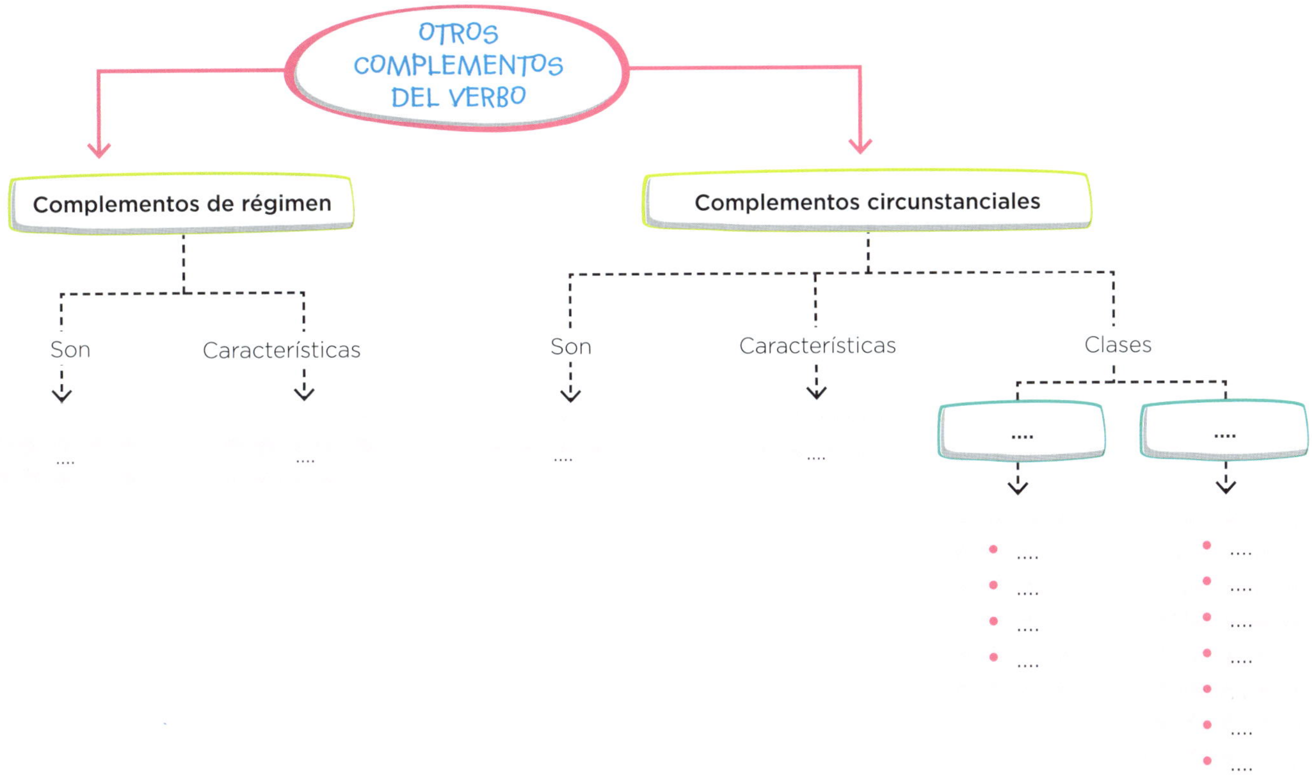


## Practica la ortografía

**1** Lee el texto y realiza las actividades:

> Arranqué un trozo de papel de un cuaderno y escribí con decisión: Anoche estuve con Javier. Luego lo doblé varias veces y me volví hacia Paella, le hice una señal y, cuando él se percató, le pasé el papel. Vi cómo lo desdoblaba con curiosidad y cómo su cara cambiaba de expresión al leerlo. Me miró fugazmente y escribió también algo. Aprovechando que el profesor se volvió un instante a la pizarra, me lo pasó. Se preguntaba si me había vuelto loca y me reprochaba que no le hubiera avisado. Yo me limité a escribir una nueva frase: Hablaremos durante el recreo en el Rincón.
>
> Alfredo Gómez Cerdá, *Con los ojos cerrados*, SM.

a) Explica a qué regla ortográfica se atienen las palabras subrayadas del texto. Escribe dos ejemplos más de palabras que respondan a cada una de esas mismas reglas.

b) Señala los verbos del texto que estén en pretérito imperfecto de indicativo de la primera conjugación.

c) En el texto aparece el verbo *estar*. ¿Cuál es su pretérito perfecto simple? ¿Y el pretérito imperfecto de indicativo? Escribe ambos en tu cuaderno.

d) El fragmento recoge también varias formas del verbo *escribir*. Copia y completa en tu cuaderno estos verbos también acabados en *-bir* con las sílabas que faltan:

| | | |
|---|---|---|
| sus....bir | pro....bir | ....cebir |
| re....bir | per....bir | des....bir |

e) ¿Qué tres verbos son excepciones a la regla de los verbos terminados en *-bir* o *-buir*?

f) Escribe tres palabras de la familia léxica de *varias* y *aprovechando*.

g) *Vi* es una forma del verbo *ver*. ¿Qué significa *prever*? ¿A qué regla se atiene? ¿Es lo mismo que *proveer*? Escribe una oración con cada uno de estos verbos.

ORTOGRAFÍA CONSULTA EL ANEXO 6

Accede a más actividades para practicar la ortografía en anayaeducacion.es.

# 6

# MI TRIBU

Sea cual sea la idea que cada persona tiene de la familia, todas comparten una característica, la de ser una comunidad de seres humanos unidos por lazos de afecto, apoyo y solidaridad. En familia aprendemos a vivir en grupo, en ella crecemos en lo social, en lo afectivo y en lo físico, y en ella nos construimos como personas.

¡Mi familia es mi tribu!

**Plano abierto.** Accede al vídeo de la unidad en el banco de recursos de **anayaeducacion.es**.

## Intercambia opiniones

LA FAMILIA

- ¿Cómo describirías tu infancia?
  - ¿Cómo suelen describir tus familiares al niño o a la niña que fuiste?
  - ¿Qué acontecimientos felices recuerdas de tu infancia?
- ¿Sueles pedir ayuda a tus familiares?
  - ¿Y consejos?
  - ¿Qué debes hacer para ayudar a un familiar si te lo pide?
- ¿Cuáles son tus tradiciones familiares preferidas?
  - ¿En qué consisten?

## QUÉ VAS A ENCONTRAR EN ESTA UNIDAD

### 1 LECTURA ODS

Vas a disfrutar de una bella y evocadora narración literaria que tiene como protagonista a Bei-Fang, una muchacha china que viaja a la remota aldea de sus antepasados, a un mundo muy diferente al suyo. Consulta los vídeos en el banco de recursos de **anayaeducacion.es** y reflexiona sobre las comunidades sostenibles: metas ONU 11.1. y 11.2.

### 2 LITERATURA

La literatura es una forma de expresión artística. Pero ¿qué hace que un texto oral o escrito sea un texto literario? La respuesta, sin duda, no es única. Pero lo que es seguro es que, para que podamos decir que un texto es literario, el lenguaje que en él se utiliza ha de ser especial, cuidado y bello.

### 3 GRAMÁTICA

El núcleo de un sintagma verbal es siempre un verbo conjugado. Pero ¿conoces la diferencia entre un verbo predicativo y un verbo copulativo? ¿Sabrías identificar las características del atributo y las del predicativo? ¿Y diferenciar el atributo del predicativo de sujeto o el complemento del nombre del predicativo de complemento directo?

**ORTOGRAFÍA** Al final de este libro encontrarás un anexo con reglas ortográficas y actividades que te ayudarán a solucionar las propuestas a lo largo de esta unidad: **palabras homófonas.**

1 LECTURA

## Comprensión oral

Escucha el texto locutado de la lectura y responde a las siguientes preguntas:

- ¿En qué lugar se desarrolla la historia?
- ¿Dónde es enviada la joven? ¿Quién la envía? ¿Es un lugar cercano a su domicilio?
- ¿A qué se dedica su prima An-Mei en su tiempo libre?
- ¿Dónde vive su abuela Lin-Lin? ¿Qué objeto sobresale en el interior de la casa? ¿Y en el exterior?

## Viaje a la remota aldea

La sorprendió primero el silencio, roto por sonidos difíciles de identificar para ella, como el canto de las ranas en las charcas, los bramidos de los bueyes, la llamada del gong que marcaba las horas y las actividades de la comunidad. Su viaje no solo había sido en kilómetros; la habían abandonado en un tiempo remoto y carecía de claves para entenderlo. [...]

Primero fue presentada a toda la larga lista de parentela, quienes la homenajearon con una cena. Ni uno solo de los nombres de tías, tíos, primos y primas retuvo en su memoria. Estaba dispuesta a no dejarse contaminar por aquel mundo tan diferente al suyo, tan incomprensible. Mantuvo la sonrisa y la cortesía, por no agraviar al padre a través del desagrado familiar, y atribuyeron al cansancio su escasez de palabras.

—Y ahora te llevaremos a casa de la abuela Lin-Lin —dijo su prima An-Mei, una adolescente que podría ser bonita si estuviera bien vestida y arreglada.

—¿Vive sola?

—Según su voluntad —repuso An-Mei, sin perder su sonrisa ni el excesivo color de sus mejillas.

Hizo las despedidas, miembro a miembro, asumiendo la frase amable de cada uno, el consejo o el recuerdo de lo mucho que se parecía a una difunta antepasada cuyo nombre era idéntico al suyo. Sin borrar la sonrisa cortés de su rostro, salió a la noche en compañía de su prima.

—¿No te aburres aquí? —preguntó Bei-Fang.

—¡Con todo el trabajo que tenemos! Imposible. No tenemos tiempo para el aburrimiento —Bei-Fang se mordió el labio, arrepentida de la pregunta impertinente, pero su prima soltó una carcajada casi silenciosa antes de continuar—: puede que a ti te lo parezca, vienes de otro mundo, pero sabemos divertirnos. Todos los meses procuramos ir a Nanjing, yo aprovecho para traer libros de la biblioteca, mi hermana partituras para su violín... Y aquí tenemos algunas fiestas, o nos reunimos al final de la tarde para charlar los amigos, mientras terminamos algunas faenas. [...]

Bei-Fang pensó que poco más podría tener en común con An-Mei. El tiempo le enseñaría a desconfiar de las apariencias.

—Hemos llegado. No la juzgues por la primera impresión que te cause —Bei-Fang se sintió descubierta—, Baba —también la sorprendió el diminutivo cariñoso empleado por su prima—, puede parecer un tronco impasible, pero si logras arañar su corteza, descubrirás un caudal de miel en sus palabras. Conoce las más bellas e inquietantes historias que jamás hayas escuchado. [...]

Al final del pueblo, en una casita pequeña y más humilde que la de su parentela, vivía un personaje a quien no había visto jamás. Sin embargo, una cosa le llamó la atención: a la entrada de la casa un hermoso y viejísimo cerezo lucía como un joya impensable para tanta pobreza.

—¡Abuela, soy An-Mei, vengo con tu nieta de la ciudad!

Al parecer, solo su padre había decidido abandonar aquel pueblo. En eso debía estarle agradecida.

Su prima hizo una pequeña reverencia; se arrodilló ante una anciana con edad imposible de precisar, y, luego, besó aquellas mejillas tan surcadas de arrugas que semejaban el tronco de un árbol viejo. La recién llegada no imaginó que tras aquella rudeza pudiera esconderse una simple gota de miel.

—La pequeña Bei-Fang-Zhi-Xing.

Le resultó extraña la voz cristalina y quebrada de su abuela y también que la llamara por su nombre completo. Todos la llamaban Bei-Fang, tan solo su padre, en contadas ocasiones, lo utilizaba en su totalidad. Y no le resultaba muy atractivo.

—Eres tan bonita como Ella.

Pero no le explicó quién era Ella, aunque supuso que sería la misma con quien tenía tanto parecido según sus tíos. An-Mei se despidió de inmediato, tras preguntar si necesitaba alguna ayuda para acomodarse:

—He traído poco equipaje —dijo Bei-Fang, tal vez para tratar de dejar claro su desagrado por aquella estancia obligada en un pueblo remoto y con unos parientes que no había visto en toda su vida.

—Ya sabes dónde puedes encontrarme —se despidió An-Mei con un beso casi furtivo, como avergonzado.

Después de la marcha de su prima, permaneció sentada frente a la anciana. Constató con desagrado cómo la anciana masticaba algo con la boca ligeramente abierta. El cansancio del largo viaje llegó en un segundo, y sintió todo su cuerpo pesado como plomo.

—Tu cama está preparada. Mañana nos ocuparemos de acomodar tus cosas —la voz, tan limpia y perfecta en sus tonos como un finísimo instrumento, continuaba sin cuadrar con el deterioro de su cuerpo.

Su cama era un simple catre cercano al fogón. Todo se concentraba en un cuadrado simple que hacía las veces de cocina, comedor y dormitorio. Dividía el cuarto, que compartiría con la anciana, un biombo con hermosos dibujos de cometas pintadas con maravillosos colores luminosos; el único objeto admirable, y resultaba tan impropio en aquel lugar como la voz cantarina de la abuela. Sonrió, recordando uno de los escasos cuentos de su infancia, donde una reina poderosísima había decidido ocultarse de los males de la corte en una humilde cabaña, aunque fue descubierta por no lograr apartarse de una de sus más queridas joyas.

No tuvo tiempo para pensar en mucho más, cayó rendida sobre el catre sin tiempo para sentirse desgraciada. Ni siquiera encontró fuerzas para recordar la sonrisa de Sijie y sus promesas de amor eterno.

El amor siempre es eterno cuando se tienen diecisiete años.

Blanca Álvarez, *El puente de los cerezos,* Anaya.

## Vocabulario

Gong: instrumento de percusión originario de Asia formado por un disco suspendido que vibra al ser golpeado por una maza.

Agraviar: ofender.

Impasible: indiferente, imperturbable.

Inquietante: turbador, escalofriante, misterioso.

Surcado: atravesado.

Quebrado: roto, cascado.

Constatar: comprobar.

Catre: cama ligera y rústica para una sola persona.

**Hipertexto.** Conoce a la autora y contextualiza su obra en el banco de recursos de anayaeducacion.es.

## Comprende el texto

**Pasión por leer.** Disfruta con la lectura de otros textos literarios del lejano oriente en anayaeducacion.es.

### Extrae información

**1** Indica brevemente el tema central del texto.

**2** ¿Qué sentido activó Bei-Fang al llegar a la aldea? ¿En qué percepciones se concreta?

**3** ¿Cómo acoge la familia de la aldea a la protagonista? ¿Cómo recibe ella estos gestos de bienvenida?

**4** ¿Qué importante consejo le da su prima An-Mei nada más llegar a casa de la abuela?

**5** ¿De qué manera saluda An-Mei a su abuela?

**6** ¿Cómo es la casa de la abuela?

**7** **Línea del tiempo.** Ordena los acontecimientos y completa una línea del tiempo en tu cuaderno:

- Impresiones de la aldea.
- Se duerme rendida.
- Consejo de la prima sobre la abuela.
- Llegada a casa de la abuela.
- Cena con los familiares.
- Llegada a la aldea.
- Conversación con la abuela.
- Conversación con la prima.
- Impresiones de la casa de la abuela.

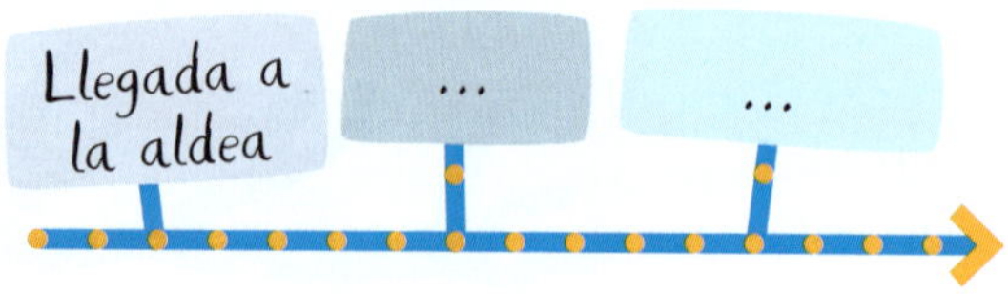


### Reflexiona sobre la lengua

**8** ¿Qué son las palabras homónimas homófonas?

**9** Observa las parejas homófonas y escribe una oración con la que no aparece en la lectura:

| | |
|---|---|
| *oras/horas* | *avía/había* |
| *hizo/izo* | *hayas/ayas* |
| *tuvo/tubo* | *vienes/bienes* |

**10** Completa con la palabra correcta:

- *Bei-Fang está …* (herrada/errada) *al juzgar superficialmente a sus familiares.*
- *Las dos primas van juntas …* (a/ha/¡ah!) *la casa de su abuela.*
- *A la entrada de la casa de la abuela había un …* (bello/vello) *cerezo.*
- *La abuela de Bei-Fang era una mujer …* (sabia/savia).

ORTOGRAFÍA CONSULTA EL ANEXO 7 8

**11** Identifica la principal característica de estilo que presenta el fragmento que has leído:

- La adjetivación es muy abundante.
- Posee un lenguaje cuidado, casi poético.
- Recoge el habla coloquial.

**12** Localiza en el texto tres palabras del campo semántico de los sonidos.

**13** ¿Qué recurso retórico se emplea en estas expresiones referidas a la abuela?

tronco impasible — arañar su corteza

### Interpreta y analiza

**14** **Saco de dudas.** ¿Crees que la protagonista ha viajado a esa remota aldea por propia voluntad? Justifica tu respuesta.

**15** **Viajes en el espacio y en el tiempo.** ¿Por qué sorprenden a Bei-Fang los sonidos de la aldea?

**16** ¿Qué dos mundos representan Bei-Fang y An-Mei?

**17** **CTF.** ¿Te parece un comportamiento adecuado el de la protagonista ante su familia? ¿Por qué?

**18** ¿Crees que evolucionarán los sentimientos de Bei-Fang a lo largo de la historia? Copia en tu cuaderno el texto en el que te basas para decir eso.

**19** ¿Cuál es la primera impresión que causa Bei-Fang en su abuela? ¿Y de la abuela en Bei-Fang?

**20** **Veo, pienso, me pregunto.** En el texto se hace referencia al parecido de Bei-Fang con otro miembro de la familia. ¿Sabemos algo de ese personaje? Imagina quién puede ser y escríbelo.

**21** Explica brevemente el estado de ánimo que acompaña a Bei-Fang durante todo ese día.

### Valora y relaciona con tu mundo

**22** **Mesa redonda.** ¿Estás de acuerdo con la afirmación: «El amor siempre es eterno cuando se tienen diecisiete años»?

**23** ¿Cómo te sentirías si te enviasen con unos familiares desconocidos a un lugar desconocido? ¿Comprendes los sentimientos de la protagonista?

**24** **Esquema a cuatro bandas.** Valorad las ventajas e inconvenientes del mundo urbano frente al mundo rural. Debatidlo en clase.

## Amplía tu vocabulario

# LA FAMILIA

En la aldea china, Bei-Fang comprenderá que pertenecer a una **familia** es compartir raíces, apegos a los lugares y vínculos afectivos.

**1** Copia y completa en tu cuaderno la familia léxica de la palabra *familia*, de manera que cada derivado tenga un mayor número de letras. Luego, escribe una oración en tu cuaderno con cada uno de los ellos.

FAMILIA → FAMIL............... → FAMILIAR.....D.......... → FAMILIARM....................

**2** Relaciona cada término con su definición:

parentela · parentesco · pariente

- Vínculo por consanguinidad, afinidad o adopción.
- Conjunto de los parientes de alguien.
- Persona que tiene relación de parentesco con otra.

**3** Explica qué es un árbol genealógico. Construye el tuyo partiendo de tus abuelos.

**4** Encuentra en la nube de palabras cada término con su antónimo recíproco:

ABUELA · SUEGRO · MARIDO · TÍO · PADRE · SUEGRA · ESPOSA · YERNO · NUERA · HIJO · SOBRINO · NIETA

**5** La palabra *raíz* es polisémica. Explica el significado que adquiere en estas oraciones y sustitúyela por un sinónimo:

- *Nunca descubriremos la raíz del problema.*
- *Las familias léxicas comparten una raíz común.*
- *Aitana heredó algunos bienes raíces de sus abuelos.*

• ¿Cuál de estos sentidos posee la palabra *raíz* en el texto de introducción?

**6** Dos verbos derivados de *raíz* son *enraizar* y *arraigar*. ¿Significan lo mismo? Escribe una oración con cada uno.

**7** Clasifica los siguientes términos en sinónimos y antónimos de *vínculo*. Hay dos términos intrusos; ¿cuáles son?

atadura · trabazón · unión · desligadura · fusión · acorde · ligamen · conexión · separación · desate · desplante

**8** Escribe los verbos derivados de los sinónimos y antónimos anteriores.

**9** ¿Qué significan las siguientes locuciones?

- *Ser de buena familia.*
- *Estar en familia.*

# 2 LITERATURA

## EL TEXTO LITERARIO

### 2.1 Características del texto literario

El **texto literario** es una forma de expresión artística en la que el autor o la autora utiliza de manera especial la lengua para crear belleza con las palabras, expresar sentimientos y reflejar un mundo personal, sea este de ficción o real.

El texto literario puede transmitirse de forma **oral** o **escrita,** y componerse en **verso** o en **prosa.**

Lee estos textos en los que Antonio Machado escribió dos versiones de «La tierra de Alvargonzález», una en prosa y otra en verso. En ambos casos, el autor se expresó artísticamente a través del empleo de un lenguaje cuidado y especial propio de cada género literario, la narración y la poesía.

Siendo Alvargonzález mozo, heredó de sus padres rica hacienda. Tenía casa con huerta y colmenar, dos prados de fina hierba, campos de trigo y de centeno, un trozo de encinar no lejos de la aldea, algunas yuntas para el arado, cien ovejas, un mastín y muchos lebreles de caza.
Prendose de una linda moza en tierras del Burgo, no lejos de Berlanga, y al año de conocerla la tomó por mujer. Era Polonia, de tres hermanas, la mayor y la más hermosa, hija de labradores que llaman los Peribáñez, ricos en otros tiempos, entonces dueños de menguada fortuna.
Famosas fueron las bodas que se hicieron en el pueblo de la novia y las tornabodas que celebró en su aldea Alvargonzález. Hubo vihuelas, rabeles, flautas, y tamboriles, danza aragonesa y fuegos al uso valenciano.

Siendo mozo Alvargonzález,
dueño de mediana hacienda,
que en otras tierras se dice
bienestar y aquí opulencia,
en la feria de Berlanga
prendose de una doncella,
y la tomó por mujer
al año de conocerla.
Muy ricas las bodas fueron,
y quien las vio las recuerda;
sonadas las tornabodas
que hizo Alvar en su aldea;
hubo gaitas, tamboriles,
flauta, bandurria y vihuela,
fuegos a la valenciana
y danza a la aragonesa.

Antonio Machado, *Poesías completas,* Espasa-Calpe.

### 2.2 Los géneros literarios

Los **géneros literarios** son los grupos en los que se pueden clasificar las obras literarias según su función y su estructura.

GÉNEROS LITERARIOS

El **género lírico** agrupa las obras, generalmente compuestas en verso, en las que el escritor o la escritora expresa sentimientos y emociones por medio de un lenguaje cuidado y bello, tratando de hacer revivir tales experiencias en quienes las leen.

Los **géneros didácticos** pretenden enseñar. Pertenecen a este género, por ejemplo: la fábula y el ensayo.

El **género narrativo** se caracteriza por la existencia de un narrador o una narradora que cuenta lo que les sucede a unos personajes en un tiempo y un lugar determinados. Puede escribirse en prosa o en verso. Pertenecen a este género el cuento, la leyenda, la novela...

El **género teatral** o **dramático** está formado por obras dialogadas concebidas para ser representadas en un escenario por actores y actrices. Pertenecen a este género la comedia, el drama, la tragedia, el entremés...

## Actividades

**1** Lee estos dos textos y realiza las actividades:

### Texto A

**La envidia**

Yo vine
del Sur, de la Frontera. [...]
Escribí, escribí solo
para no morirme.
Y entonces
apenas
mis versos de muchacho
desterrado
ardieron
en la calle,
me ladró Teodorico
y me mordió Ruibarbo. [...]
Se irguieron
amenazantes
contra mi poesía,
con ganchos, con cuchillos,
con alicates negros.

Pablo Neruda,
*Odas elementales*, Losada.

### Texto B

**La envidia**

La envidia es un sentimiento (o pasión si es muy intensa) de carácter displacentero que surge al considerar lo que posee o ha conseguido otra persona. Etimológicamente procede de *invidere*, que significa «ver con malos ojos». El envidioso «mira con malos ojos» las cualidades, éxitos o posesiones de los demás; que constituyen para él una fuente de sentimientos displacenteros y de profunda insatisfacción. La envidia es algo íntimo que no se suele confesar.

J.A. Vallejo Nájera, *Guía práctica de psicología*,
Temas de hoy.

a) Solo uno de los dos textos es literario. ¿Cuál? ¿A qué género literario pertenece? Justifica tus respuestas.

b) ¿De qué tipo es el otro texto?

c) Infórmate en Internet sobre Pablo Neruda y busca alguna otra de sus *Odas elementales*. Recítasela a tus compañeros y compañeras.

d) Según el texto 2, la envidia es un sentimiento de carácter displacentero, es decir, negativo o desagradable. Piensa en un sentimiento placentero y descríbelo con tus propias palabras.

**2** Lee estos textos e indica a qué género pertenece cada uno. Razona tu respuesta.

### Texto A

Mi nombre es Huckleberry Finn y mi mejor amigo se llama Tom Sawyer. Tal vez muchos no nos conozcan, pero Mark Twain nos hizo famosos al relatar nuestras aventuras.

Porque Tom y yo vivimos una historia maravillosa, encontramos el dinero que unos ladrones habían escondido en una cueva y nos hicimos ricos de la noche a la mañana. Nos correspondieron seis mil dólares en oro a cada uno y el juez Thatcher lo puso a interés, así que somos casi millonarios.

Mark Twain, *Las aventuras de Huckleberry Finn*,
PPP Ediciones.

### Texto B

Conservamos 3733 versos del *Poema de Mío Cid*, al que tenemos por uno de los grandes monumentos literarios del castellano [...]. El Cid, héroe épico, deja sus casas y su tierra, pero antes de hacer galopar a su caballo vuelve la cabeza y mira lo que pierde por el destierro a que está condenado.

Es la clásica obra que leemos, completa o por fragmentos, en Enseñanza Secundaria [...] No podemos imaginarnos al héroe Rodrigo montado a caballo y hablando por el móvil. Nuestra representación del héroe está inspirada más bien por las estatuas del Cid que hay en diferentes ciudades del mundo.

Lola Pons, *Una lengua muy larga*, Arpa E.

### Texto C

**A Paula**

Un día me verás, en la distancia
de los años ya idos, como siempre
sentado en mi escritorio o dedicado
a comentarte cosas. A mi lado
también te verás tú, perenne niña
de avizorados ojos sonrientes.

Víctor Botas, *Las voces y los ecos*, Júcar.

## 2.3 Los recursos literarios

Los **recursos literarios** son los procedimientos lingüísticos que se utilizan en un texto literario para embellecerlo y darle mayor expresividad.

| Clases de recursos literarios | |
|---|---|
| Recursos fónicos | Están relacionados con los sonidos de las palabras. Ya estudiaste el curso pasado la **paronomasia,** la **aliteración** y la **onomatopeya.** |
| Recursos semánticos | Están relacionados con el significado de las palabras. Ya conoces la **comparación,** la **metáfora** y la **personificación,** y este curso estudiarás la **metonimia** y la **hipérbole.** |
| Recursos morfosintácticos | Están relacionados con la distribución de las palabras y los enunciados en el texto literario. Este año estudiarás la **anáfora,** el **paralelismo,** el **epíteto** y el **hipérbaton.** |

### Recuerda

- La **paronomasia** es la repetición de palabras que tienen sonidos parecidos y significados diferentes: *tres tristes tigres.*
- La **aliteración** es la repetición de sonidos iguales o parecidos: *un susurro de abejas que sonaba.*
- Las **onomatopeyas** son palabras que imitan sonidos de la realidad: *ipsssss!*

### Recursos semánticos

- La **metonimia** consiste en el empleo de una palabra o realidad para designar a otra con la que mantiene una relación. Existen diferentes tipos de metonimia:
  - El todo por la parte: *Peinó al niño* (en lugar de *el pelo del niño).*
  - La parte por el todo: *Tiene mil cabezas de ganado* (en lugar de *vacas).*
  - El continente por el contenido: *Se tomaron unas latas* (por *refrescos).*
  - El autor por la obra: *Tienen en su casa un Dalí* (por *un cuadro de Dalí).*
  - El instrumento por el artista: *Es un batería genial* (por *un músico que toca la batería).*
  - La materia por el objeto: *Vendió tres óleos en la exposición* (por *cuadros).*
- La **hipérbole** consiste en la exageración de la realidad. Por ejemplo: *Llora el uno, llora el otro, / la cama bañan en agua.*

### Recursos morfosintácticos

- La **anáfora** y el **paralelismo** son dos recursos que suelen aparecer juntos. La anáfora es la repetición de una palabra o palabras al comienzo de cada enunciado, y el paralelismo es la repetición de una misma estructura sintáctica. Observa en el ejemplo cómo se repite *«hay más* + adjetivo + *que tú»:*

> Hay más altas que tú, más altas.
> Hay más puras que tú, más puras.
> Hay más bellas que tú, hay más bellas.
>
> Pablo Neruda

- El **epíteto** es un adjetivo cuyo significado está incluido en el del sustantivo al que acompaña. Aunque redundante, su uso aporta expresividad: *blanca nieve, altos rascacielos.*
- El **hipérbaton** es la alteración del orden habitual de los elementos de un enunciado. En castellano este orden suele ser «sujeto + verbo + complementos»: *Volverán del amor en tus oídos / las palabras ardientes a sonar* (Gustavo A. Bécquer). El enunciado ordenado sería: *Las palabras ardientes del amor volverán a sonar en tus oídos.*

Pablo Neruda (1904-1973), escritor chileno, premio Nobel de Literatura en 1971.

## Actividades

**3** Identifica los siguientes recursos literarios en estos fragmentos péticos:

- **Anáfora:**

Caminando, caminando,
¡caminando!
Voy sin rumbo caminando
caminando.
Nicolás Guillén

- **Hipérbaton:**

¿Eres quizá del cielo
lumbrera destronada,
que por la tierra mísera
peregrinando pasas?
Gertrudis Gómez
de Avellaneda

- **Paralelismo:**

¡Solo yo me he quedado
en la brisa enredada!
Solo yo me he perdido
en un vuelo sin alas.
Ernestina de Champourcín

- **Aliteración:**

Sedientas las arenas, en la playa
sienten del sol los besos abrasados…
Detente un punto, pensamiento inquieto:
la victoria te espera.
Rosalía de Castro

- **Paronomasia:**

La pintura es arte óptico
la poesía arte óptimo.
Gloria Fuertes

**4** Señala a qué clase pertenecen las metonimias de estos enunciados e indica la palabra o palabras que sustituyen:

- *Tenía en casa un Van Gogh.*
- *México derrotó a Portugal.*
- *Manuel ha pedido la mano de Antonia.*
- *Rafa Nadal es la mejor raqueta de hoy.*

**5** Sustituye las palabras siguientes por una metonimia y escribe una oración con cada una de ellas:

*soldado* *plato* *violinista* *pintor* *escritora*

**6** Escribe cuatro versos en los que haya algún paralelismo.

**7** ¿Qué recurso literario ha empleado el poeta en estos versos? Justifica tu respuesta.

Con diez cañones por banda,
viento en popa, a toda vela,
no corta el mar, sino vuela
un velero bergantín.
J. de Espronceda

**8** Localiza en estos versos, más abajo, metáforas, personificaciones y comparaciones.

- *Cada canción / es un remanso / de amor* (Federico García Lorca).
- *Si las violetas se aburren, / es porque están nostálgicas de moaré y abanicos* (Rafael Alberti).
- *Unos cuerpos son como flores. / Otros como puñales, / otros como cintas de agua; / pero todos, temprano o tarde, / serán quemaduras que en otro cuerpo se agranden* (Luis Cernuda).

### Recuerda

- La **comparación** es un recurso semántico que consiste en relacionar dos realidades que se parecen. Normalmente, se unen mediante el nexo *como* o el verbo *parecer: Sus manos parecían dos gaviotas.*
- La **metáfora** es un recurso semántico que relaciona, también, dos realidades que se parecen, pero en este caso se identifican mediante el verbo *ser,* la preposición *de* o están separadas por una coma: *su risa es un cascabel; el oro de sus cabellos; amapola, sangre de la tierra.*
- La **personificación** consiste en atribuir cualidades de los seres humanos a objetos o a animales: *El tren tose asmáticamente por la ladera.*

## 2.4 La literatura en su relación con otras artes

*La joven de la perla,* de Johannes Vermeer (1632-1675).

La **literatura** es una más entre las varias **manifestaciones artísticas,** como la **pintura,** la **escultura,** la **música,** la **danza,** la **arquitectura** o el **cine.** Cada una tiene herramientas e instrumentos propios. El arte de la danza utiliza el movimiento del cuerpo; el de la música, la combinación de sonidos; el de la pintura, el color y la luz... El instrumento de la creación literaria es la lengua.

Las distintas artes se relacionan estrechamente unas con otras: los mismos temas, mitos, recursos y tópicos se han expresado a lo largo de los siglos por un medio u otro. Así, el diálogo entre la literatura y el resto de las disciplinas artísticas ha sido constante y las influencias recíprocas han estado siempre presentes. Hay obras literarias que se han inspirado en otras artes y, al revés, numerosas piezas musicales, pictóricas, etc., que se han basado en textos literarios. Por ejemplo, en la novela *La joven de la perla* su autora, Tracy Chevalier, se inspiró en el cuadro del mismo nombre del pintor holandés Johannes Vermeer; el *ballet La bella durmiente,* estrenado en 1890, obra del compositor Piotr Ilich Chaikovsky y del coreógrafo y maestro de *ballet* Marius Petipa, está basado en un cuento de hadas recogido y redactado en 1697 por el escritor francés Charles Perrault.

Desde sus inicios a finales del siglo XIX, el cine, también llamado séptimo arte, ha encontrado su principal fuente de inspiración en la literatura. Hasta el punto de que buena parte de sus grandes éxitos de todos los tiempos son adaptaciones cinematrográficas de obras literarias narrativas o teatrales. La estrecha relación entre los dos medios de expresión artística se basa en que ambos desarrollan relatos atractivos y estéticos de historias que suelen ser de ficción. La lista de títulos es inagotable: desde los grandes clásicos como *Desayuno con diamantes* (película dirigida por Blake Edwards y basada en una novela de Truman Capote), *Los pájaros* (dirigida por Alfred Hitchcock y basada en una novela de Daphne du Maurier), *Un tranvía llamado deseo* (dirigida por Elia Kazan y basada en una obra teatral de Tennessee Williams) o *Mujercitas* (novela de Louisa May Alcott llevada a la gran pantalla en numerosas ocasiones); hasta éxitos actuales como la serie de películas fantásticas de *Harry Potter* (basadas en las novelas de J.K. Rowling), *Orgullo y prejuicio* (a partir de la novela de Jane Austen) o *Una mente maravillosa* (basada en la novela de Sylvia Nasar).

**Webquest.** Accede a esta actividad en el banco de recursos de anayaeducacion.es e investiga sobre la relación entre poesía y música.

## Actividades

**9** Observa atentamente esta obra, *El beso,* del austríaco Gustav Klimt. En ella, el pintor retoma el relato mitológico de Apolo y Dafne.

*El beso,* de Gustav Klimt (1862-1918).

a) Consulta en Internet el mito de Apolo y Dafne. ¿Quiénes son estos dos personajes? Resume su desgraciada historia.

b) Compara la obra de Klimt con lo que ya conoces sobre el mito: ¿qué momento del relato recoge el cuadro?

c) Investiga en qué obra literaria clásica se describe este mismo mito.

d) Lee el soneto de Garcilaso de la Vega. ¿Qué momento del relato mítico recoge?

> A Dafne ya los brazos le crecían,
> y en luengos ramos vueltos se mostraban;
> en verdes hojas vi que se tornaban
> los cabellos que al oro escurecían;
>
> de áspera corteza se cubrían
> los tiernos miembros que aún bullendo estaban;
> los blancos pies en tierra se hincaban,
> y en torcidas raíces se volvían.
>
> Aquel que fue la causa de tal daño,
> a fuerza de llorar, crecer hacía
> el árbol que con lágrimas regaba.
>
> ¡Oh miserable estado, oh mal tamaño
> que con lloralla crezca cada día
> la causa y la razón por que lloraba!

Garcilaso de la Vega, *Poesías castellanas completas,* Castalia.

e) ¿Existe alguna escultura que haga referencia a este mismo relato mitológico? ¿De quién? ¿Dónde se puede contemplar?

f) Profundiza e investiga si existen otras creaciones cinematográficas u operísticas basadas en este mismo mito.

**10** *El Cantar de Mio Cid,* escrito hacia 1140, es la obra más importante de la épica medieval castellana. Infórmate sobre ella y realiza las actividades:

a) Escribe una descripción de su protagonista.

b) Busca en Internet una representación escultórica y una representación pictórica del Cid. ¿Responden a la descripción que acabas de redactar? Justifica tu respuesta.

c) Investiga sobre una película que haya trasladado el tema del Cid a la gran pantalla: ¿qué actores y actrices interpretan los personajes protagonistas?; ¿en qué año se filmó?; ¿quién la dirigió?; ¿en qué lugares se rodó?

**11** Don Juan empezó siendo el protagonista de *El burlador de Sevilla y convidado de piedra,* del escritor español Tirso de Molina, pero su éxito le llevó a protagonizar muchas otras obras hasta convertirse en un personaje arquetípico que ha recorrido todas las artes.

a) Infórmate y redacta un resumen del argumento de la obra de Tirso de Molina.

b) En el siglo XIX otro autor español, José Zorrilla, escribió una obra teatral sobre este mismo personaje: ¿cómo se titula esta obra?, ¿quiénes son sus protagonistas?

c) Infórmate en Internet sobre una famosa ópera acerca del mito de don Juan: ¿cuál es su título?; ¿quién fue su autor?; ¿cuándo la compuso?

d) Resume en cuatro adjetivos las características del personaje arquetípico de don Juan.

# ANTOLOGÍA LITERARIA

PON EN PRÁCTICA TODO LO QUE SABES SOBRE EL TEXTO LITERARIO PARA EXPRESAR TUS PROPIOS GUSTOS LITERARIOS.

## UNA ANTOLOGÍA LITERARIA

### LEE

Infórmate sobre lo que es una antología literaria.

1 Lee estos textos pertenecientes a una antología y realiza las actividades:

**La antología literaria**

Una **antología literaria** es una selección de textos en prosa o en verso representativos de un género literario, de un autor o de una autora, de un grupo literario, de un tema, de un país...

Sin embargo
resistí
la tentación
aguda de guardarlos
como los colegiales
preservan
las luciérnagas,
como los eruditos
coleccionan
documentos sagrados,
[…]
estiré
los pies
y me enfundé
los
bellos
calcetines,
y
luego los zapatos.
Y es esta
la moral de mi oda:
dos veces es belleza
la belleza
y lo que es bueno
es doblemente
bueno,
cuando se trata de dos calcetines
de lana
en el invierno.

Pablo Neruda,
*Obras completas*, Losada.

Cada mañana, cuando te levantas,
te los encuentras esperándote
vacíos,
muy serios y formales.

Pero voy a contarte un secreto:
Los zapatos piensan mucho en ti.
Toda la noche han estado planeando
un paseo contigo.
Y se preguntan uno a otro:
«¿Preferirá caminar bajo los árboles,
o una calle muy ancha con tiendas y cafés?»
«¿Querrá andar por el sol o por la sombra?».

Un día, cuando vayas a ponértelos,
escucha su silencio, y hazles caso.
Tus zapatos saben mucho
de tierras y distancias.
Saben que andar es siempre
el comienzo de algo,
la posibilidad de una aventura.

Ana Alonso, *Palabras para viajar*,
Diputación de Granada.

Sí, cuando quiera yo
la soltaré. Está presa
aquí arriba, invisible.
Yo la veo en su claro
castillo de cristal, y la vigilan
—cien mil lanzas— los rayos
—cien mil rayos— del sol. Pero de noche,
cerradas las ventanas
para que no la vean
—guiñadoras espías— las estrellas,
la soltaré. (Apretar un botón).
Caerá toda de arriba
a besarme, a envolverme
de bendición, de claro, de amor, pura.
[...]

Pedro Salinas, *Poesías completas*,
Debolsillo.

Para fugarnos de la tierra
un libro es el mejor bajel;
y se viaja mejor en el poema
que en el más brioso y rápido corcel.
Aun el más pobre puede hacerlo,
nada por ello ha de pagar:
el alma en el transporte de su sueño
se nutre solo de silencio y paz.

Emily Dickinson, *Algunos poemas*, La Veleta.

a) ¿A qué género literario está dedicada esta antología? Justifica tu respuesta.

b) Relaciona en tu cuaderno cada texto leído con el tema que le corresponde:

Oda a los calcetines | Oda al libro | Oda a los zapatos | Oda a la bombilla

c) ¿Cuál podría ser el tema de la antología a la que pertenecen estos textos?

d) Busca entre los cuatro textos un ejemplo de cada uno de estos recursos literarios: metáfora, personificación, hipérbole, epíteto, paralelismo, anáfora y comparación.

e) En grupo, elegid el género y subgénero de vuestra antología literaria. Estos son algunos ejemplos:

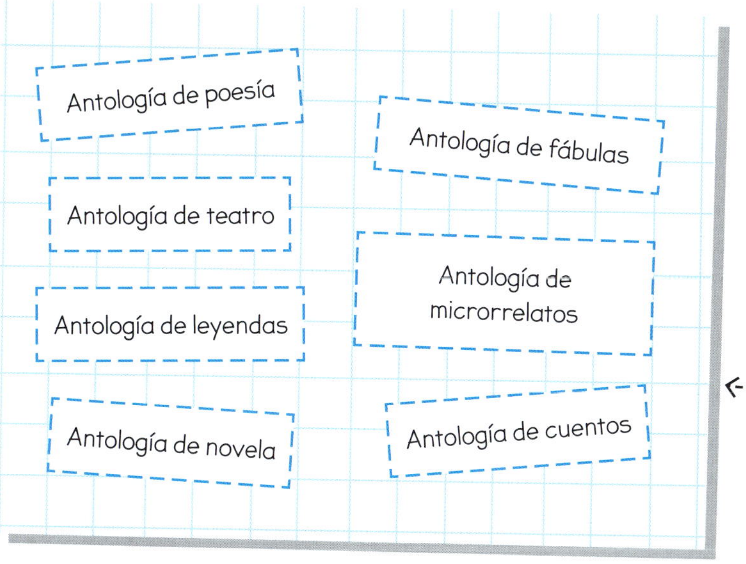


f) Si lo deseáis, centrad vuestra selección de textos en un tema determinado: podéis partir de algún tema tradicional, como, por ejemplo: el amor, los viajes, la muerte, la fugacidad del tiempo, la naturaleza, la juventud...; o buscar la originalidad. ¡Atreveos a innovar!

UNA ANTOLOGÍA LITERARIA

## ESCUCHA

Conoce y establece los criterios para seleccionar los textos de una antología literaria.

**2** Escucha este audio y responde a las preguntas:

a) ¿Qué poema ha escogido María? ¿Qué justificación da a sus compañeros y compañeras?

b) ¿Y cuál ha seleccionado Paloma? ¿Por qué?

c) ¿Qué tres criterios sigue este grupo de estudiantes a la hora de seleccionar los poemas para su antología poética?

d) ¿Cuál de los cuatro poemas hubieras elegido tú si hubieses formado parte del equipo de trabajo? ¿Por qué?

e) En grupos, definid los criterios en los que se basará vuestro equipo para seleccionar vuestros textos.

f) Visita la biblioteca de tu centro escolar o de tu localidad, y realiza la búsqueda y selección del texto con el que vas a contribuir a la antología de acuerdo con el género, el tema y los criterios que habéis definido en grupo en los pasos anteriores.

## UNA ANTOLOGÍA LITERARIA

# HABLA

Argumenta tu selección de un texto con el que contribuirás a una antología literaria.

**RECUERDA**

Un buen guion te ayudará a no olvidar ningún aspecto de tu exposición y, además, podrás consultarlo si en algún momento sientes inseguridad.

**3** Sigue el ejemplo del audio de la actividad anterior para describir y presentar oralmente y de manera argumentada ante el resto de la clase las razones por las que has elegido tu texto. Para ello, sigue estos pasos:

- Elabora un guion en el que aparezcan todos los puntos destacados de tu exposición. Para ello, selecciona las ideas y los datos más importantes, y ordena y jerarquiza dichas ideas mediante un esquema.
- Lee varias veces tu guion hasta aprendértelo, pero no es necesario que lo memorices: el objetivo es que tu exposición sea lo más natural y fluida posible, y que solo consultes tu escrito de forma rápida en caso de necesidad.
- Ensaya en voz alta tu intervención y ten en cuenta lo siguiente:
  - Pronuncia correctamente las palabras.
  - Elige un volumen de voz adecuado al espacio en que te encuentres.
  - Utiliza un ritmo fluido; no vayas ni muy rápido ni muy despacio.
  - Recuerda que tu postura ha de ser relajada.
- Graba tu exposición previamente para poder autoevaluarte y corregir los errores que detectes.
- Una vez estés exponiendo el tema:
  - Sitúate en la parte delantera del aula.
  - Establece un contacto visual con tus compañeros y compañeras.
  - Utiliza la pizarra para anotar algún dato destacado: fechas, nombres de escritores, palabras clave…
  - Exprésate con claridad y naturalidad, utilizando palabras sencillas.

UNA ANTOLOGÍA LITERARIA

## ESCRIBE

Edita tu antología literaria.

**4** En grupo, editad vuestra antología literaria. Para ello, seguid estos pasos:

- Escribid los textos seleccionados utilizando el mismo procesador de textos. Incluid el título y el nombre del autor o de la autora.
- Unificad la tipografía, los colores y el resto de elementos de diseño. ¡No olvidéis revisar la ortografía!
- Reunid vuestros textos y organizadlos de acuerdo a un orden lógico: alfabético, cronológico, de la obra a la que pertenece...
- Si lo deseáis, podéis introducir cada texto con un breve párrafo de presentación de su autor o autora.
- Igualmente, podéis acompañar cada texto con una imagen que lo ilustre. Por ejemplo, la fotografía de su autor o autora, una fotografía que evoque su temática o, incluso, un dibujo propio en el que expreséis lo que os sugiere.
- Elaborad las siguientes partes que debe tener toda antología:

### PARTES DE UNA ANTOLOGÍA

La **portada,** que incluye el título de vuestra antología y vuestros nombres en tanto que autoras y autores de la selección.

El **índice,** que es una lista ordenada de los textos con la indicación de la página en la que aparecen.

La **introducción** o el **prólogo,** que consiste en un texto argumentativo en el que se expondrán el objetivo y la utilidad de la antología, así como el criterio de la selección.

Los **textos** seleccionados.

La **bibliografía,** es decir, el listado claro, completo y ordenado alfabéticamente de los libros de donde fueron tomadas las lecturas con los datos exactos para su identificación: autor o autora, título del libro, editorial y año.

## Reflexiona sobre este ámbito profesional

El dominio del arte de escribir permite jugar con las palabras y el lenguaje como lo hacen magníficamente los poetas, algunas de cuyas obras has podido leer y disfrutar en esta unidad. Escribir bien, además, es fundamental para poder expresarse con corrección, precisión y solidez.

¿Has pensado alguna vez a qué profesiones se puede dedicar una persona que domine la expresión escrita?

- Organizad una tormenta de ideas con propuestas de profesiones para las que sea requisito indispensable el dominio de la escritura. Luego, responded a estas preguntas:

  – ¿En qué empresas podrían trabajar esos profesionales?
  – ¿Qué funciones podrían realizar?
  – ¿Qué habilidades y conocimientos son necesarios para desempeñar esas funciones?
  – ¿Qué estudios hay que cursar para ejercer esas profesiones?
  – ¿Te gustaría dedicarte a alguna de las mencionadas? ¿Cómo te sentirías ejerciéndola?
  – ¿Para cuál de todas estas profesiones estás mejor dotado o dotada?

- Cuando hayáis terminado, participad en un debate sobre el tema: ¿cuáles son las ventajas y los inconvenientes de esas profesiones?

3 GRAMÁTICA

# EL SINTAGMA VERBAL (III)

## 3.1 La atribución

La **atribución** pone en relación una cualidad o una propiedad con un sintagma nominal, generalmente a través de un verbo.

El vecino es simpático.

Los niños llegaron agotados.

Existen dos tipos de atribución: el **atributo,** que utiliza un verbo **copulativo** y el **predicativo,** que se aplica a través de un verbo predicativo.

### Verbos predicativos y verbos copulativos

- Los **verbos predicativos** tienen un significado pleno. Su significado se aplica o se predica del sujeto con el que concuerda. Son predicativos, por ejemplo, *cantar, vivir, viajar, dormir, felicitar,* etc.

El paquete llegó muy estropeado.

- Los **verbos copulativos** *(ser, estar, parecer)* tienen flexión verbal (persona, número, tiempo, modo) y un significado muy reducido. Sirven para aplicar al sujeto la cualidad o la propiedad indicada por el atributo.

Ana y Luisa están enfadadas.

### Actividades

**1** Determina si los verbos siguientes son predicativos o copulativos y explica por qué:

- *Vuestro hijo menor es muy risueño.*
- *Todos los caminos llevan a Roma.*
- *Todos trabajabamos muy deprisa.*
- *Agradeció mucho los pasteles.*
- *Nuestro vecino era alegre.*
- *Todo sucede por algo.*
- *Esas flores del pastel parecen de mantequilla.*
- *Las ventanas estaban abiertas.*
- *Ese deporte es muy peligroso.*
- *Su familia parece muy cariñosa.*

**2** Completa esta tabla con las oraciones anteriores que contienen verbos copulativos:

| Sintagma nominal | Verbo copulativo | Atributo |
|---|---|---|
| *Vuestro hijo menor* | *es* | *muy risueño* |
| ... | ... | ... |

**3** Escribe cuatro oraciones que contengan una relación atributiva.

**4** Localiza los verbos copulativos de este poema y relaciona los sujetos con las cualidades que indican los atributos. Copia en tu cuaderno los verbos predicativos que encuentres en este mismo poema.

**Sonatina**

La princesa está triste... ¿Qué tendrá la princesa?
Los suspiros se escapan de su boca de fresa,
que ha perdido la risa, que ha perdido el color.
La princesa está pálida en su silla de oro,
está mudo el teclado de su clave sonoro;
y en un vaso, olvidada, se desmaya una flor.

Rubén Darío, *Poesía*, RBA.

## 3.2 El atributo

El **atributo** (Atrib.) es una función sintáctica que se relaciona con el sujeto a través de un verbo copulativo *(ser, estar, parecer)*.

| Las revistas | estaban | anticuadas. |
|---|---|---|
| SUJETO | NÚCLEO | ATRIBUTO |

| El elefante | parecía | asustado. |
|---|---|---|
| SUJETO | NÚCLEO | ATRIBUTO |

| Esas mantecadas | son | de Astorga. |
|---|---|---|
| SUJETO | NÚCLEO | ATRIBUTO |

### Características del atributo

- El atributo concuerda en género y número con el sujeto: *Este niño es rubio; Estos niños son rubios; Esta niña es rubia; Estas niñas son rubias.*
- La concordancia no se manifiesta cuando el atributo es invariable, como por ejemplo: *Ese espectáculo es una maravilla; Esas reuniones son una locura; Mis compañeros son de Zaragoza.*
- Los atributos se sustituyen por el pronombre neutro *lo:*

  *El elefante está asustado.* → *Lo está.*
- Pueden funcionar como atributos:
  - El sintagma adjetival: *Su abuela es muy joven; El libro estaba nuevo.*
  - El sintagma nominal: *El gato es un mamífero; Él parece el padre del niño.*
  - El sintagma preposicional: *Ese chico parece del norte; Ellos son de Badajoz.*
  - El sintagma adverbial: *Esto es así; Su familia está estupendamente.*

## Actividades

**5** Indica en qué género y número concuerdan el sujeto y el atributo de estas oraciones:

- *Los móviles estaban apagados.*
- *Esa chica es la portera de mi equipo.*
- *Ese cocinero parece muy joven.*

**6** Completa en tu cuaderno estas oraciones con un verbo copulativo y un atributo:

- *Las canciones...* – *El portátil ...*

**7** Sustituye los atributos por el pronombre *lo:*

- *Ella estaba enfadada.*
- *Él parecía preocupado.*
- *El fondo del cuadro era rojo.*

**Actividad resuelta**

**8** Analiza sintácticamente la oración: *La noticia fue una alegría para su padre.*

**Solución**

| La | noticia | fue | una | alegría | para | su padre. |
|---|---|---|---|---|---|---|
| | | | | | PREP. | SN |
| | | | DET. | N | CN | |
| DET. | N | N | ATRIBUTO | | | |
| SUJETO | | PREDICADO | | | | |

**9** Determina el tipo de sintagma con función de atributo en estos ejemplos y analízalo, como en el ejemplo de la actividad anterior: *Mi abuela era alta; Mi abuela era maestra; Mi abuela era de Orense.*

**La brújula del español.** Accede a esta guía del uso del español correcto en el banco de recursos de anayaeducacion.es.

## 3.3 El predicativo

El **predicativo** (Pred.) es una función sintáctica atributiva que se relaciona con un sintagma nominal a través de un verbo predicativo.

Existen **predicativos de sujeto** y **predicativos de complemento directo.**

- Predicativo de sujeto:

| La atleta | llegó | satisfecha. |
|---|---|---|
| | NÚCLEO | PRED. DE SUJETO |
| SUJETO | PREDICADO | |

- Predicativos de complemento directo:

| Nuestro vecino | encontró | a su hija | contenta. |
|---|---|---|---|
| | NÚCLEO | CD | PRED. DE CD |
| SUJETO | PREDICADO | | |

### Características del predicativo

- El predicativo concuerda en género y número con el sintagma nominal con el que se relaciona:

*Ella miraba sorprendida.* → *Ellos miraban sorprendidos.*

*Compró barato el disco.* → *Compró baratos los discos.*

*La anciana caminaba pensativa.* → *Los ancianos caminaban pensativos.*

- Tanto los predicativos de sujeto como los de CD se sustituyen normalmente por el adverbio de modo *así* o el pronombre demostrativo neutro *eso*.

*Mi amigo llegó feliz.* → *Mi amigo llegó así.*

*Lo nombraron presidente.* → *Lo nombraron eso.*

- Pueden funcionar como predicativos:
  - El sintagma adjetival: *Pedro cantaba desafinado.*
  - El sintagma nominal: *La nombraron directora.*
  - El sintagma preposicional: *Actuará de protagonista.*
  - El sintagma adverbial de modo: *Te veo bien.*

### ¿Cómo diferenciar el predicativo de sujeto y el atributo?

El predicativo de sujeto y el atributo pueden confundirse. Para diferenciarlos, hay que tener en cuenta estas características del predicativo:

- Solo aparece con verbos predicativos: *El compañero se acercó sorprendido; Ella se acercó sorprendida.*
- No puede sustituirse por el pronombre *lo: Su hija duerme feliz (*Lo duerme).*
- No es necesario en la oración. Por ejemplo, en *Carlos y su hermano llegaron felices,* si eliminamos el adjetivo *felices,* la oración sigue siendo correcta: *Carlos y su hermano llegaron.*

## ¿Cómo diferenciar el predicativo de CD del complemento del nombre?

El adjetivo que funciona como un predicativo de CD y el adjetivo que funciona como un complemento del nombre pueden confundirse.

*Traía los zapatos rotos.*

– En el primer caso, al sustituir el CD por el pronombre personal correspondiente, la oración quedaría: *Los traía rotos.*

En este caso, el emisor o la emisora del mensaje quiere explicar cómo estaban los zapatos que el sujeto traía y lo hace mediante el **predicativo** *rotos*. Esta palabra, en el análisis, queda fuera del CD.

| Traía | los zapatos | rotos. |
|---|---|---|
| NÚCLEO | CD | PRED. DE CD |
| PREDICADO | | |

– En el segundo caso, al sustituir el CD por el pronombre personal correspondiente, la oración quedaría: *Los traía.*

En este caso, el emisor o la emisora del mensaje quiere decir cuáles, de todos los zapatos que el sujeto tiene, ha elegido para ponerse, y lo hace mediante el **complemento del nombre** *rotos*.

| Traía | los | zapatos | rotos. |
|---|---|---|---|
| | DET. | NÚCLEO | CN |
| NÚCLEO | CD | | |
| PREDICADO | | | |

*Zapatos*, de Vincent van Gogh (1853-1890).

## Actividades

**10** ¿Qué clase de sintagma funciona como predicativo en estas oraciones?: *Lo eligieron alcalde de su pueblo; Los copos de nieve caían pesados; El autobús subió lento la cuesta.*

### Actividad resuelta

**11** Determina si el predicativo concuerda con el sujeto o con el CD en la siguiente oración: *Mi amiga compró verde el melón.*

**Solución**

| Mi amiga | compró | verde | el melón. |
|---|---|---|---|
| | NÚCLEO | PRED. | CD |
| SUJETO | PREDICADO | | |

- Cuando cambiamos el género y número del sujeto, el predicativo *verde* no varía: *Mis amigas compraron verde el melón.*
- Sin embargo, cuando cambiamos el género o el número del CD, el predicativo sí cambia: *Mi amiga compró verdes los melones.*

El predicativo *verde* concuerda con el CD.

**12** Sigue el ejemplo de la actividad anterior y determina si el predicativo concuerda con el sujeto o con el CD en estas oraciones:

- *Juan compró los melocotones caros.*
- *Los estudiantes escuchaban interesados.*
- *La directora le preguntó muy educada.*

**13** Completa estas oraciones en tu cuaderno añadiendo predicativos de sujeto y de CD a estos sujetos:

- *El día …*
- *La médica …*
- *Los aviones …*

**14** Determina si es atributo, predicativo o complemento del nombre la palabra *limpia* en estas oraciones:

- *Los niños mostraron limpias sus manos.*
- *Sus manos estaban limpias.*
- *Él se puso la camisa limpia.*

- Explica cuál es el método que has utilizado para responder a esta pregunta.

## Reflexiona sobre la gramática

### Solución paso a paso

**1** Señala si los siguientes sintagmas subrayados son atributos o predicativos de sujeto:

- *La gente lloraba desconsolada.*
- *Mi prima es de Cuenca.*

**Paso 1.** Determina si el verbo del sintagma es predicativo o copulativo:

- El verbo *lloraba* es predicativo porque tiene significado pleno.
- El verbo es funciona como copulativo por tener un significado mínimo y enlazar el atributo *(de Cuenca)* con el sujeto *(Mi prima)*. Solo sirve para aplicar al sujeto *Mi prima* la cualidad de ser de Cuenca.

**Paso 2.** Observa si puedes sustituir las palabras subrayadas por el pronombre *lo:*

- *La gente lloraba desconsolada.* → **Lo lloraba.*
- *Mi prima es de Cuenca.* → *Lo es.*

**Paso 3.** Observa si las palabras subrayadas son necesarias o no lo son, es decir, si al eliminarlas, la oración sigue siendo correcta:

- *La gente lloraba desconsolada.* → *La gente lloraba.*
- *Mi prima es de Cuenca.* → **Mi prima es.*

**Paso 4.** Saca tus conclusiones:

- *La gente lloraba desconsolada.* → El sintagma *desconsolada* es predicativo de sujeto.
- *Mi prima es de Cuenca.* → El sintagma *de Cuenca* es atributo.

**2** Determina si los sintagmas subrayados son atributos o predicativos de sujeto:

- *Las luces de la casa estaban apagadas.*
- *Todos respiramos aliviados.*
- *El coche circulaba lento.*
- *Trabajaba de payaso.*
- *Los tambores se oían lejanos.*

**3** ¿Qué diferencia hay entre los verbos copulativos y los verbos predicativos?

**4** Señala una característica del predicativo que lo diferencie del atributo.

**5** Los atributos pueden ser sintagmas nominales, sintagmas adjetivales, sintagmas preposicionales o sintagmas adverbiales de modo. Escribe un ejemplo de cada tipo de atributo.

**6** Identifica en estas oraciones el atributo y sustitúyelo por el pronombre correspondiente:

- *La circulación es pesada.*
- *Las manzanas están maduras.*
- *Estos chicos parecen novatos.*
- *¿Está contento tu hijo?*

**7** Completa en tu cuaderno estas afirmaciones:

- El atributo se relaciona con un sintagma nominal que funciona como ...
- El predicativo se relaciona con un sintagma nominal que puede funcionar como ... o como ...

**8** Analiza estas oraciones siguiendo el modelo:

| Mamá | dejó | acostados | a mis hermanos. |
|---|---|---|---|
| | NÚCLEO | PRED. DE CD | CD |
| SUJETO | PREDICADO | | |

- *Los jueces declararon inocente a Luis.*
- *La profe considera muy inteligente a Carlos.*

**9** Indica si los sintagmas subrayados desempeñan la función de atributo o de predicativo:

> Las dos chicas están tumbadas boca abajo en toallas donde se lee GRAN HOTEL PUCÓN. La arena es negra y fina; el agua del lago es verde. De un verde fresco más oscuro que los pinos que bordean el lago. El volcán Villarrica se alza imponente y blanco sobre el lago y los árboles, el hotel, el pueblo de Pucón.

Lucia Berlin, *Manual para mujeres de la limpieza*, Alfaguara.

**Visualiza la gramática.** Comprende los conceptos gramaticales mediante este vídeo disponible en anayaeducacion.es.

**Repaso interactivo.** Accede a este juego interactivo y repasa el contenido de la unidad en anayaeducacion.es.

Recuerda seleccionar el material de trabajo de esta unidad para tu **portfolio.**

Recuerda que en tu banco de recursos dispones de:

- Diversos talleres para gestionar tus emociones y de una diana para evaluarlas.
- Fichas para mejorar tu ciudadanía digital.



## Organiza tus ideas gramaticales

Copia y completa el siguiente organizador visual en tu cuaderno:

OTROS COMPLEMENTOS DEL VERBO

- Atributo
  - Es → ....
  - Características → ....
- Predicativo
  - Es → ....
  - Características → ....

## Practica la ortografía

**1** Copia en tu cuaderno el siguiente texto y complétalo con las palabras homófonas correctas. Después, léelo con atención.

*revelase • hasta • barón • hierba • bello • tuvo • haber • votar • hecho • savia • habría • vasta • herrar*

*Aquel verano, la familia ... que ... a qué lugar irían de vacaciones. El padre dijo ... pensado que una ... propiedad sería perfecta para llevar al caballo que pronto ... que ...; de ... era un ... prado repleto de ... fresca, donde los árboles desprendían ... Allí seríamos felices ... que llegase nuestro primo, el ... de Constanza, y nos ... el secreto familiar tan bien guardado.*

**2** Escribe una oración con cada una de las palabras homófonas de la actividad anterior.

**3** Di a qué palabras homófonas corresponden estas definiciones:

- Pelo corto y suave que nace en algunas partes del cuerpo humano.
- Bonito, hermoso.
- Primera persona del presente del verbo *cavar.*
- Lengua de tierra que penetra en el mar.
- Mirar superficialmente.
- Pasar las páginas de un libro.
- Onda que se forma en el mar.
- Fórmula de saludo familiar.

**4** Escribe oraciones con cada pareja de estas palabras homófonas:

honda - onda · hola - ola · Nobel - novel · hablando - ablando

**5** El verbo *errar* tiene dos significados. Indica cuál de ellos aparece en cada una de estas oraciones:

- *Erraste al calcular los gastos de la fiesta.*
- *Ese hombre erraba por los caminos sin rumbo.*

**6** Escribe los nombres correspondientes a estas definiciones:

- Ondulación que se forma en la superficie del agua, del pelo, de las telas, etc.
- Carta de la baraja en la que hay dibujada una sola figura.

**7** Escribe dos oraciones en las que utilices el infinitivo *haber* y dos oraciones en las que utilices las palabras *a ver.*

ORTOGRAFÍA CONSULTA EL ANEXO 7 8

Accede a más actividades para practicar la ortografía en **anayaeducacion.es**.

# 7

# BICHOS FASCINANTES

Las maravillas de la naturaleza están por todas partes. Para percibirlas y disfrutar de ellas, basta con mantener bien activos todos nuestros sentidos y observar alrededor. Es así como aprendemos a amarla y respetarla, a través de su conocimiento.

De todo esto sabe mucho Gerald Durrell, quien, en la lectura de esta unidad, nos traslada al mundo de su infancia, al niño curioso que fue y a sus primeras experiencias como explorador de una naturaleza rica, salvaje y poblada de bichos fascinantes.

**Plano abierto.** Accede al vídeo de la unidad en el banco de recursos de **anayaeducacion.es**.

## Intercambia opiniones

VIVIR EN LA NATURALEZA

- ¿Qué importancia tiene para el ser humano estar en contacto con la naturaleza?
  - ¿Por qué?
  - ¿Qué podemos hacer para mantenernos en contacto con el mundo natural?
- ¿Cómo te sientes cuando estás en plena naturaleza?
  - ¿Qué beneficios te aporta?
- ¿Es posible convivir con la naturaleza sin dañarla, sin dejar huella?
  - ¿Cómo?

## QUÉ VAS A ENCONTRAR EN ESTA UNIDAD

### 1 LECTURA ODS

Vas a leer un texto narrativo de carácter autobiográfico que te llevará a los veranos luminosos de la infancia de su autor, Gerald Durrell, en la isla griega de Corfú, a orillas del Mediterráneo. Consulta los vídeos en **anayaeducacion.es** y reflexiona sobre la vida en los ecosistemas terrestres: meta ONU 15.1.

### 2 LITERATURA

Contar una historia es un método infalible para transmitir un mensaje, para convencer y para inspirar a los demás. La clave está en saber hacerlo de manera divertida y eficaz para llegar a muchas personas. ¿Comprendes la importancia de saber contar bien una historia? ¿Te atreves a iniciarte en el arte de contar historias?

### 3 GRAMÁTICA

¿Sabías que las oraciones se pueden clasificar en copulativas y predicativas según la estructura de su predicado? ¿Conoces la diferencia que existe entre ellas? ¿Y los pasos para transformar una oración activa en pasiva?

**ORTOGRAFÍA** Al final de este libro encontrarás un anexo con reglas ortográficas y actividades que te ayudarán a solucionar las propuestas a lo largo de esta unidad: **el dígrafo *ll* y la letra *y*; parónimos con *ll* y con *y*.**

# 1 LECTURA

## Comprensión oral

Escucha el texto locutado de la lectura y responde a las siguientes preguntas:

- ¿En qué época del año y lugar se desarrolla la acción del texto?
- ¿Quién es el narrador? ¿Quiénes protagonizan el fragmento?
- ¿Cuántos perros tiene el protagonista?
- ¿Dónde desayuna la familia?
- ¿Qué desayunó el joven esa mañana?
- ¿Su familia comparte su afición por la naturaleza viva?

## Naturaleza en el desayuno

Aquel verano en Corfú fue especialmente bueno. Por la noche el cielo era de un azul aterciopelado y denso, y parecía tener más estrellas que nunca, como una multitud de diminutas setas que brillaran y resplandecieran en un inmenso prado azul. La luna parecía ser el doble de grande de lo normal y, cuando volvíamos la mirada hacia ella y se elevaba en el cielo nocturno, empezaba teniendo un color anaranjado como una mandarina, para ir pasando por sucesivos cambios del albaricoque al amarillo asfódelo antes de convertirse en un blanco maravilloso, como el de un vestido de novia, cuya luz arrojaba charcos de plata brillante en medio de los olivos agazapados y retorcidos. Las luciérnagas, estimuladas por el calor y la belleza de aquellas noches, trataban de emular y superar a las estrellas y formaban sus propios grupos, llenos de resplandores y zumbidos entre los árboles donde los mochuelos ululaban como campanitas tristes. Al amanecer, el cielo exhibía una raya de un rojo sangriento, la espada del sol que se acercaba. Luego se volvía de color amarillo canario, después lila y, cuando por fin el sol hacía su espléndida aparición sobre el horizonte, tomaba de repente un azul de lino y las estrellas se apagaban igual que las velas después de un baile gigantesco.

Yo solía despertarme justo antes de que la corona del sol inundara de luz nuestro mundo, y contemplar mi habitación y su contenido. La habitación era amplia, con dos grandes ventanas y persianas de tablillas que en cuanto les llegaba el menor viento hacían unos amistosos ruidos musicales. En invierno eran una orquesta. El piso era de madera, de planchas lisas y desgastadas que chirriaban y gruñían, y en un rincón había dos viejas mantas y una almohada en las que dormían mis tres perros, Roger, Widdle y Puke, todos hechos un rebujo, en medio de ronquidos y torsiones. Faltaban todos los demás complementos de un dormitorio normal. [...]

Naturalmente, había una mesa, pero en ella se amontonaban mis notas sobre la naturaleza, libros y tubos de ensayo llenos de especímenes, y aquel día concreto, según recuerdo, el cadáver a medio disecar de un erizo que había encontrado y que, incluso para mis bastantes amplios criterios, estaba empezando a hacerse notar. En torno a la habitación había estantes con acuarios y jaulas con frentes de vidrio en las que se agazapaban mantis de ojos bulbosos que miraban malévolas, ranas arborícolas del color del terciopelo verde, salamanquesas con la piel del vientre tan fina que se les podían ver los órganos internos, tritones en su mundo acuoso y galápagos del tamaño de nueces. Todo ello presidido desde el alféizar de la ventana por Ulises, mi autillo, que parecía una esbelta estatua tallada en madera gris ceniza y tachonada de cruces de malta negras, con los ojos como hendiduras orientales que se enfrentaban con la intrusión de la luz solar.

En el jardín de abajo se oían los graznidos de mi gaviota Alecko, que pedía pescado, y la risa de bruja malvada de mis dos urracas. [...]

La primera barrera que superar era el desayuno con la familia y pasar lo más desapercibido posible por si mi hermano mayor, Larry, había olido el erizo. A mi entender, su sentido del olfato estaba demasiado bien desarrollado para un hermano. Desayunábamos en el jardín tapiado que corría a lo largo de nuestro porche, amplio y enlosado, envuelto en hiedra. [...]

La mesa se ponía a la sombra de los mandarinos y, en torno a ella, organizando los platos y los cuchillos, cojeaba Lugaretzia, nuestra criada, que gruñía para sus adentros en voz baja. [...]

Aquel día observé con satisfacción que íbamos a desayunar huevos revueltos. Mi madre ponía a fuego lento cebolla picada hasta que se quedaba transparente y después añadía los huevos batidos, unos huevos que tenían unas yemas tan brillantes como el sol y procedían de nuestro propio gallinero. [...]

Unos huevos revueltos eran un buen comienzo de día. Por lo general me servía dos raciones y después continuaba con cuatro o cinco enormes tostadas marrones recubiertas con una espesa capa de miel de nuestras propias colmenas. Para que nadie me considere un glotón, permítaseme apresurarme a decir que el comer tantas tostadas con miel era como estudiar una lección de historia natural o presenciar una excavación arqueológica. Las colmenas estaban a cargo del marido de Lugaretzia, un hombre de aspecto frágil que parecía cargar con todas las preocupaciones del mundo. [...] Pues bien, siempre que privaba a nuestras cinco colmenas de su cuidadoso acopio de alimentación, las abejas le picaban tanto que tenía que pasar varios días en cama. He de decir que, además, cuando le picaban, inevitablemente dejaba caer al suelo varios panales, donde se convertían en una magnífica trampa pegajosa para cualquier insecto que anduviera por allí. Por eso, pese a los desesperados intentos de mamá de filtrar la miel antes de que llegara a la mesa, siempre había en ella una pequeña e interesante colección zoológica. De forma que extender aquella golosina aromática de un color dorado parduzco en el pan era como extender ámbar líquido en el que se podía encontrar casi cualquier cosa, desde diminutas polillas y orugas hasta escarabajos y pequeños ciempiés. Una vez, con gran alegría, me encontré con una especie de tijereta que no había visto antes. O sea, que el desayuno siempre resultaba una comida interesante desde el punto de vista biológico. El resto de la familia, que, para mi gran pesar, mantenía una posición insolentemente hostil frente a la zoología, no compartía mi placer ante el generoso regalo que aportaba la miel.

Gerald Durrell, *Un novio para mamá y otros relatos,* Alianza Editorial.

## Vocabulario

**Asfódelo:** planta de flores amarillas.

**Emular:** imitar.

**Rebujo:** envoltorio, bulto desordenado.

**Tachonar:** manchar.

**Intrusión:** irrupción, entrada brusca.

**Hipertexto.** Conoce al autor y contextualiza su obra en el banco de recursos de **anayaeducacion.es**.

## Comprende el texto

### Extrae información

**1** En el texto se describen la noche y el amanecer en la isla de Corfú. ¿Por qué gama de colores pasan la luna y el cielo en esta descripción?

**2** El protagonista es un admirador de la fauna de la isla. ¿Qué animales están en su entorno?

**3** ¿Cómo hacía su madre los huevos revueltos?

**4** ¿Quién cuidaba de las colmenas? ¿Qué le pasaba a esa persona con frecuencia?

**5** ¿Qué especímenes animales solían encontrarse en la miel? ¿Era eso un problema para el narrador?

**6** El fragmento se estructura en tres partes. Refléjalas en este organizador visual en tu cuaderno:

**Estructura**

| Parte 1 | Parte 2 | Parte 3 |
|---|---|---|
| • **Comienzo:** ... | • **Comienzo:** ... | • **Comienzo:** ... |
| • **Fin:** ... | • **Fin:** ... | • **Fin:** ... |

### Reflexiona sobre la lengua

**7** **Color-símbolo-imagen.** La adjetivación referida a los colores es muy abundante en el fragmento. Copia en tu cuaderno cinco ejemplos que apoyen esta afirmación.

**8** El texto está también plagado de términos que aluden a los sonidos de la naturaleza. Indica el causante de cada uno de estos sonidos:

Amistosos ruidos · Risa de bruja · Ulular · Zumbidos · Ronquidos · Graznidos

**9** Indica qué regla ortográfica de la *ll* siguen estas palabras del texto. ¿Hay más ejemplos en el fragmento?

*amarillo* *tablillas*

**10** ¿De qué regla de la *ll* es una excepción la palabra *cuya?*

**11** En el fragmento aparece la palabra *raya.* Explica su significado y el de su parónima *ralla.* Escribe derivados de ambas y utilízalos en oraciones.

**ORTOGRAFÍA** CONSULTA EL ANEXO 9 10

**12** La comparación es un recurso estilístico muy usado en el texto. ¿Con qué se compara el cielo estrellado? ¿Y el apagarse de las estrellas? Localiza en la lectura otro ejemplo de comparación.

**13** ¿Qué otro recurso literario aparece en estos ejemplos tomados del texto?

- *Raya de un rojo sangriento, espada del sol.*
- *Eran una orquesta* (las persianas de tablillas).

### Interpreta y analiza

**14** ¿En qué se aprecia la admiración del joven por la naturaleza?

**15** ¿Con qué objetivo tenía el protagonista acuarios y jaulas con insectos: la observación e investigación o el maltrato animal? ¿Estaba el autillo en una jaula o en libertad?

**16** ¿Por qué motivo crees que el marido de la criada Lugaretzia debía guardar cama tras las picaduras de las abejas?

**17** ¿Qué quiere decir que «comer tantas tostadas con miel era como estudiar una lección de historia natural o presenciar una excavación arqueológica»?

**18** ¿Por qué el resto de la familia mantenía una postura «insolentemente hostil frente a la zoología»?

### Valora y relaciona con tu mundo

**19** **Rompecabezas.** Organizad una encuesta en clase para averiguar cuántas personas convivís con animales. ¿Qué porcentaje representa? ¿Qué animales son?

**20** **Solución a cuatro.** En nuestros días, el consumo de productos ecológicos es cada vez mayor. ¿Qué ventajas aportan estos productos? ¿Cuáles son sus inconvenientes?

**21** **Organizo y defiendo la postura.** Debatid sobre el maltrato animal, la caza indiscriminada o los experimentos con animales.

**22** ¿Te gusta la naturaleza? ¿Disfrutas a menudo de ella? ¿De qué manera?

**23** ¿Qué sueles desayunar cada mañana? ¿Sigues una dieta saludable?

**Pasión por leer.** Disfruta con la lectura de otros textos de naturalistas en anayaeducacion.es.

Amplía tu vocabulario

## LA GASTRONOMÍA

Durante su estancia en la isla de Corfú, el protagonista de la lectura aprendió a abrir sus cinco sentidos a las maravillas de la naturaleza y a apreciar la **gastronomía** de la zona.

Gerald Durrell (1925-1995), naturalista, escritor y presentador de televisión británico.

**1** La palabra *gastronomía* posee varios significados o acepciones. Relaciona cada una de estas oraciones con la acepción que le corresponda:

- *Pedro es un gran aficionado a la* gastronomía *y a los buenos restaurantes.*
- *Nos encanta la* gastronomía *gallega, sobre todo la del litoral.*
- *La* gastronomía *ha evolucionado mucho desde sus orígenes.*

Conjunto de platos y usos culinarios de un determinado lugar.

Afición por el buen comer.

Arte de preparar una buena comida.

**2** El elemento compositivo *gastr-* significa `estómago´. Según eso, infórmate y explica el significado de las palabras: *gastrointestinal*, *gastroscopia* y *gastritis*.

**3** En el mundo de la gastronomía abundan las palabras provenientes del francés. ¿De qué términos franceses proceden *sumiller*, *chef*, *gourmet* y *maître*? ¿Qué significa cada una de estas palabras? ¿Están incluidas en el diccionario de la RAE? ¿Con qué escritura?

**4** Clasifica los siguientes adjetivos según el sentido por el que se perciba. Si lo necesitas, usa el diccionario:

amargo – acompasado – luminoso – aromático – discordante – fétido – vibrante – anguloso – hediondo – áspero – policromo – soso – insípido – gélido – acerbo – fragante – oscura – suave – borroso – afinada

vista · oído · olfato · gusto · tacto

**5** Averigua el significado de la palabra *umami* y escribe dos oraciones en las que la utilices.

**6** ¿A qué adjetivo relacionado con los sentidos se refiere la siguiente definición? Escribe una oración en la que lo emplees.

*Perteneciente o relativo a la sensibilidad o a los órganos de los sentidos.*

S ...... N ...... ...... R ...... ...... L

**7** ¿Es lo mismo *alimentación* que *nutrición*? ¿Qué es la *dietética*? Explica las diferencias apoyándote en ejemplos.

**8** **Organiza y defiende la postura.** Busca en el diccionario los términos *vegetariano* y *vegano*, e indica en qué radica la diferencia. ¿Qué opinas de estos regímenes alimentarios?

**9** Infórmate y relaciona cada término con su definición:

- Pérdida del sentido del olfato.
- Pérdida del sentido del gusto.

anosmia

ageusia

# 2 LITERATURA

# EL GÉNERO NARRATIVO Y EL GÉNERO DIDÁCTICO

## 2.1. La narración literaria

La **narración literaria** se caracteriza por estar planificada y, generalmente, más elaborada y cuidada que la narración espontánea.

**Características de la narración literaria**

- La narración literaria tiene una organización previa.
- La intención del autor o de la autora es conseguir un relato atractivo y estético.
- Se da fundamentalmente en el lenguaje escrito. Sin embargo, hay narraciones orales que pueden ser literarias: por ejemplo, cuando un cuentacuentos intenta transmitirnos emociones con una bonita historia que ha preparado previamente.
- La autora o el autor busca construir un texto que perviva y que llegue a muchas personas.
- Suele ser un relato de ficción.
- El léxico es rico y su sintaxis está muy cuidada.
- La narración puede ser en verso o en prosa.

### La narración no literaria

La **narración no literaria** está menos organizada que la literaria. Surge de forma espontánea y se da principalmente en el lenguaje hablado; pero también en algunos escritos de la vida diaria, como notas, correos electrónicos, avisos en periódicos, etc. Admite, por ello, repeticiones, menor variedad léxica, sintaxis menos elaborada y, a veces, incorrecciones. No tiene una finalidad estética sino práctica, como informar de algún suceso.

### Actividades

**1** Lee estas dos narraciones y responde a las preguntas:

**Texto A**

Estaba tumbado mirando las estrellas cuando de repente cayó una. Allí, junto al diván en el que había decidido relajarse cubierto tan solo con una fina manta, en el suelo, yacía la pequeña mota de luz que instantes antes se hallaba centelleante en el cielo. Intentó no moverse. Casi no quiso respirar para no correr el riesgo de espantarla. Se sentía tremendamente afortunado, porque, pese al hecho de no conocer con exactitud lo que supondría tener una estrella en su casa, tenía claro que era algo poco común que podría condimentar su monótona y anodina vida. Siguió mirándola unos minutos más, atónito, mientras ella parecía desperezarse y ubicarse en el nuevo espacio que ahora la acogía.

M.ª José Aguilera Rueda, *De vuelta con una estrella,* microcosmosliterario.blogspot.com.es.

**Texto B**

Salió el cirujano. Dice: «Todo ha salido estupendo, Mari Ángeles; pero va a salir igual que ha hecho, llorando y chillando, claro». Dice «y de momento no te va a conocer, porque como está con la anestesia…». Y eso, así que cuando salía chillando y llorando (¡Buaaa!) y venga a llorar. Y claro, se acercó Mari Ángeles y «¡Cariño, cariño!» y él se abrazó a su madre, acercó la cara así, así… y no la despegó.

A. Briz y Grupo Val.Es.Co., *Corpus de conversaciones coloquiales,* Arco Libros.

a) Una de las narraciones que has leído es literaria, organizada y pensada; y la otra es una transcripción de una narración oral no literaria. Identifícalas y justifica tu respuesta.

b) ¿A qué tipo de narración pertenece el texto A: realista o fantástica? ¿Y el texto B?

c) Testigo o protagonista: ¿qué tipo de narrador se utiliza en los dos textos?

d) ¿Qué formas verbales predominan en cada texto?

## 2.2 Narración en verso y narración en prosa

El **género narrativo** surgió en la Antigüedad y ha sufrido grandes transformaciones a lo largo de su historia. Las primeras obras literarias en todas las civilizaciones fueron narraciones en **verso,** que cantaban las gestas de un pueblo y las hazañas de sus héroes. Estas obras constituyeron la **épica.** Son narraciones épicas:

- Las **epopeyas,** que se cultivaron en la Antigüedad clásica. Por ejemplo: la *Ilíada* y la *Odisea,* de origen griego, y la *Eneida,* de origen latino.
- Los **cantares de gesta** y los **romances,** que son narraciones en verso que se escribieron en la Edad Media. Por ejemplo: el *Cantar de Mio Cid.*

Hasta el siglo XVII tuvieron mucho éxito las siguientes narraciones en prosa:

- Los **cuentos** de la Edad Media, como los que forman parte de la obra *El conde Lucanor,* de don Juan Manuel (siglo XIV), muchos de los cuales tienen su origen en narraciones orientales.
- Las **novelas de caballerías,** que narran las aventuras de los caballeros andantes que recorren el mundo en busca de aventuras para defender la justicia y el honor de las damas. Por ejemplo: el *Amadís de Gaula* (siglo XV).
- Las **novelas bizantinas,** que son narraciones de viajes y aventuras, protagonizadas por dos enamorados. Por ejemplo: *Los trabajos de Persiles y Sigismunda,* de Miguel de Cervantes (siglo XVII).
- Las **novelas bucólicas** o **pastoriles,** que narran los sufrimientos amorosos de pastores refinados en un paisaje idílico. Por ejemplo: *Los siete libros de la Diana,* de Jorge de Montemayor (siglo XVI).

### Recuerda

**Gesta:** hecho o conjunto de hechos dignos de ser recordados, especialmente, los que destacan por su heroicidad y trascendencia.

*Diccionario Anaya de la Lengua*

Emily Dickinson (1830-1886), poeta estadounidense.

### Actividades

**2** ¿Qué se narra en este poema?

**La sortija**

En mi dedo tenía una sortija.
La brisa entre los árboles erraba.
El día estaba azul, cálido y bello.
Y me dormí sobre la hierba fina.
Al despertar miré sobresaltada
mi mano pura entre la tarde clara.
La sortija entre mi dedo ya no estaba.
Cuanto poseo ahora en este mundo
es un recuerdo de color dorado.

Emily Dickinson

a) La narración se estructura en tres partes. Complétalas en tu cuaderno:

Planteamiento ---> Núcleo ---> Desenlace

b) Interno o externo: ¿qué tipo de narrador es el del poema? Transforma el poema para cambiar el tipo de narrador.

**3** Lee este poema de Rafael Alberti. ¿Qué se narra en él? Resúmelo en tu cuaderno.

Marinerito delgado,
Luis Gonzaga de la mar,
¡qué fresco era tu pescado,
acabado de pescar!
Te fuiste, marinerito,
en una noche lunada,
tan alegre, tan bonito,
cantando, a la mar salada!
[...] Tendió las redes, ¡qué pena!,
por sobre la mar helada.
Y pescó la luna llena,
sola, en su red plateada.
¡Qué negra quedó la mar!
¡La noche qué desolada!
Derribado su cantar,
la barca fue derribada.
Flotadora va en el viento
la sonrisa amortajada
de su rostro. ¡Qué lamento
el de la noche cerrada! [...]

Rafael Alberti

## 2.3 La novela moderna

La **novela moderna** es una narración literaria extensa, escrita en prosa, que relata hechos de ficción con la finalidad de distraer a quien la lee.

La novela moderna nace con la novela picaresca y con el *Quijote,* de Cervantes.

- Las **novelas picarescas** están protagonizadas por gente corriente y vulgar que pretende escapar de su origen humilde y ascender en la escala social. Por ejemplo: el *Lazarillo de Tormes,* publicada en el siglo XVI, de autor desconocido.
- ***Don Quijote de la Mancha*** (siglo XVII) es una parodia de las novelas de caballerías, en la que se narran las peripecias de un excéntrico caballero andante llamado don Quijote y su escudero Sancho Panza.

La novela alcanza su perfección y variedad temática en los siglos XIX y XX, cuando se publican novelas de terror, de ciencia ficción, históricas, policíacas, de aventuras...

### Los personajes de la novela

El **protagonista** es el personaje principal que interviene en los hechos a lo largo de toda la novela.

El personaje **protagonista clásico** destaca en la sociedad por sus valores y el carácter extraordinario de sus hechos.

En la **novela moderna** surgió otro tipo de protagonista: el **antihéroe.** El antihéroe es un personaje carente de cualidades singulares y que no sobresale entre los demás. Este personaje es característico de las novelas picarescas.

Junto a los personajes principales, normalmente aparecen en las novelas una cantidad relativamente numerosa de **personajes secundarios.** Su papel en la historia es menos importante. Algunos colaboran con el protagonista y otros con el antagonista. Es frecuente en las novelas anteriores al siglo XVI que los personajes secundarios pertenezcan a un nivel social inferior al de los personajes principales.

**Recuerda**

El **antagonista** es el personaje que se opone al protagonista.

### Actividades

**4** Lee este texto y realiza las actividades:

> Siempre que Henry Wilt sacaba al perro a pasear o, para ser más precisos, cuando el perro le sacaba a él o, para ser exactos, cuando la señora Wilt les decía a ambos que se fuesen de casa para que ella pudiese hacer sus ejercicios de yoga, Henry siempre seguía la misma ruta. De hecho el perro seguía la ruta y Wilt seguía al perro. […] Durante el resto del trayecto el paseo de Wilt era un paseo interior […], era en realidad una jornada de pensamiento ávido, un peregrinaje por sendas de posibilidad remota que implicaban […] la adquisición súbita de riqueza, de poder, lo que haría él si le nombrasen ministro de educación, o, aún mejor, primer ministro.
>
> Tom Sharpe, *Wilt,* Anagrama.

a) El protagonista de esta novela, ¿te parece un personaje heroico o un antihéroe? Justifica tu respuesta con ejemplos tomados del texto.

b) ¿Crees que, como el protagonista de las novelas picarescas, Wilt también quiere ascender en la escala social? Razona tu respuesta.

c) Busca información sobre Tom Sharpe y sobre esta obra, y escribe un texto de diez líneas que incluya:

- Una breve biografía del autor.
- Los títulos de sus novelas protagonizadas por el personaje llamado Wilt.
- Una breve descripción de este personaje.

## Clases de novelas según el tema

- La **novela amorosa,** que centra su argumento en la relación sentimental de sus protagonistas.
- La **novela histórica,** que narra hechos o episodios ocurridos realmente en algún momento de la historia.
- La **novela policíaca,** que plantea un crimen que ha de resolverse a lo largo de la narración. Policías y detectives, investigación, pistas o asesinos... son elementos típicos de esta clase de obras.
- La **novela negra,** que se desarrolla en un ambiente similar al de la novela policíaca, pero en este caso, lo primordial no es resolver el crimen, sino describir el ambiente de delincuencia, corrupción, injusticia o violencia en el que se desenvuelven sus protagonistas.
- La **novela de ciencia ficción,** que se desarrolla en mundos imaginados en el futuro.
- La **novela de aventuras,** que narra los peligros, los sucesos extraordinarios, los riesgos... que les ocurren a los personajes protagonistas. Suelen estar ambientadas en espacios sorprendentes. Son obras en las que predomina la acción.
- La **novela de terror,** que está protagonizada por figuras sobrenaturales cuyas acciones provocan miedo en quienes los rodean.

### Temas de las novelas

Las novelas tienen mayor o menor aceptación en función del momento histórico en el que se publican. Algunos temas que disfrutaron antiguamente de mayor reconocimiento, apenas se tratan hoy día o han dejado de escribirse, como, por ejemplo, las novelas de caballerías, las bizantinas o las novelas picarescas.

Irene Vallejo, filóloga y escritora española.

## Actividades

**5** Identifica a qué clase de novela según el tema pertenecen estos textos. Justifica tu respuesta.

### Texto A

Siguiendo mi impulso cogí al niño cuando pasó por mi lado y lo atraje hacia mí. Al verme, se tapó el rostro con las manos y se puso a gritar con fuerza. Resuelto, mantuve asidas sus manos y le dije:

—No temas nada, pequeño mío; no te haré ningún daño. ¡Escúchame!

—¡Suélteme! —gritó debatiéndose con violencia—. ¡Monstruo! ¡Es usted horrible! ¿Quiere cortarme a pedazos y comerme! ¡Es un ogro! ¡Si no me deja se lo diré a mi padre!

—No digas más tonterías, amiguito. Nunca volverás a ver a tu padre. Tienes que venir conmigo.

—¡Monstruo asqueroso! ¡Suélteme! Mi padre es síndico, es el señor Frankenstein y le castigará.

Mary Shelley, *Frankenstein,* Orbis Fabbri.

### Texto B

—No sé si ha llegado hasta aquí algún eco de las desgracias de Troya —dice—. Troya resistió un asedio de diez años, hasta que fue derrotada por culpa de una traición.

Acaricio la espesa crin del caballo, hundo los dedos en ella, medito. Por fin digo:

—He oído que los ejércitos griegos destruyeron Troya, mataron a los hombres y, según la cruel costumbre de la guerra, hicieron esclavas a todas las mujeres. Pero explícate, ¿quién eres tú?

—Mi nombre es Eneas. Mi mujer, Creúsa, era hija del rey de Troya. Por ella y por nuestro hijo defendí la ciudad hasta mi último aliento y, cuando ya todo era ruina y destrucción, salvé las imágenes de nuestros dioses con la ayuda de un grupo de hombres valientes.

Irene Vallejo, *El silbido del arquero,* Contraseña E.

### Texto C

Entonces yo soñaba con ser bandido y estrangular corregidores libidinosos; enderezaría entuertos, protegería a las viudas y me amarían singulares doncellas.

Necesitaba un camarada en las aventuras de la primera edad y este fue Enrique Irzubeta.

Era el tal un pelafustán a quien siempre oí llamar por el edificante apodo de «el Falsificador». [...]

Enrique tenía catorce años cuando engañó al fabricante de una fábrica de caramelos, lo que es una evidente prueba de que los dioses habían trazado cuál sería en el futuro el destino del amigo Enrique.

Roberto Arlt, *El juguete rabioso,* Cátedra.

**Webquest.** Accede a esta actividad en el banco de recursos de anayaeducacion.es e investiga sobre el relato de terror.

## 2.4 El cuento literario

El **cuento literario** es una narración escrita, de extensión breve y finalidad estética, compuesta por una autora o un autor conocido.

Los autores y las autoras del siglo XIX (Edgar A. Poe, Antón Chéjov, Oscar Wilde, Guy de Maupassant, Mark Twain, Emilia Pardo Bazán, Rudyard Kipling...) abren el camino al cuento y a los cuentistas modernos: Horacio Quiroga, Jorge L. Borges, Julio Cortázar, Augusto Monterroso, Katherine Mansfield, Isabel Allende, Alice Munro, Dorothy Parker, Isaac Asimov, Lucia Berlin, Antonio Rodríguez Almodóvar, María José Aguilera Rueda...

Las características del cuento literario son:

- Una extensión breve.
- Una acción única, con un desarrollo rápido.
- Un número reducido de personajes.

A diferencia de la novela, el cuento moderno busca impresionar al lector o a la lectora, y para ello es necesario que en él haya mayor **brevedad,** más **concentración** o eliminación de lo que no es importante, y más **tensión,** para que quien lo lee no se desvíe de la historia.

El final del cuento moderno es uno de los elementos que más aporta al relato. Se combinan los **finales abiertos,** llenos de posibilidades interpretativas, con los **finales cerrados** y sorprendentes.

### Decálogo del perfecto cuentista

El escritor y cuentista Horacio Quiroga elaboró este decálogo. Estos son algunos de sus puntos:

I. Cree en un maestro —Poe, Maupassant, Kipling, Chéjov— como en dios mismo.

VII. No adjetives sin necesidad. Inútiles serán cuantas colas de color adhieras a un sustantivo débil.

VIII. No abuses del lector. Un cuento es una novela limpia de ripios, o palabras vanas e insustanciales.

### Actividades

**6** Lee este texto y realiza las actividades:

**Golpe de efecto**

La mitad de los cuentos con que inicié mi formación se los escuché a mi madre. Ella tiene ahora ochenta y siete años y nunca oyó hablar de discursos literarios, ni de técnicas narrativas, ni de nada de eso, pero sabía preparar un golpe de efecto, guardarse un as en la manga mejor que los magos que sacan pañuelitos y conejos del sombrero. Recuerdo cierta vez que estaba contándonos algo y después de mencionar a un tipo que no tenía nada que ver con el asunto prosiguió su cuento tan campante, sin volver a hablar de él, hasta que casi llegando al final, ¡paff!, de nuevo el tipo —ahora en primer plano, por decirlo así—, y todo el mundo boquiabierto, y yo preguntándome ¿dónde habrá aprendido mi madre esa técnica, que a uno le toma toda una vida en aprender? Para mí las historias son como juguetes y armarlos de una u otra forma es como un juego.

Gabriel García Márquez, *La bendita manía de contar,* Ollero&Ramos.

a) Resume este breve fragmento de una obra del Premio Nobel Gabriel García Márquez.

b) ¿Qué técnica domina la madre del narrador? ¿En qué consiste ese «golpe de efecto»?

Gabriel García Márquez (1927-2014), escritor colombiano autor de *Cien años de soledad.*

## 2.5 El microrrelato

El **microrrelato** es una narración literaria sugerente y extremadamente breve escrita por una autora o un autor conocido.

Las características de los microrrelatos son, en esencia, las mismas que las del cuento moderno. La principal diferencia radica en la extensión. Otras características propias son:

- La búsqueda de originalidad mediante juegos lingüísticos.
- El empleo de diversos recursos formales (repeticiones de sonidos; rimas internas...).
- La variedad de registros lingüísticos (extranjerismos, lenguaje informal...).
- Alusiones constantes a otros géneros, obras literarias o autores.
- La ironía, el humor y un final sorprendente e ingenioso.

### Recuerda

Otras narraciones literarias son los **mitos,** las **leyendas,** las **fábulas,** las **memorias** y los **diarios personales.**

### Actividades

**7** Lee este texto y realiza las actividades:

**Tienda de bromas**

Ante mi asombro, ya que para nada estábamos en carnaval, aquel hombre alto y flaco vestido de negro, con cara de funeral, entró en la famosa tienda de bromas «El rey de las fiestas», saliendo al poco tiempo transformado, luciendo una ostentosa nariz roja y unos grandes mostachos de color naranja, su cabeza cubierta con uno de esos gorritos de chino mandarín. Sin embargo, si uno se fijaba en él con detenimiento, se observaba fácilmente que la seriedad de su rostro no había variado en absoluto. Lo seguí durante unos minutos, pero pronto lo perdí de vista entre las nubes de turistas que aquellos días abarrotaban la ciudad.

Volvía a mi trabajo de portero y me olvidé del asunto hasta que meses más tarde, en la consulta de ingresos del hospital, reconocí las facciones de aquel hombre serio, tremendamente pálido, en el rostro del cirujano que iba a realizar con mi dañado corazón una delicada operación a vida o muerte.

Julia Otxoa, en I. Andrés-Suárez, *El microrrelato español,* Menoscuarto.

a) ¿Qué características del microrrelato observas en este texto? Justifica tu respuesta.

b) Indica cuáles son el planteamiento, el nudo y el desenlace de la historia.

c) ¿Quiénes son los personajes?

d) ¿Qué tipo de narrador es, interno o externo?

e) ¿Qué te sugiere el final de esta historia?

f) Invéntate una continuación de la historia y escríbela en tres o cuatro líneas. Compártelo con tus compañeras y compañeros de clase.

**8** En el siguiente microrrelato aparecen subrayadas referencias a numerosas obras literarias. Busca información y relaciona cada referencia con los títulos que hay a continuación.

**Breve antología de la literatura universal**

Canta, oh diosa, no solo la cólera de Aquiles, sino cómo al principio creó Dios los cielos y la tierra y cómo luego, durante más de mil noches, alguien contó la historia abreviada del mundo, y así supimos que a mitad del andar de la vida, uno despertó una mañana convertido en un enorme insecto, [...] otro dudó ante una calavera, otro se proclamó melibeo, [...] y otro nació y murió en un lugar de cuyo nombre no me acuerdo.

Luis Landero, *Antología de cuentos e historias mínimas* (siglos XIX y XX), Espasa-Calpe.

- La Biblia.
- La *Ilíada,* de Homero.
- *El Quijote,* de Miguel de Cervantes.
- *La Celestina,* de Fernando de Rojas.
- *Hamlet,* de William Shakespeare.
- *La metamorfosis,* de Franz Kafka.
- *Las mil y una noches.*

**9** Explica por qué este texto es un microrrelato:

Una mujer está sentada sola en una casa. Sabe que no hay nadie más en el mundo: todos los otros seres han muerto. Golpean a la puerta.

Thomas B. Aldrich

## 2.6 El género didáctico

Los textos pertenecientes al **género didáctico** tienen una finalidad educativa, es decir, pretenden enseñar.

Hasta el siglo XVIII no se utiliza esta denominación, lo que no quiere decir que antes de ese momento no existieran subgéneros literarios con intención educativa, como los **ejemplos medievales** o las **fábulas.** Actualmente, el subgénero didáctico más utilizado es el **ensayo.**

Tomás de Iriarte (1750-1791), fabulista nacido en Tenerife que también cultivó el teatro, la poesía e, incluso, la música.

### El ejemplo y la fábula

- El **ejemplo** es un relato utilizado por los autores con intención moralizante y ofrecido como modelo para imitar o para evitar determinada conducta. En el siglo XIV son muy conocidos los ejemplos del libro de don Juan Manuel, *El conde Lucanor.*
- La **fábula** es una narración breve en prosa o en verso protagonizada, generalmente, por animales, que transmite una enseñanza o un consejo. Los animales simbolizan los defectos y las virtudes del ser humano. Por ejemplo, el asno simboliza la torpeza, y la hormiga, el trabajo. La **moraleja** o enseñanza aparece siempre al final del texto. En el siglo XVIII son muy conocidas las *Fábulas* en verso de Félix M. de Samaniego y de Tomás de Iriarte.

### El ensayo

El **ensayo** es una obra literaria en prosa donde se desarrolla un tema de modo subjetivo.

José Antonio Marina, pedagogo y ensayista español.

CARACTERÍSTICAS DEL ENSAYO

- Los ensayos presentan diversidad temática (literatura, ciencias, política, arte, sociedad...).
- El tema sobre el que se reflexiona tiene que estar, de algún modo, de actualidad.
- A diferencia de los textos expositivos, la autora o el autor de un ensayo no está obligado a justificar sus afirmaciones ni a proporcionar referencias bibliográficas concretas.
- Los ensayos no son exhaustivos, es decir, no se pretende exponer el asunto en su totalidad.La persona que lo escribe se basa en la observación y la experiencia.

Observa las características del ensayo en este texto:

> Juel sostiene que la capacidad de un niño para contar una buena historia está relacionada con la experiencia que tiene en la lectura. Si no son buenos lectores, las historias son poco más que listas de lo que han visto. Es interesante comprobar que los textos escritos de los niños comienzan siendo menos complejos y más elementales que sus narraciones orales. Hacia los once y los catorce años se da un cambio importante. Se percatan de que la escritura no es mera «habla escrita», y dan a sus redacciones una forma que no utilizan al hablar.

J. A. Marina y M. de la Válgoma, *La magia de escribir,* Plaza y Janés.

## Actividades

**10** Lee este fragmento de *El conde Lucanor,* del escritor medieval don Juan Manuel, y contesta a las preguntas:

**Ejemplo VII: De lo que sucedió a una mujer que se llamaba doña Truhana**

—Señor conde —dijo Patronio—, había una mujer que se llamaba doña Truhana, que era más pobre que rica, la cual, yendo un día al mercado, llevaba una olla de miel en la cabeza. Mientras iba por el camino, empezó a pensar que vendería la miel y que, con lo que le diesen, compraría una partida de huevos, de los cuales nacerían gallinas, y que luego, con el dinero que le diesen por las gallinas, compraría ovejas, y así fue comprando y vendiendo, siempre con ganancias, hasta que se vio más rica que ninguna de sus vecinas.

Luego pensó que, siendo tan rica, podría casar bien a sus hijos e hijas, y que iría acompañada por la calle de yernos y nueras y, pensó también que todos comentarían su buena suerte pues había llegado a tener tantos bienes aunque había nacido muy pobre.

Así, pensando en esto, comenzó a reír con mucha alegría por su buena suerte y, riendo, riendo, se dio una palmada en la frente, la olla cayó al suelo y se rompió en mil pedazos. Doña Truhana, cuando vio la olla rota y la miel esparcida por el suelo, empezó a llorar y a lamentarse muy amargamente porque había perdido todas las riquezas que esperaba obtener de la olla si no se hubiera roto. Así, porque puso toda su confianza en fantasías, no pudo hacer nada de lo que esperaba y deseaba tanto.

Don Juan Manuel, *El conde Lucanor,* Editorial Palabras.

a) Resume el contenido del fragmento en dos o tres líneas.

b) ¿Cuál es la moraleja o enseñanza que sacamos de este ejemplo medieval? ¿Por qué pertenece al género didáctico?

**11** Lee el texto siguiente y contesta a las preguntas:

**La lechera**

Llevaba en la cabeza
una lechera el cántaro al mercado
con aquella presteza,
aquel aire sencillo, aquel agrado,
que va diciendo a todos el que lo advierte:
¡Yo sí que estoy contenta con mi suerte! [...]
Esta leche vendida,
en limpio me dará tanto dinero,
y con esta partida
un canasto de huevos comprar quiero,
para sacar cien pollos, que al estío
me rodeen cantando el pío, pío.
Del importe logrado
de tanto pollo mercaré un cochino.
Con bellota, salvado,
berza, castaña, engordará sin tino;
tanto, que puede ser que yo consiga
ver como se le arrastra la barriga.
Llevarelo al mercado;
sacaré de él, sin duda, buen dinero:
compraré de contado
una robusta vaca y un ternero,
que salte y corra toda la campaña,
desde el momento cercano a la cabaña.
Con este pensamiento
enajenada, brinca de manera,
que a su lado violento
el cántaro cayó. ¡Pobre lechera!
¡Qué compasión! Adiós leche, dinero,
huevos, pollos, lechón, vaca y ternero.

Félix María Samaniego, *Antología de Fábulas,* E. Ferni.

a) Resume este texto en tres o cuatro líneas.

b) ¿Cuál es la moraleja que se puede extraer?

c) Entre ambos textos hay casi 500 años de diferencia. El ejemplo de don Juan Manuel es del siglo XIV y la fábula de Samaniego es del siglo XVIII. ¿Qué conclusión sacas de estas coincidencias en cuanto al tema y al mensaje?

**12** Lee este texto y realiza las actividades:

El visitante y el habitante andan por la ciudad y la miran de distinta manera. En realidad, son dos ciudades distintas la de uno y la de otro [...].

No distinguimos al visitante porque lleve guía —que no siempre la lleva— ni tampoco porque sea alguien desconocido, porque hay muchos habitantes de la ciudad a los que no hemos visto nunca, sino por su relación con la ciudad. El visitante, como he dicho, descifra aquella parte abstraída de la ciudad en la que el habitante no cuenta precisamente porque le es inmemorial y consabida. Por eso, en el visitante hay una expresión de descubrimiento y expectación, y a veces hasta de perplejidad.

C. Castilla del Pino, *Meditación del habitante,*
Ayuntamiento de Córdoba.

a) ¿Sobre qué expresa su opinión el autor?

b) ¿Qué permite distinguir, según el autor del ensayo, al visitante del habitante?

c) ¿Has sentido alguna vez esa sensación de descubrimiento de la que habla el texto al visitar un lugar desconocido para ti?

# UN RELATO LEGENDARIO

¿TE GUSTARÍA ESCRIBIR UNA LEYENDA SOBRE EL ORIGEN DEL LUGAR DONDE NACISTE?

## UN RELATO LEGENDARIO

## ESCUCHA

Infórmate sobre lo que es un leyenda.

1 Escucha esta leyenda y responde a las preguntas:

a) ¿Qué tipo de texto has escuchado? Justifica tu respuesta.

NARRATIVO  DIALOGADO  PRESCRIPTIVO

b) ¿Es un relato fantástico o realista? ¿Por qué?

c) Resume brevemente su contenido.

d) Invéntate un título.

e) Selecciona en la nube de adjetivos aquellos que mejor describen al protagonista y ordénalos en tu cuaderno según su importancia desde tu punto de vista:

f) ¿Qué recurso literario se utiliza en las siguientes expresiones?

- *Luchas bélicas.*
- *Aguas dulces.*
- *Sus rizos parecían hilos de cobre enredados.*
- *Mataba los toros con sus propias manos.*

g) ¿Puedes identificar algún otro recurso literario en el texto que has escuchado?

h) ¿Cómo se llama hoy en día el río por el que entró Hércules con su nave?

i) Infórmate y completa en tu cuaderno este organizador gráfico sobre el protagonista de esta leyenda:

**Hércules**

Origen | Atributos | Leyendas asociadas a él.

j) En grupos, informaos y responded a la pregunta: ¿qué influencia han podido tener las aventuras del héroe llamado Hércules en el cómic actual? Debatidlo en clase.

k) Piensa ahora en tu mundo actual, reflexiona y responde:

¿Qué es para ti un héroe o una heroína?

Indica tres características que debe tener todo héroe o heroína.

Cita el nombre de un personaje célebre, real o de ficción, del presente o del pasado, que en tu opinión puede ser considerado heroína o héroe. ¿Por qué?

Recuerda que una biblioteca es un espacio de estudio y lectura en el que hay que respetar unas normas mínimas de comportamiento.

## UN RELATO LEGENDARIO

# HABLA

Conoce una leyenda del mundo y compártela.

**2** Comparte oralmente una leyenda con tus compañeras y compañeros de clase. Para ello:

a) Investiga en la biblioteca acerca de una leyenda relacionada con el origen o destrucción de algún lugar o de algún accidente geográfico. Aquí tienes algunas ideas:

Cíbola · El Dorado · Ness · Selandia · Tenochtitlán · Titicaca · Canarias · Fuji · Ganges · Roma

b) Prepara un guion para ordenar la información más importante que hayas seleccionado:

- Tu guion ha de tener la estructura de los textos narrativos: planteamiento, nudo y desenlace.
- Define bien el contexto de la historia: lugar y época en la que ocurrió.
- Define las características físicas y psicológicas de los personajes que intervienen en la historia.
- Ordena los acontecimientos cronológicamente.

c) Comparte tu leyenda oralmente con tus compañeros y tus compañeras. Para ello:

- Elige el tono que quieres darle a tu narración oral: legendario, fantástico, trágico, cómico...
- Utiliza estrategias para mantener la atención de tus compañeros y compañeras: haz que participen, usa bien los tiempos, apóyate en el lenguaje corporal, dramatiza las intervenciones de los personajes, usa tu sentido del humor...

d) En grupo, votad la leyenda que más haya gustado a la mayoría según estos criterios:

- ¿Es un relato atractivo?
- ¿Es un relato cercano a vuestros intereses?
- ¿La historia ha estado bien contada?
- ¿Los personajes son interesantes?

## NORMAS DE LA BIBLIOTECA

1. Guarda silencio o habla en voz baja.
2. No introduzcas comida ni bebida, excepto agua.
3. Apaga tu móvil, auriculares o cualquier aparato que pueda generar ruido.
4. Respeta la colocación de los libros en las estanterías.
5. Cuida los libros, no escribas en ellos ni dobles sus hojas.
6. Si has pedido en préstamo un libro, no olvides entregarlo en la fecha estipulada.
7. Mantén limpia el área de lectura.
8. No ocupes la silla de al lado con tu mochila ni se la reserves a otra persona durante más de cinco minutos.

## UN RELATO LEGENDARIO

### LEE

Reconoce y encuentra un buen comienzo de leyenda.

**3** Lee estos comienzos de obras literarias y responde a las preguntas:

a) ¿Cuál de estos inicios te gusta más? ¿Por qué?

b) ¿Cuáles podrían ser el comienzo de una leyenda y cuáles no? Explica por qué.

c) Selecciona uno de estos textos y continúa la historia en unas cinco o seis líneas.

d) Elige uno de estos comienzos para tu leyenda y justifica tu elección. Si lo prefieres, redacta tu propio comienzo inspirándote en los que has leído.

**A** El sol no había nacido todavía. Hubiera sido imposible distinguir el mar del cielo, excepto por los mil pliegues ligeros de las ondas que le hacían semejarse a una tela arrugada.

Virginia Woolf

**B** No había agua en la selva de los chocoes. Dios supo que la hormiga tenía, y se la pidió. Ella no quiso escucharlo.

Eduardo Galeano

**C** Muchos años después, frente al pelotón de fusilamiento, el coronel Aureliano Buendía había de recordar aquella tarde remota en que su padre lo llevó a conocer el hielo.

Gabriel García Márquez

**D** Acabo de regresar de hacer una visita a mi casero, el solitario vecino con el que sin duda acabaré teniendo algunos conflictos. ¡Es realmente hermosa esta región! No creo que en toda Inglaterra pudiera haber encontrado otro lugar tan completamente ajeno al bullicio de los círculos sociales.

Emily Brontë

**E** Cuando Gregorio Samsa se despertó una mañana después de un sueño intranquilo, se encontró sobre su cama convertido en un monstruoso insecto.

Franz Kafka

**F** Las cosas podían haber sucedido de cualquier otra manera y, sin embargo, sucedieron así.

Miguel Delibes

**G** Todo empezó por unas cáscaras de pipas, así, de la forma más absurda. Parece que los hechos extraordinarios en la vida vienen precedidos de un acontecimiento importante: un nacimiento, una muerte...

Rosa Huertas

**H** Cuentan los yoruba de Nigeria, en África, que al principio solo había un lugar húmedo y pantanoso. Arriba estaba el firmamento...

Vicente Muñoz Puelles

**I** El tren avanzaba impetuosamente, con ritmo furioso y entrecortado. Tenía que detenerse, cada vez con mayor frecuencia, en estaciones de poca monta donde permanecía unos momentos esperando con impaciencia la señal para volver a embestir la pradera.

Patricia Highsmith

**J** Kanshout era un chico de la tribu Selk'nam que vivía en un lugar lejano que tenía un lindo nombre, Tierra del Fuego. Este sitio es la puntita allá abajo en América del Sur. En la época de Kanshout los árboles no perdían nunca sus hojas, siempre, siempre eran verdes.

Gloria Cecilia Díaz

UN RELATO LEGENDARIO

## ESCRIBE

Redacta una leyenda relacionada con el lugar donde naciste.

**4** Con todo lo que ya sabes, redacta ahora tu propia leyenda.

**Recuerda**

Las leyendas son relatos que se basan en la realidad, pero narrados con mucha imaginación.

a) Puedes recoger alguna leyenda ya existente o imaginar e inventarte el origen legendario de tu localidad o de alguno de sus accidentes geográficos, como un río, un bosque, una montaña, un lago, una bahía, un peñasco, una playa, una cueva...

b) Localiza tu leyenda en un tiempo y en un lugar determinados.

c) Define a los personajes que van a intervenir en la leyenda. Pueden ser personajes realistas o fantásticos.

d) Piensa en los hechos reales de tu historia y también en los sucesos fabulosos.

e) Inicia tu leyenda a partir del comienzo elegido en la actividad anterior o del que hayas inventado tú.

f) Para organizar tu relato, ayúdate de este esquema que describe la estructura que debe tener todo texto narrativo:

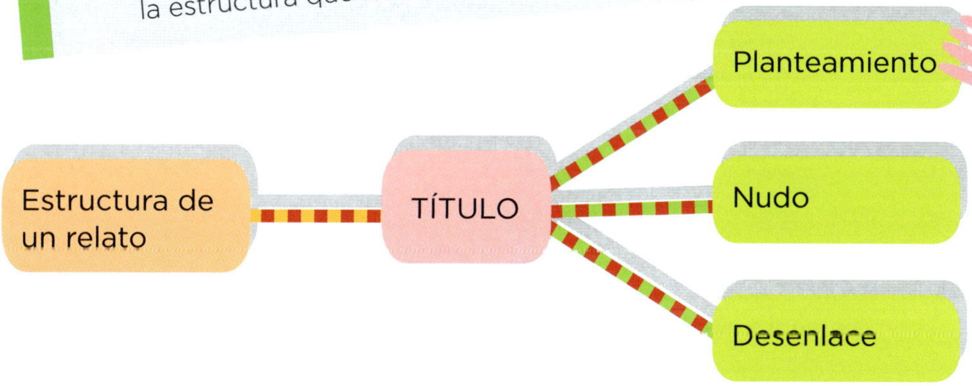

## Reflexiona sobre este ámbito profesional

En este taller has escuchado la leyenda de Hércules narrada oralmente por una mujer. Se trata de una cuentacuentos, una persona que cuenta cuentos en público. ¿Sabías que esta es una profesión y, además, una profesión muy antigua?

En grupos investigad sobre el oficio de cuentacuentos y responded a las preguntas:

- ¿Qué estudios crees que se necesitan para llegar a ser un narrador o una narradora oral?
- ¿Dónde se pueden cursar estos estudios?
- ¿Qué otro tipo de formación se puede recibir para ser un buen o una buena cuentacuentos?
- ¿En qué ámbitos puede ser necesaria esta profesión?
- ¿Qué habilidades y cualidades crees que son más importantes para ejercerla?
- ¿Posees tú algunas de estas habilidades y cualidades? ¿Cuáles?

3 GRAMÁTICA

# LAS CLASES DE ORACIONES

**Recuerda**

El **verbo copulativo** posee un significado muy débil.

El atributo concuerda normalmente en género y número con el sujeto y es sustituible por el pronombre neutro *lo*.

**Recuerda**

Funcionan como **atributo** un sintagma adjetival, un sintagma nominal, un sintagma adverbial y un sintagma preposicional.

**Recuerda**

Las oraciones predicativas pueden clasificarse en **activas** o **pasivas.**

## 3.1 Oraciones copulativas y oraciones predicativas

Según la **estructura sintáctica del predicado,** es decir, según la clase de verbo que constituya su núcleo y según el complemento o los complementos que lo acompañen, las oraciones se clasifican en **copulativas** y **predicativas.**

Las **oraciones copulativas** o **atributivas** se construyen con un **verbo copulativo** y **un atributo** (Atrib.).

Por ejemplo:

| Mi libro | está | roto. |
|---|---|---|
| | NÚCLEO | ATRIB. (SADJ.) |
| SUJETO | PREDICADO | |

| Ella | es | mi madre. |
|---|---|---|
| | NÚCLEO | ATRIB. (SN) |
| SUJETO | PREDICADO | |

| Esta figura de cera | parece | de verdad. |
|---|---|---|
| | NÚCLEO | ATRIB. (SPREP.) |
| SUJETO | PREDICADO | |

| Su casa | está | bien. |
|---|---|---|
| | NÚCLEO | ATRIB. (SADV.) |
| SUJETO | PREDICADO | |

En el predicado de las oraciones copulativas también puede aparecer un complemento circunstancial. Por ejemplo:

| Mi habitación | es | muy luminosa | durante el verano. |
|---|---|---|---|
| | NÚCLEO | ATRIB. | CC |
| SUJETO | PREDICADO | | |

Las **oraciones predicativas** tienen como núcleo del predicado un **verbo predicativo,** que puede estar acompañado por sus **complementos.**

| La presidenta | entregó | el premio | a los ganadores | esta mañana. |
|---|---|---|---|---|
| | NÚCLEO | CD | CI | CCTIEMPO |
| SUJETO | PREDICADO | | | |

Algunos verbos predicativos cambian su significado para unirse a atributos. Se denominan **verbos semicopulativos.** El atributo de estos verbos no puede sustituirse por el pronombre *lo*. Por ejemplo:

- *andar inquieto*
- *resultar nocivo*
- *volverse antipático*
- *hallarse enfermo*
- *ponerse triste*
- *andar preocupdo*

## Actividades

### Actividad resuelta

**1** Identifica la oración copulativa y la oración predicativa en estos dos ejemplos.

- *Fernando y su hermano parecen cansados.*
- *Fernando y su hermano corrieron por el parque.*

**Solución**

- *Fernando y su hermano parecen cansados.* Es una oración copulativa porque su verbo *(parece)* pone en relación un sujeto *(Fernando y su hermano)* y un atributo *(cansados)* que concuerda con el sujeto en género y número y que se puede sustituir por el pronombre neutro *lo: Fernando y su hermano lo parecen.*
- *Fernando y su hermano corrieron por el parque.* Es una oración predicativa porque su verbo *(corrieron)* es predicativo, es decir, tiene un significado pleno que expresa una acción.

**2** En los siguientes ejemplos, identifica las oraciones copulativas y las predicativas. Explica por qué.

- *Ya estamos todos.*
- *Mamá parecía tranquila.*
- *La mañana era luminosa.*
- *Nuestro vecino trabaja aquí.*
- *El equipo estaba contento allí.*
- *Los cristales se rompieron.*
- *Hay un concierto en el salón de actos.*

**3** Escribe oraciones copulativas en las que utilices cada uno de estos atributos:

- *deshabitada*
- *cierto*
- *de Estados Unidos*
- *romántico*
- *mis amigas*
- *una maravilla*
- *aquellas*
- *lejos*

**4** ¿Qué diferencia de categoría encuentras en el atributo de las siguientes parejas de oraciones atributivas:

- *La Tierra es redonda. / La Tierra es nuestro planeta.*
- *La Tierra es nuestra. / La Tierra es de todos.*
- *La Tierra es hermosa. / La Tierra es un milagro.*

**5** Determina si los verbos de los siguientes ejemplos son semicopulativos:

- *Mi hermano anda triste.*
- *Mi hermano anda por todos los rincones.*
- *Teresa se quedó con nosotros.*
- *Teresa se quedó muy contenta.*

**6** Analiza las siguientes oraciones copulativas, como en el ejemplo:

| | | | | | |
|---|---|---|---|---|---|
| Todos | sus | hijos | eran | muy | guapos. |
| | | | | MODIF. | NÚCLEO |
| DET. | DET. | NÚCLEO | NÚCLEO | ATRIB. | |
| SUJETO | | | PREDICADO | | |

- *Pedro es de Granada.*
- *Todos estábamos algo fatigados.*
- *Mis amigas eran buenas en deportes.*
- *Nuestros compañeros son muy serviciales.*
- *Esa chica parece muy interesada en el proyecto.*
- *Rosalind Franklin fue una célebre científica.*

**7** Analiza como en el ejemplo las siguientes oraciones predicativas:

| | | |
|---|---|---|
| Mi ordenador | se apagó | repentinamente. |
| | NÚCLEO | CCMODO |
| SUJETO | PREDICADO | |

- *La policía vigilaba al ladrón día y noche.*
- *Margarita Salas trabajó unos años en EE. UU.*
- *El periódico anunció el acuerdo puntualmente.*
- *Pedro lloró sin consuelo.*
- *Mi hermano viaja en tren con Pepe.*

**8** Escribe un texto de unas diez líneas en el que utilices oraciones predicativas, así como oraciones atributivas con *ser, estar* y *parecer.*

**9** Escribe parejas de oraciones en las que los siguientes verbos tengan usos copulativos y usos predicativos. Por ejemplo:

*Pepe se quedó en casa / Pepe se quedó triste.*

andar | hallar(se) | volver(se) | poner(se)

## 3.2 Oraciones activas

Las **oraciones activas** tienen un sujeto que realiza la acción del verbo (*Marta hablaba por teléfono; Ella se lava el pelo todos los días*) o experimenta un estado o un proceso (*El jarrón reposa sobre el suelo, El Sol sale por el este*).

### Oraciones transitivas e intransitivas

Las **oraciones transitivas** se construyen con un complemento directo (CD): *Samuel dirigió una película; Jaime prepara la comida; La periodista describió la tragedia*.

Por ejemplo:

| Su grupo de amigos | organizó | el viaje de fin de curso. |
|---|---|---|
| | NÚCLEO | CD |
| SUJETO | PREDICADO | |

Las **oraciones intransitivas** carecen de complemento directo (CD): *Sus ojos brillan; Ha venido Javier; Ha nacido una niña.*

Por ejemplo:

| Santiago y su novia | cocinaron | durante toda la tarde. |
|---|---|---|
| | NÚCLEO | CC |
| SUJETO | PREDICADO | |

### Oraciones reflexivas

Las **oraciones reflexivas** son oraciones transitivas que están formadas por un sujeto y un pronombre que complementa al verbo y se refiere al mismo individuo que el sujeto.

Por ejemplo, cuando en la oración *Laura peina a Laura*, la palabra *Laura* se refiere en los dos casos a la misma persona, en castellano se diría: *Laura se peina*.

Para expresar la reflexividad, la lengua utiliza los pronombres reflexivos átonos **me, te, se, nos, os, se.**

Por ejemplo:

| Lucas | se | entrena | todos los días | en el colegio |
|---|---|---|---|---|
| NÚCLEO | CD | NÚCLEO | CC | CC |
| SUJETO | PREDICADO | | | |

| Mis hermanos y yo | nos | lavamos | los dientes | todas las noches. |
|---|---|---|---|---|
| | CI | NÚCLEO | CD | CC |
| SUJETO | PREDICADO | | | |

#### Verbos transitivos e intransitivos

- Los **verbos tienen un uso transitivo** cuando se combinan con un complemento directo: *María estudia derecho; Rosa me escribió una carta*.
- Los **verbos tienen un uso intransitivo** cuando no se combinan con un complemento directo: *Las estrellas brillan mucho; La orquesta sonaba alegremente.*

#### Función del pronombre reflexivo

El pronombre reflexivo puede funcionar como **complemento directo** o **como complemento indirecto:**

- *Iván se* (CD) *calza.*
- *Iván se* (CI) *calza los zapatos* (CD).

**La brújula del español.** Accede a esta guía del uso del español correcto en el banco de recursos de **anayaeducacion.es**.

Para precisar o reforzar el sentido reflexivo, en algunas construcciones se emplean los pronombres reflexivos tónicos *mí, ti, sí...* acompañados del complemento *mismo* o *misma*: *Yo me maquillo a mí misma*; *Él se lo decía a sí mismo*.

| Yo | me | maquillo | a mí misma. |
|---|---|---|---|
| NÚCLEO | CD | NÚCLEO | CD |
| SUJETO | PREDICADO | | |

| Él | se | la | decía | a sí mismo. |
|---|---|---|---|---|
| NÚCLEO | CI | CD | NÚCLEO | CI |
| SUJETO | PREDICADO | | | |

## Oraciones recíprocas

Las **oraciones recíprocas** son oraciones transitivas que tienen como sujeto y complemento a los mismos individuos que se intercambian una misma acción.

Por ejemplo, el mensaje *Juan ama a Inés e Inés ama a Juan*, en castellano se expresaría así: *Juan e Inés se aman*.

Para expresar la reciprocidad, la lengua utiliza como complementos los pronombres reflexivos **nos, os, se:**

| Mis | hermanos | se | adoran. |
|---|---|---|---|
| DET. | NÚCLEO | CD | NÚCLEO |
| SUJETO | | PREDICADO | |

| Tú y Raquel | os | enviabais | muchos mensajes. |
|---|---|---|---|
| | CI | NÚCLEO | CD |
| SUJETO | PREDICADO | | |

El sentido recíproco de estos pronombres puede ser precisado o reforzado por medio de expresiones del tipo *el uno al otro, mutuamente, entre sí*: *Pedro y yo nos respetamos mutuamente:*

| Pedro y yo | nos | respetamos | mutuamente. |
|---|---|---|---|
| | CD | NÚCLEO | CC |
| SUJETO | PREDICADO | | |

Estas expresiones sirven para evitar ambigüedades entre construcciones reflexivas y construcciones recíprocas:

- *Los animales se protegen a sí mismos.*
- *Los animales se protegen los unos a los otros.*

### Verbos pronominales

Los **verbos pronominales** son los que se conjugan siempre con un pronombre reflexivo: *yo me quejo, tú te quejas, nosotros nos quejamos, ellas se quejan.*

Se diferencian de los verbos de las oraciones reflexivas y recíprocas en que el pronombre reflexivo forma parte del verbo pronominal y no desempeña ninguna función sintáctica.

Los verbos pronominales se construyen normalmente con un complemento de régimen:

| Ellos | se ríen | de sus chistes. |
|---|---|---|
| | NÚCLEO | CR |
| SUJETO | PREDICADO | |

## Actividades

**10** Determina si las siguientes oraciones son transitivas o intransitivas:

- *El conserje llamaba a la puerta.*
- *El conserje llamaba a tu madre.*
- *Dos aviones sobrevolaban la ciudad.*
- *Dos aviones volaban sobre la ciudad.*
- *El herido razonaba correctamente.*
- *La estudiante razonaba sus respuestas.*

**11** Localiza en el texto dos oraciones transitivas y dos intransitivas:

> Unos kilómetros más adelante vieron el letrero de una gasolinera, pero el coche pasó de largo. La mujer miró en silencio a su nieto, que encendió la radio. Sonó el estribillo de una canción de Dire Straits que había estado de moda durante el verano, y Daniel lo tarareó en un inglés chapurreado y pobretón. Cuando llegó el solo de guitarra, soltó temerariamente el volante para hacer en el aire un punteo imaginario. Doña Mercedes emitió un gritito y se llevó las manos a las sienes, pero lo hizo como jugando, igual que lo habría hecho ante un niño que la apuntara con una pistola de plástico. Nuevamente tuvieron a la vista el letrero de una gasolinera. Daniel puso el intermitente y se colocó en el carril lento para tomar el desvío.
>
> I. Martínez de Pisón, *La buena reputación*, Seix Barral.

**12** Determina la función del pronombre reflexivo en los siguientes ejemplos:

- *Juana se abrocha la chaqueta.*
- *Mi hermano se tiñó el pelo.*
- *¿Ya te has lavado?*

**13** Refuerza el pronombre reflexivo de los ejemplos de la actividad anterior con un pronombre tónico seguido de *mismo* o *misma*.

**14** Clasifica estas oraciones según sean recíprocas o reflexivas:

- *Juan se ducha por la mañana.*
- *Tú te arreglas el pelo muy bien.*
- *Ellos se miran con afecto.*
- *¿De qué os conocéis?*
- *La cebra se refresca en el río.*
- *La futbolista se ata los cordones de las zapatillas.*
- *Las participantes se intercambiaron palabras de ánimo.*
- *Mi hermana y yo nos entendemos perfectamente.*

**15** Analiza las oraciones reflexivas siguientes como en el ejemplo. Recuerda que el pronombre reflexivo puede funcionar como CD o CI.

| Sonia | se | tocaba | la barbilla | pensativa. |
|---|---|---|---|---|
| NÚCLEO | CI | NÚCLEO | CD | PRED. DE SUJETO |
| SUJETO | PREDICADO | | | |

- *Julio se arregla el flequillo.*
- *Pedro se miró en el espejo.*
- *Se abrocha la camisa.*
- *El protagonista se había pintado la cara.*

**16** Determina la función de los pronombres átonos con valor recíproco en los siguientes ejemplos:

- *Los presidentes se cruzaron varios correos.*
- *Las congresistas se saludaban cortésmente.*
- *Los delanteros no se pasaban el balón.*

**17** Copia y completa con un complemento de régimen los verbos pronominales de estas oraciones:

- *Los padres se olvidan (de) ...*
- *Pepa y Clara se ríen (de) ...*
- *Mis hijos se preocupan (de) ....*

**18** Lee esta oración reflexiva y realiza las actividades:

*Este jugador abrochó las zapatillas a este jugador.

a) ¿Por qué es reflexiva? Identifica la respuesta correcta:

- Porque el sujeto y el complemento indirecto significan lo mismo.
- Porque el sujeto y el complemento indirecto se refieren al mismo individuo.

b) ¿Cómo se diría correctamente en castellano?

c) ¿Qué tendría que ocurrir para que no fuera reflexiva?

## 3.3 Oraciones pasivas

Como has visto hasta ahora, las oraciones activas transitivas tienen un complemento directo que sufre o experimenta la acción verbal realizada por el sujeto agente: *La doctora operó al herido; El tractor aró los campos.* La lengua permite presentar el mismo proceso cambiando la función sintáctica del sujeto (que pasa a complemento agente) y del CD (que pasa a sujeto paciente). El resultado son las **oraciones pasivas.**

Las **oraciones pasivas** se construyen de la siguiente manera:

- Un **sujeto paciente** que experimenta la acción verbal.
- Un **núcleo** formado por el verbo auxiliar *ser* + el participio del verbo *(es conducido, fueron animados, serán recogidos).*
- Un **complemento agente** (CAg.), que se refiere a quien realiza la acción verbal y está formado por un sintagma nominal precedido por la preposición *por (Fueron vencidos por el hambre).*

Por ejemplo:

| El examen | fue corregido | por | los profesores. |
|---|---|---|---|
| | | PREP. | SN |
| | NÚCLEO | CAG. | |
| SUJETO | PREDICADO | | |

El complemento agente no siempre está presente: *Todos los cuadros fueron vendidos; Este restaurante será inaugurado mañana.*

| Ese | restaurante | será inagurado | mañana. |
|---|---|---|---|
| DET. | NÚCLEO | NÚCLEO | CCTIEMPO |
| SUJETO | | PREDICADO | |

### Cómo transformar una oración activa en pasiva

Para convertir una oración activa en pasiva:

- El verbo de la oración activa se sustituye por la construcción *ser* + el participio del verbo.
- El CD se convierte en el sujeto y, por tanto, concuerda con el verbo *ser.*
- El sujeto se convierte en complemento agente.

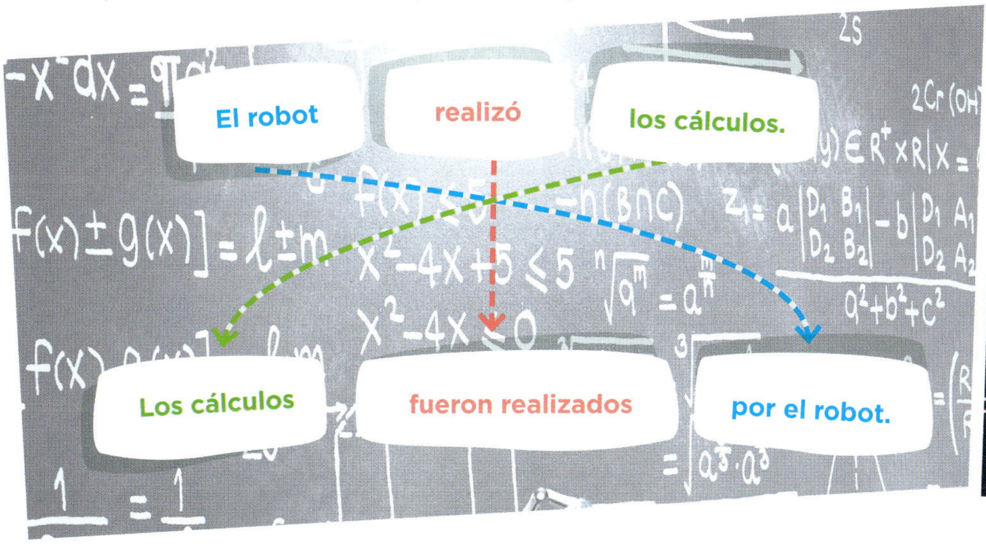

**Recuerda**

Una forma de localizar el CD de una oración transitiva consiste en transformar la oración a pasiva. El SN que se convierte en el sujeto de la nueva oración pasiva es el CD de la oración activa. Esta prueba tiene limitaciones, ya que no todas las oraciones transitivas permiten el cambio a pasiva.

**Recuerda**

El tiempo verbal y el modo del verbo auxiliar *ser* de la oración pasiva deben coincidir con el tiempo verbal y el modo del verbo de la oración activa. Así, en las oraciones *El robot realizó los cálculos* y *Los cálculos fueron realizados por el robot,* los verbos *realizó* y *fueron* coinciden en el pretérito perfecto simple de indicativo.

## 3.4 Las construcciones con *se*

El ***se*** no siempre es un pronombre reflexivo. En español, el ***se* no reflexivo** es una partícula gramatical cuyo único valor es ocultar el sujeto de la oración a la que se aplica.

Observa las oraciones siguientes y la transformación que sufren cuando se les aplica el *se:*

**Oraciones transitivas con un CD sin preposición**

*Los biólogos investigan los virus.* → *Se investigan los virus.*
*Los ciudadanos respetan las normas.* → *Se respetan las normas.*

**Oraciones de pasiva refleja**

**Oraciones intransitivas/Oraciones transitivas con un CD con preposición**

*Los biólogos investigan sobre unos virus.* → *Se investiga sobre unos virus.*
*La policía buscaba a los sospechosos.* → *Se buscaba a los sospechosos.*

**Oraciones impersonales con *se***

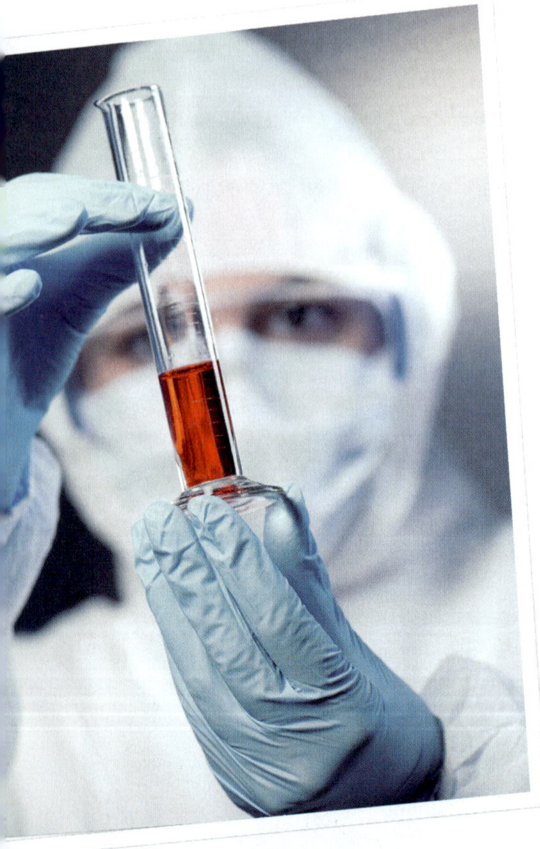

- **Las oraciones de pasiva refleja** sufren las siguientes transformaciones:
  - El CD de la oración transitiva sin preposición se convierte en el sujeto de la pasiva refleja *(Se investigan los virus)*, cuyo verbo concuerda con él en 3.ª persona del singular o del plural.
  - La oración adquiere entonces un sentido pasivo. Por ejemplo: *Se respetan las normas* equivale a *Las normas son respetadas*, pero el complemento agente queda ocultado.

  Ejemplo:

| Se respetan | las normas. |
| --- | --- |
| NÚCLEO | |
| PREDICADO | SUJETO |

- **Las oraciones impersonales con *se*** tienen las siguientes características:
  - Carecen de sujeto *(Se investiga sobre un virus).*
  - Se construyen con el verbo en 3.ª persona del singular precedido de *se*.
  - Ocultan también el agente.

  Ejemplo:

| Ø (Impersonal) | Se investiga | sobre un virus. |
| --- | --- | --- |
| | NÚCLEO | CR |
| | PREDICADO | |

## Actividades

### Actividad resuelta

**19** Transforma la siguiente oración activa en pasiva:

*Pepe vendió esta bici.*

**Solución**

- El sujeto de la oración activa *(Pepe)* se convierte en el CAg. de la oración pasiva.
- El CD de la oración activa *(esta bici)* pasa a sujeto de la oración pasiva.
- El verbo de la oración activa se sustituye por la construcción verbal *ser* + participio.

*La bici fue vendida por Pepe.*

**20** Sigue el ejemplo de la actividad anterior y transforma las siguientes oraciones activas en pasivas:

- *El pueblo elige a los diputados.*
- *La directora ha firmado el contrato.*
- *El árbitro anunció el final del partido.*
- *Los obreros volcaron el cemento sobre el camino.*
- *Mi hermana encendió la lámpara del salón.*
- *Los organizadores limpiaron la sala del concierto.*

### Actividad resuelta

**21** Transforma la siguiente oración pasiva en activa:

*El vecino fue multado por la policía.*

**Solución**

- El sujeto de la oración pasiva *(El vecino)* pasa a CD.
- El complemento agente *(la policía)* pasa a sujeto de la oración activa.
- La perífrasis verbal de la oración pasiva *(fue multado)* se convierte en el verbo de la oración activa *(multó)*.

*La policía multó al vecino.*

**22** Transforma las oraciones pasivas siguientes en oraciones activas:

- *La directora fue elegida por toda la comunidad escolar.*
- *Esa casa fue restaurada por mis padres.*
- *Las presas fueran devoradas por el león.*

**23** Determina cuál de estos ejemplos tiene complemento agente. Justifica tu respuesta:

- *Esta población fue asolada por el ciclón.*
- *Esta población fue asolada por apoyar al enemigo.*

### Actividad resuelta

**24** Aplica el *se* no reflexivo a esta oración en la que el CD no tiene preposición:

*Los jardineros regaban las plantas.*

**Solución**

- Se elimina el sujeto *Los jardineros* y se sustituye por *se: Se regaban las plantas.*
- El antiguo CD *(las plantas)* se convierte en el sujeto y concuerda con el verbo:

  *Se regaba la planta.* *Se regaban las plantas.*
- La oración resultante es una oración de pasiva refleja: *Se regaban las plantas.*

**25** Sigue el ejemplo de la actividad anterior y aplica el *se* no reflexivo a las siguientes oraciones personales:

- *La astrónoma descubrió un nuevo planeta.*
- *Los obreros terminaron la obra en enero.*
- *La policía municipal cortó la calle.*

### Actividad resuelta

**26** Aplica la partícula *se* no reflexiva a la siguiente oración en la que el CD tiene preposición:

*Los policías han descubierto a los ladrones.*

**Solución**

- La partícula *se* elimina el sujeto *(Los policías).*
- El verbo se conjuga en 3.ª persona del singular.
- El CD no pasa a sujeto porque tiene preposición.

  El resultado es una oración impersonal: *Se ha descubierto a los ladrones.*

**27** Sigue el modelo de la actividad anterior y convierte estas oraciones en impersonales con *se:*

- *El presidente habla de la pandemia.*
- *Ellos bailaban en un escenario cochambroso.*
- *La humanidad vivía con terror.*

# APLICA LO APRENDIDO

## Reflexiona sobre la gramática

### Solución paso a paso

**1** Determina qué clase de oración es la siguiente:

*Los pasajeros se abrocharon el cinturón.*

**Paso 1.** Identifica si es una oración copulativa o predicativa:

Es una oración predicativa porque su verbo *(abrocharon)* es predicativo, es decir, tiene un significado pleno que expresa un acción.

**Paso 2.** Identifica si es una oración transitiva o una oración intransitiva:

Es una oración transitiva porque se construye con un complemento directo.

**Paso 3.** Identifica si es una oración activa o una oración pasiva.

Es una oración activa porque el sujeto realiza la acción expresada por el verbo.

**Paso 4.** Identifica si es una oración reflexiva o una oración recíproca.

Es una oración reflexiva porque está formada por un sujeto *(Los pasajeros)* y un pronombre *(se)* que complementa al verbo *(abrocharon)* y que se refiere a los mismos individuos que el sujeto *(los pasajeros)*.

**Solución**

*Los pasajeros se abrocharon el cinturón. → Oración predicativa, transitiva, activa, reflexiva.*

**2** Sigue el modelo de la actividad anterior y determina qué clase de oraciones son las siguientes. Luego transfórmalas en pasivas.

- *Algunas personas persiguen el riesgo.*
- *Dos aviones atravesaron nuestro espacio aéreo.*
- *Una piedra rompió el cristal de tu ventana.*
- *Luis vendió los tomates en la plaza.*
- *Estos caballos desbocados saltaron las vallas.*
- *El centro seleccionó a nuestra profe de mates.*
- *Sus dedos recorrieron la página.*

**3** Transforma las siguientes oraciones predicativas en atributivas:

- *Manuela trabaja de fontanera.*
- *Mi primo tiene el cabello rubio.*
- *A estas personas las encuentro interesantes.*
- *Este examen se presenta complicado.*
- *Lucía anda triste últimamente.*
- *En mi familia todos hemos nacido en Toledo.*

**4** Indica si las siguientes oraciones son transitivas o intransitivas:

- *Manuela sonríe todo el tiempo.*
- *Fuimos a nadar al lago.*
- *Mi hermanito nació el martes.*
- *El público escuchaba al pianista.*
- *Llegaron a eso de las nueve.*

**5** Escribe una oración con los siguientes pares de verbos y explica su diferente construcción sintáctica:

*negar / negarse* — *reír / reírse* — *ocupar / ocuparse*

**6** Anula el sujeto de estas oraciones aplicando el *se* no reflexivo y explica qué tipo de oraciones resultan, pasivas reflejas o impersonales:

- *Las parejas bailaron algunos tangos.*
- *El entrenador animó a los jugadores.*
- *La editorial publicó muchos libros.*
- *Todos dependemos de la vacuna.*
- *Los hospitales carecían de medios.*

**7** Inspírate en la imagen para escribir una oración de cada tipo: atributiva, predicativa, transitiva, intransitiva, pasiva, reflexiva y recíproca.

**Repaso interactivo.** Accede a este juego interactivo y repasa el contenido de la unidad en anayaeducacion.es.

Recuerda seleccionar el material de trabajo de esta unidad para tu **portfolio.**

## Organiza tus ideas gramaticales

Copia y completa el organizador visual en tu cuaderno:

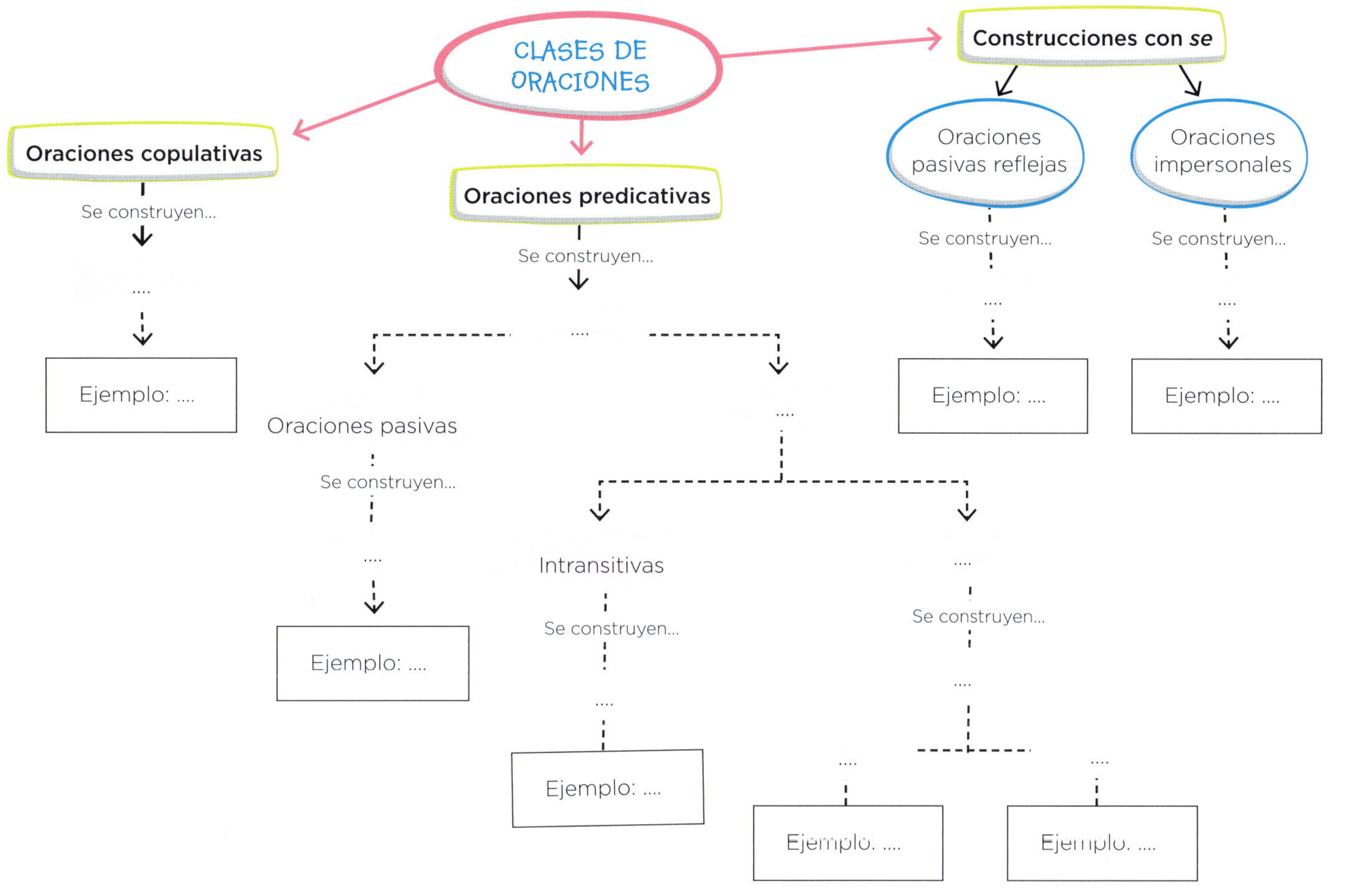


## Practica la ortografía

**1** Lee este texto y realiza las actividades:

Alinor de Bayeux estaba sentada en un escabel en su pequeño camarote. Junto a ella se hallaba su doncella, y las dos bordaban. La dama alzó la cabeza al oír entrar a Lucía, que ensayó una reverencia. Alinor sonrió. Era una mujer de unos cuarenta años, pero todavía muy hermosa. Su cabellera color castaño oscuro estaba cuidadosamente recogida detrás de la cabeza con una redecilla de pedrería, de modo que su rostro quedaba despejado, y sus ojos negrodorados observaban a la muchacha con un brillo de inteligencia. Lucía tragó saliva y trató de alisarse una arruga de su modesto vestido; era la única ropa que llevaba en su equipaje, aparte de alguna muda para su traje masculino. Clavó la mirada en el suelo, deslumbrada ante el traje de seda de la dama.

—Buenos días, muchacha —dijo Alinor de Bayeux con acento musical—. Te llamas Lucía, ¿no es así?

—Buenos días, señora —balbució ella—. Sí, así es.

Laura Gallego, *Finis mundi*, SM.

a) Extrae palabras del texto que sigan estas reglas:

- Se escriben con *ll* las palabras acabadas en *-illo, -illa.*
- Se escriben con *ll* las formas verbales que tienen *ll* en su infinitivo.
- Se escriben con *y* las palabras terminadas en el sonido *i* cuando forma diptongo no acentuado.
- Se escriben con *y* las formas verbales que ya tienen *y* en su infinitivo.

b) En el texto aparece el verbo *oír.* Escribe su pretérito perfecto simple de indicativo.

**2** Escribe oraciones en tu cuaderno con estas parejas de parónimos: *valla/vaya; halla/haya; callado/cayado; hulla/huya; rallar/rayar; pulla/puya.*

**3** ¿En qué consiste el yeísmo? Para un hablante yeísta, las parejas de la actividad 2, ¿son parónimas u homónimas homófonas?

ORTOGRAFÍA CONSULTA EL ANEXO 9 10

Accede a más actividades para practicar la ortografía en anayaeducacion.es.

# 8

# CRUCE DE CAMINOS

El comercio es una de las más antiguas actividades humanas y su historia es la historia de las grandes civilizaciones. El intercambio de mercancías y la creación de mercados y rutas comerciales han sido factores determinantes en el nacimiento de grandes ciudades y grandes culturas. Ya el antiguo Egipto intercambiaba oro, piedras preciosas, maderas o tejidos con la India, Arabia y Etiopía. Más tarde, los comerciantes zarparían de los puertos fenicios hacia los de Egipto, Palestina, India, Babilonia o el Cáucaso. Después, los navegantes griegos herederos de Ulises, el héroe legendario de la mitología griega a quien se dirige el poema de la lectura de la unidad, serían protagonistas de un intenso y fructífero intercambio en el Mediterráneo no solo de mercancías, sino también de ideas, de arte y de valores.

¿Por qué es importante promover un sistema de comercio universal, basado en normas, abierto, no discriminatorio y equitativo? ¿Qué ventajas e inconvenientes tendría?

**Plano abierto.** Accede al vídeo de la unidad en el banco de recursos de **anayaeducacion.es**.

## Intercambia opiniones

EL INTERCAMBIO

- El nuestro es un mundo diverso y plural.
  - ¿Por qué el intercambio y la diversidad enriquecen a las sociedades?
- Con la globalización se facilita el intercambio internacional de bienes, servicios, cultura e ideas.
  - ¿Cuáles son las ventajas y los inconvenientes de la globalización?
- Participar en un programa de intercambio en el extranjero suele ser una gran experiencia para los estudiantes.
  - ¿Has participado o te gustaría participar en uno de esos programas?
  - ¿Qué puede aportarte una experiencia así?

# QUÉ VAS A ENCONTRAR EN ESTA UNIDAD

## 1 LECTURA ODS

Vas a leer un texto de Constantino Cavafis, poeta griego nacido en Alejandría (Egipto), hijo de un comerciante de Constantinopla. En él se nos revela el sentido de la vida y se nos invita a viajar, intercambiar y vivir experiencias. Consulta el vídeo en el banco de recursos de **anayaeducacion.es** y reflexiona sobre el comercio internacional y las alianzas para lograr los objetivos: meta ONU 17.10.

## 2 LITERATURA

Según la mitología griega, el primer poeta fue Orfeo quien, acompañado de su lira, intermediaba entre los dioses y los humanos. Tal es el poder del noble arte de la poesía para expresar los sentimientos y las emociones, y recrear un mundo propio a través del lenguaje.

## 3 GRAMÁTICA

¿Te resulta fácil localizar el sujeto y el predicado en una oración? ¿Sabes diferenciar una oración copulativa de una oración predicativa? Distingues los complementos del verbo en la oración? Revisa los pasos para hacer un buen análisis sintáctico.

**ORTOGRAFÍA** Al final de este libro encontrarás un anexo con reglas ortográficas y actividades que te ayudarán a solucionar las propuestas a lo largo de esta unidad: **signos de puntuación (I).**

# 1 LECTURA

## Comprensión oral

Escucha el texto locutado de la lectura y responde a las siguientes preguntas:

- ¿Hacia dónde se nos propone emprender un viaje?
- ¿Qué dios de la mitología grecorromana se menciona?
- Cita algún consejo que nos da el autor para el viaje.
- ¿Qué lugares nos recomienda visitar?
- ¿En qué etapa de la vida es mejor culminar el viaje?

## Ítaca

Cuando emprendas tu viaje a Ítaca
pide que el camino sea largo,
lleno de aventuras, lleno de experiencias.
No temas a los lestrigones ni a los cíclopes
ni al colérico Poseidón,
seres tales jamás hallarás en tu camino,
si tu pensar es elevado, si selecta
es la emoción que toca tu espíritu y tu cuerpo.
Ni a los lestrigones ni a los cíclopes
ni al salvaje Poseidón encontrarás,
si no los llevas dentro de tu alma,
si no los yergue tu alma ante ti.

Pide que el camino sea largo.
Que muchas sean las mañanas de verano
en que llegues —¡con qué placer y alegría!
a puertos nunca antes vistos.
Detente en los emporios de Fenicia
y hazte con hermosas mercancías,
nácar y coral, ámbar y ébano
y toda suerte de sensuales perfumes,
cuantos más abundantes perfumes sensuales puedas.
Ve a muchas ciudades egipcias
a aprender, a aprender de sus sabios.

Ten siempre a Ítaca en tu mente.
Llegar allí es tu destino.

## Vocabulario

**Cíclope:** en la mitología grecorromana, gigante con un solo ojo, en el centro de la frente.

**Emporio:** ciudad o lugar notable por el florecimiento comercial, gran establecimiento comercial.

**Erguir:** levantar, alzar.

**Lestrigón:** ser perteneciente a alguna de las tribus de antropófagos (comedores de carne humana) que, según los poemas mitológicos, encontró Ulises en su viaje.

**Hipertexto.** Conoce al autor y contextualiza su obra en el banco de recursos de **anayaeducacion.es**.

Mas no apresures nunca el viaje.
Mejor que dure muchos años
y atracar, viejo ya, en la isla,
enriquecido de cuanto ganaste en el camino
sin aguantar a que Ítaca te enriquezca.

Ítaca te brindó tan hermoso viaje.
Sin ella no habrías emprendido el camino.
Pero no tiene ya nada que darte.

Aunque la halles pobre, Ítaca no te ha engañado.
Así, sabio como te has vuelto, con tanta experiencia,
entenderás ya qué significan las Ítacas.

Constantinos Cavafis, *Antología poética,* Alianza.

## Comprende el texto

**Pasión por leer.** Disfruta con la lectura de otros textos literarios sobre la mitología clásica en **anayaeducacion.es**.

### Extrae información

**1** Este texto de Cavafis se inspira en el poema épico griego la *Odisea*, compuesto por Homero en el siglo VIII a. C. Infórmate sobre esta obra y responde a las preguntas: ¿quién era su protagonista?; ¿de dónde regresaba?; tranquilo o lleno de peligros: ¿cómo fue su viaje de vuelta?; ¿cuántos años tardó en regresar a su hogar?

**2** ¿A quién se dirige Cavafis en su poema?

**3** ¿Cuál es el destino final del viaje?

**4** Infórmate sobre quién era Poseidón. ¿Por qué habría de temer a los lestrigones, a los cíclopes o a Poseidón?

**5** ¿Qué mercancías se deben adquirir en Fenicia? ¿Qué hay que hacer en Egipto?

**6** ¿Cuánto tiempo es recomendable que dure el viaje?

**7** Completa en tu cuaderno este organizador visual:

| Estructura | | |
|---|---|---|
| 1.ª parte | Inicio del viaje | Versos: .... |
| 2.ª parte | Desarrollo del viaje | Versos: .... |
| 3.ª parte | Final del viaje | Versos: .... |

### Reflexiona sobre la lengua

**8** Indica cuál de estos usos de la raya observas en el siguiente verso: para separar aclaraciones o incisos; para señalar los comentarios del narrador o de la narradora; para introducir un diálogo.

*en que llegues —¡con qué placer y alegría!—*

- ¿Podrían haberse utilizado los paréntesis con la misma finalidad?

**9** Reescribe el siguiente texto dándole forma de diálogo y marcando las intervenciones con la raya:

Cavafis pregunta a Ulises cuál es el destino de su viaje y este le responde que Ítaca, adonde quiere llegar lo antes posible, pues su amada Penélope lo espera. Entonces el poeta le desea un buen viaje, lleno de aventuras y experiencias.

**10** **1-2-4.** Si el texto formara parte de una composición más extensa, ¿qué signo debería indicarlo?

ORTOGRAFÍA CONSULTA EL ANEXO 11

**11** ¿Qué forma verbal predomina en el poema? ¿Cuál es su función?

DESCRIBIR NARRAR ACONSEJAR

**12** ¿Con qué dos adjetivos se califica a Poseidón?

**13** Indica qué recurso retórico aparece aquí:

*Ítaca no te ha engañado.*

**14** ¿Qué hipónimos del hiperónimo «mercancías hermosas» se recogen en el poema?

### Interpreta y analiza

**15** ¿Cómo desearía Cavafis que fuera el camino? ¿Para qué?

**16** El texto de Cavafis está lleno de metáforas. Relaciona cada término real con su término imaginario.

| TÉRMINO REAL | TÉRMINO IMAGINARIO |
|---|---|
| La meta de nuestra vida | El viaje |
| Nuestros miedos interiores | Los monstruos y lestrigones |
| El recorrido de la vida | La isla de Ítaca |

**17** Identifica la opción que mejor refleje el consejo central del poema y justifica tu respuesta.

- Lo importante es que disfrutes del camino.
- Viajar y conocer otros países enriquecerá tu vida.
- Lo único importante es alcanzar tu meta.
- Nunca olvides tu meta, pero disfruta del viaje.

**18** **Parada de cinco minutos.** Explica el significado de los seis últimos versos del poema.

### Valora y relaciona con tu mundo

**19** **Conformidad y consenso.** El poema es todo un canto a la vida, al disfrute del viaje. ¿Es un mensaje optimista o pesimista? Explícalo brevemente.

**20** **El espejo.** Por parejas, buscad y leed el proverbio XXIX de Antonio Machado en su libro *Campos de Castilla*, y señalad la relación con este poema de Cavafis.

**21** ¿Te gusta viajar? ¿Qué es lo que más disfrutas cuando viajas?

## Amplía tu vocabulario

# EL VALOR

Emprender el viaje de la vida es disfrutar de los acontecimientos que lo van forjando, afrontando con **valor** los obstáculos del camino hasta llegar, enriquecidos, a nuestra propia Ítaca.

**1** El valor es una virtud que posee la persona capaz de seguir su camino sin eludir los peligros y enfrentándose a las adversidades. Se dice de esa persona que es *valerosa.* Encuentra en la nube cuatro sinónimos de esta palabra:

poderosa · valiente · audaz · osada · miedosa · imprudente · circunspecta · intrépida · impávida · serena · arriesgada · temeraria

**2** En un poema como la *Odisea,* los héroes como Ulises realizan hazañas admirables. Pero las palabras *heroína* o *héroe* las utilizamos a veces para referirnos a personas normales que realizan una acción abnegada en beneficio de los demás. Imagina y explica un contexto en el que podrías utilizarlas.

**3** El sustantivo *valor* posee varios significados. Clasifica en tu cuaderno los términos siguientes según indiquen: precio, coraje o utilidad.

valoración · mérito · interés · importancia · audacia · importe · coste · valentía · arrojo

**4** Sustituye en tu cuaderno la palabra *valor* por un sinónimo adecuado:

- *Este cuadro de Matisse tiene un* valor *incalculable.*
- *Desconozco el* valor *de esas declaraciones.*
- *Tuvo el* valor *de enfrentarse a los lestrigones.*

**5** ¿Qué expresión de las siguientes significa `tener valor´? Empléala en una oración.

*Estar de capa caída* • *Tener agallas* • *Ser de bandera*

**6** *Poner en valor algo* o *a alguien* quiere decir:

- *Poner en exposición algo para que se pueda contemplar mejor.*
- *Resaltar las cualidades de algo para que se aprecie mejor.*

**7** Lo contrario de *valentía* es *cobardía.* ¿Es lo mismo *cobardía* que *miedo?* Justifica tu respuesta.

**8** *Bravo* es sinónimo de *valiente.* ¿Es *bravucón* un simple aumentativo de *bravo?* Explícalo.

**9** ¿Qué significa la expresión «armarse de valor»? Imagina y explica un contexto en el que podrías utilizarla.

**10** Explica el significado de este pensamiento de Machado incluido en sus *Proverbios y cantares:*

Todo necio confunde valor y precio.

Constantinos Cavafis (1863-1933), poeta griego.

## 2 LITERATURA

# EL GÉNERO POÉTICO

Safo de Lesbos, poeta de la Grecia antigua que vivió entre los siglos VII y VI a.C.

### Los acentos

Mediante la adecuada combinación de sílabas tónicas y átonas se consigue la musicalidad del poema.

### La *y*

Cuando la letra *y* suena como la *i (muy, doy, buey...)* recibe el mismo tratamiento en las sinalefas que una vocal:

*se quedará vacía y silenciosa*

## 2.1 El género poético

El **poema** está compuesto, generalmente, de **versos** y de **estrofas** y en su creación, se ha de tener en cuenta el **ritmo.**

El ritmo se consigue, principalmente, mediante la **medida silábica** de los versos, la **rima** y los **acentos.**

### La medida silábica

Para contar las sílabas que tiene un verso, se siguen las normas generales de división de sílabas, pero hay que tener en cuenta estos factores que influyen en el cómputo final.

- La **sinalefa.** Cuando una palabra, en el interior de un verso, termina en vocal y la siguiente empieza por vocal, ambas vocales forman parte de la misma sílaba métrica. La *h* no impide que haya sinalefa.

Mi-ró- Ce-lia u-na- ro-sa- que en- el- pra-do 11 sílabas
os-ten-ta-ba- fe-liz- la- pom-pa- va-na 11 sílabas
y- con- a-fei-tes- de- car-mín- y- gra-na 11 sílabas
ba-ña-ba- a-le-gre el- ros-tro- de-li-ca-do 11 sílabas
Sor Juana Inés de la Cruz

A-quel- que ha-lló un- lu-gar- pien-sa en- mar-char-se. 11 sílabas
El- que- no- lo ha-lló- nun-ca 7 sílabas
es- des-di-cha-do. 5 sílabas
Felipe Benítez Reyes

- La **última palabra del verso.** Si el verso termina en palabra aguda o monosílaba, hay que sumar una sílaba más al total de sílabas del verso. En cambio, si termina en palabra esdrújula, hay que restar una sílaba.

Mi-ré- la- sen-da-, la- ha-llé $7 + 1 = 8$
ex-tra-ña- y- co-mo- so-ña-da. 8
¡Y- en- el- al-ba- de- dia-man-te 8
tu-ve- mi- ca-ra- de- lá-gri-mas. $9 - 1 = 8$
Gabriela Mistral

- La **diéresis** se produce cuando dos vocales que forman un diptongo se pronuncian en sílabas diferentes y, por tanto, pertenecen a sílabas métricas distintas. Para señalar este fenómeno, colocamos dos puntos sobre la vocal débil.

La- más- be-lla- ni-ña 6
de- nues-tro- lu-gar, $5 + 1 = 6$
hoy- vï-u-da y- so-la 6
y a-yer- por- ca-sar. $5 + 1 = 6$
Luis de Góngora

- La **sinéresis,** en cambio, se produce cuando dos vocales abiertas, que deberían pertenecer a sílabas diferentes, forman un diptongo; es decir, constituyen una misma sílaba métrica.

Con- mo-vi-mien-to- rít-mi-co- se- ba-lan-ce- a el- ni-ño 14 sílabas
José Asunción Silva

## La rima

La **rima** es la repetición de los sonidos del final de los versos de un poema a partir de la última vocal tónica.

Para establecer la rima de un poema, hay que tener en cuenta que:

- La *b* y la *v* suenan igual en castellano, por eso puede darse el caso de que rimen en consonante una palabra que lleve *b* y otra que lleve *v:*

  Como amenaza lluvia
  se ha vuelto morena la tarde que era rubia (Carlos Pellicer).

- Lo mismo ocurre con la *j* y la *g* en aquellos casos en los que suenan igual.

  Ora arremetes y ruges,
  ora con el peso crujes (José Martí).

- Si la última palabra del verso tiene diptongo, solo se tiene en cuenta para la rima asonante la vocal fuerte.

  Ya maniatado le dije:
  —Pájaros matasteis vos,
  y voy a tomar venganza,
  ahora que mío sois (Alfonsina Storni).

- Si la última palabra es esdrújula, solo se tienen en cuenta para la rima asonante la primera y la tercera vocal.

  He dicho que cantabas en el viento
  como los pinos y como los mástiles.
  Como ellos eres alta y taciturna.
  Y entristeces de pronto, como un viaje (Pablo Neruda).

### Recuerda

- La rima es **consonante** cuando se repiten todos los sonidos a partir de la última vocal tónica.
- La rima es **asonante** cuando se repiten solo los sonidos vocálicos.

## Actividades

**1** Lee el poema y responde a las preguntas:

Si yo fuera azúcar
y tú fueras almohada,
si yo fuera pan
y tú amor escarchado en la nevera,
si fuéramos
la ranura blanca
de una puerta que se abre en la oscuridad,
o las luciérnagas que brotan
de las latas de conserva,
si fueras mi bolsillo
y yo puño de moras recién cortadas,
¡cómo se enredaría la brisa alrededor nuestro
para formar una canción inmensa
de burbujas celestes y amarillas,
enmarcando la extensión antigua de las ventanas!

Ana Istarú, en *Raíz de amor, Antología poética,* Alfaguara.

a) ¿Tienen los versos el mismo número de sílabas?

b) ¿Qué versos ha combinado la autora?

**2** Analiza la rima de este poema. Presta atención a los diptongos y a las palabras esdrújulas.

¡Alas quisiera tener
y recorrer los espacios
viviendo la libertad
deliciosa de los pájaros!

¡Elevarse la tierra
y surcar todos los mares
volando sobre los trópicos,
sobre las tierras polares!

Hacer nido en primavera,
deshaciéndose después.
¡Y pasar año tras año
sin recordar lo que fue!...

¡Qué existencia deliciosa!
¡Alas quisiera tener!

Concha Méndez, en *Antología poética de la generación del 27,* Santillana.

## 2.2 La estrofa

La **estrofa** es un conjunto de dos o más versos que forman una estructura fija en su medida silábica y en la rima, que se repite a lo largo del poema.

### El esquema métrico de la estrofa

El **esquema métrico** refleja la estructura fija de la estrofa y está representado por números y letras: los números indican la medida silábica, y las letras, la rima.

Observa este poema:

Ni ruiseñor de sangre, mármol puro, 11A
ni curva, tan perfecta geometría, 11B
ni temblor de la carne en alegría, 11B
mármol tan solo, mármol, mármol, duro. 11A

Celia Viñas

Ten en cuenta:

- Cada verso tiene 11 sílabas. Observa cómo hemos señalado la sinalefa.
- A los versos que tienen la misma rima les corresponde la misma letra.
- Las letras son mayúsculas porque son versos de arte mayor, es decir, tienen más de 8 sílabas. Si tuvieran 8 sílabas o menos, las letras estarían en minúscula.
- El esquema métrico es el siguiente: ABBA.

### Actividades

**3** Escribe el esquema métrico de este poema:

Junto al río transparente
que el astro rubio colora
y riza el aura naciente
llora Leda la pastora.

De amarga hiel es su llanto.
¿Qué llora la pastorcilla?
¿Qué pena, qué gran quebranto
puso blanca su mejilla?

¡Su pastor la ha abandonado!
A la ciudad se marchó
y solita la dejó
a la vera del ganado.

¡Ya no comparte su choza
ni amamanta a su cordero!
¡Ya no le dice: «Te quiero»,
y llora y llora la moza!

Miguel Hernández,
*Antología poética,* Vicens Vives.

Miguel Hernández (1910-1942), poeta y dramaturgo español.

## Clase de estrofas

En el curso anterior estudiaste el pareado, el terceto, la copla, la redondilla y la cuarteta. En este vas a conocer el cuarteto, la cuaderna vía, la lira, la sextilla y la décima.

| Estrofa | Definición | Ejemplo |
|---|---|---|
| **Cuarteto** | Estrofa de cuatro versos de arte mayor cuya rima responde al siguiente esquema: **ABBA.** | Estaba echado yo en la tierra, enfrente 11A<br>del infinito campo de Castilla; 11B<br>que el otoño envolvía en la amarilla 11B<br>dulzura de su claro sol poniente. 11A<br>Juan Ramón Jiménez |
| **Cuaderna vía** | Estrofa de cuatro versos de catorce sílabas que tienen la misma rima: **AAAA.** | Esta bendita Virgen es estrella llamada, 14A<br>estrella de los mares y guía muy deseada 14A<br>es de los marineros en la cuita implorada; 14A<br>porque cuando la ven la nave va guiada. 14A<br>Gonzalo de Berceo |
| **Lira** | Estrofa que combina dos versos endecasílabos y tres heptasílabos, cuyo esquema métrico es: **aBabB.** | Si de mi baja lira 7a<br>tanto pudiese el son, que en un momento 11B<br>aplacase la ira 7a<br>del animoso viento, 7b<br>y la furia del mar y el movimiento. 11B<br>Garcilaso de la Vega |
| **Sextilla** | Estrofa formada por seis versos (generalmente octosílabos) con rima consonante. | Soy un perenne deseo, 8a<br>y en ti veo 4a<br>mi objeto digno, inmortal. 8b<br>Soy una inquieta esperanza 8c<br>que en ti alcanza 4c<br>su complemento final. 8b<br>Gertrudis Gómez de Avellaneda |
| **Décima** | Estrofa formada por diez versos con rima consonante. La que recibe el nombre de espinela es de arte menor con esta estructura: **abbaaccddc.** | Celos tuve, mas, querida, 8a<br>de los celos me burlaba; 8b<br>antes en ellos hallaba 8b<br>sainetes para la vida; 8a<br>ya, sola y aborrecida, 8a<br>Tántalo en sus glorias soy; 8c<br>rabiando de sed estoy, 8c<br>¡ay, qué penas! ¡ay, qué agravios!, 8d<br>pues con el agua a los labios, 8d<br>mayor tormento me doy. 8c<br>María de Zayas y Sotomayor. |

### Recuerda

- **Pareado:** estrofa de dos versos, de arte menor o mayor, que riman entre sí.
- **Terceto:** estrofa de tres versos de arte mayor y rima ABA.
- **Copla:** estrofa de cuatro versos octosílabos con rima asonante.
- **Redondilla:** estrofa de cuatro versos de arte menor y rima consonante abba.
- **Cuarteta:** estrofa de cuatro versos de arte menor y rima consonante abab.

«Estaba echado yo en la tierra, enfrente / del infinito campo de Castilla…» (Juan Ramón Jiménez).

## Otras composiciones poéticas

El **poema estrófico** es un tipo de composición poética que consta de una determinada combinación de estrofas; como, por ejemplo, el **soneto.**

El **soneto** es un poema estrófico de catorce versos endecasílabos distribuidos en dos cuartetos y dos tercetos. El esquema métrico del siguiente soneto es:

**ABAB ABAB CDC DCD**

| | |
|---|---|
| En invernales horas, mirad a Carolina. | 11A |
| Medio apelotonada, descansa en el sillón, | 11B |
| envuelta con su abrigo de marta cibelina | 11A |
| y no lejos del fuego que brilla en el salón. | 11B |
| El fino angora blanco junto a ella se reclina, | 11A |
| rozando con su hocico la falda de Aleçón, | 11B |
| no lejos de las jarras de porcelana china | 11A |
| que medio oculta un biombo de seda del Japón. | 11B |
| Con sus sutiles filtros la invade un dulce sueño: | 11C |
| entro, sin hacer ruido: dejo mi abrigo gris; | 11D |
| voy a besar su rostro, rosado y halagüeño | 11C |
| como una rosa roja que fuera flor de lis. | 11D |
| Abre los ojos; mírame con su mirar risueño, | 11C |
| y en tanto cae la nieve del cielo de París. | 11D |

Rubén Darío, *Azul... Cantos de vida y esperanza,* Cátedra.

El **poema no estrófico** es un tipo de composición poética cuyos versos no se agrupan en estrofas; como, por ejemplo, el **romance.**

El **romance** es una serie ilimitada de octosílabos en la que riman los versos pares en asonante, cuyo esquema métrico es el siguiente:

**8– 8a 8– 8a 8– 8a...**

| | |
|---|---|
| El mundo fue más hermoso | 8– |
| desde que me hiciste aliada, | 8a |
| cuando junto de un espino | 8– |
| nos quedamos sin palabras | 8a |
| ¡y el amor como el espino | 8– |
| nos traspasó de fragancia! [...] | 8a |
| Beso que tu boca entregue | 8– |
| a mis oídos alcanza, | 8a |
| porque las grutas profundas | 8– |
| me devuelven tus palabras. | 8a |
| El polvo de los senderos | 8– |
| guarda el olor de tus plantas. | 8a |
| Y oteándolas como un ciervo, | 8– |
| te sigo por las montañas. [...] | 8a |
| Si te vas y mueres lejos, | 8– |
| tendrás la mano ahuecada | 8a |
| diez años bajo la tierra | 8– |
| para recibir mis lágrimas, | 8a |
| sintiendo cómo te tiemblan | 8– |
| las carnes atribuladas, | 8a |
| ¡hasta que te espolvoreen | 8– |
| mis huesos sobre la cara! | 8a |

Gabriela Mistral, *Antología de las mejores poesías de amor en lengua española,* La Esfera de los Libros.

Gabriela Mistral (1889-1957), poeta chilena.

## Actividades

**4** Lee este poema de Luis García Montero:

**El otoño**

El otoño es un barco que navega
con abrigos, silencios y paraguas,
sobre los parques y las arboledas.

¡Gaviotas amarillas!
Son hojas las que vuelan
y caen lentamente
hasta pisar la tierra.

El cielo frío se parece al humo
de los barcos sin velas
que dibujan el sueño de los vientos
con los pinceles de sus chimeneas.

Yo soy el marinero del otoño.
Mira mi barca seca
y las bellas gaviotas melancólicas
volando en mi cabeza.

En la orilla dormida de la tarde
hay olas de silencio y tristeza.

Por las ramas desnudas,
por el agua secreta,
por los abrigos grises,
el otoño navega
como un barco perdido
sobre las arboledas.

Luis García Montero, *Botella al mar. Antología poética,* Biblioteca Teide.

a) Resume el tema del texto en una línea.

b) Analiza el esquema métrico de la tercera estrofa.

c) Localiza en el poema ejemplos de metáfora, personificación, comparación y paralelismo.

**5** Indica qué clase de estrofas son los ejemplos siguientes:

Él va amando a otra
por la tierra en flor.
Ha abierto el espino;
pasa una canción.
¡Y él va amando a otra
por la tierra en flor!

Gabriela Mistral. *Antología,* RAE.

En soledad vivía,
y en soledad ha puesto ya su nido,
y en soledad la guía
a solas su querido,
también en soledad de amor herido.

San Juan de la Cruz, *Poesía,* Cátedra.

**6** Lee este poema y realiza las actividades:

Cuentan de un sabio, que un día
tan pobre y mísero estaba,
que solo se sustentaba
de unas hierbas que cogía.
¿Habrá otro —entre sí decía—
más pobre y triste que yo?
Y cuando el rostro volvió
halló la respuesta, viendo
que iba otro sabio cogiendo
las hojas que él arrojó.

Calderón de la Barca, *La vida es sueño,* Austral.

a) Realiza el análisis métrico del poema.

b) ¿Qué estrofa ha empleado el autor?

c) ¿Qué lección podemos extraer del poema?

d) Inventa y escribe una moraleja.

**7** Lee este poema y realiza las actividades:

**A Gijón**

¡Gijón! ¡Gijón! El mar en oleadas
vierte en ti su infinita poesía,
y el sol primaveral bello te envía
sus caricias fulgentes, nacaradas.

Por doquier tus suaves pomaradas
perfuman el ambiente de alegría,
y, doquiera también, la brisa pía
purifica tus calles esmaltadas.

Vaya hoy mi canto a ti, con dulce acento
mientras oigo del mar los soberanos
arrullos, y transporte el raudo viento

mi saludo a los nobles asturianos:
¡Es la ofrenda de un vivo sentimiento
al pueblo en que naciera Jovellanos!

Rosario Acuña

a) ¿De qué trata el soneto?

b) Analiza su esquema métrico.

c) ¿Cumple este poema las características propias de los sonetos?

d) Identifica varias sinalefas.

# UNA COMPETICIÓN RAPERA

¿TE ANIMAS A RAPEAR LOS VERSOS DE POETAS CLÁSICOS DE NUESTRA LITERATURA?

## UNA COMPETICIÓN RAPERA

### LEE

Infórmate sobre un concurso de rap.

1 Observa y lee el cartel y responde a las preguntas:

a) ¿Qué tipo de texto predomina en él?

Expositivo | Descriptivo | Narrativo

b) ¿Dónde podrías ver un cartel de este tipo?

c) ¿Con qué objetivo se publica un cartel como este?

d) ¿Qué ideas crees que pretende transmitir?

e) ¿Dónde se va a celebrar el concurso de rap?

f) ¿En qué fecha?

g) ¿Quién convoca este evento?

h) ¿Qué elementos no verbales se utilizan?

i) ¿Conoces este tipo de competiciones? ¿Qué sabes de ellas? Comparte esta información con tus compañeros y compañeras de clase.

j) ¿Has participado o acudido como público a algún concurso de este tipo? ¿Te gustaría hacerlo? ¿Por qué?

**Webquest.** Accede a esta actividad en el banco de recursos de anayaeducacion.es e investiga sobre blogs de poesía.

UNA COMPETICIÓN RAPERA

# ESCUCHA

Disfruta de la poesía clásica a ritmo de rap.

**2** Escucha y aprecia estos poemas de dos grandes poetas de nuestra literatura cantados a ritmo de rap.

## ESTO ES AMOR

Desmayarse, atreverse, estar furioso,
áspero, tierno, liberal, esquivo,
alentado, mortal, difunto, vivo,
leal, traidor, cobarde y animoso;

no hallar fuera del bien centro y reposo,
mostrarse alegre, triste, humilde, altivo,
enojado, valiente, fugitivo,
satisfecho, ofendido, receloso;

huir el rostro al claro desengaño,
beber veneno por licor suave,
olvidar el provecho, amar el daño;

creer que un cielo en un infierno cabe,
dar la vida y el alma a un desengaño;
esto es amor, quien lo probó lo sabe.

Lope de Vega

## CORRESPONDENCIAS ENTRE AMAR Y ABORRECER

Feliciano me adora y le aborrezco;
Lisardo me aborrece y yo le adoro;
por quien no me apetece ingrato, lloro,
y al que me llora tierno no apetezco.

A quien más me desdora, el alma ofrezco;
a quien me ofrece víctimas, desdoro;
desprecio al que enriquece mi decoro,
y al que le hace desprecios, enriquezco.

Si con mi ofensa al uno reconvengo,
me reconviene el otro a mí ofendido;
y a padecer de todos modos vengo,

pues ambos atormentan mi sentido:
aqueste con pedir lo que no tengo,
y aquel con no tener lo que le pido.

Sor Juana Inés de la Cruz

a) ¿Cuál es el tema de cada rap?

b) Resume brevemente el contenido de cada uno de ellos.

c) ¿Qué verso de qué estrofa se repite en el primer rap? ¿Y en el segundo? ¿Por qué crees que lo hace así el artista?

d) ¿Qué tipo de poema estrófico se emplea en los poemas?

e) ¿Qué recursos literarios se utilizan?

f) Escucha ahora la versión instrumental y canta los poemas de Lope de Vega y sor Juana Inés de la Cruz a ritmo de rap.

UNA COMPETICIÓN RAPERA

## ESCRIBE

Descubre y cultiva tus gustos poéticos.

**3** Elige un poema con el que participar en la competición rapera y estúdialo.

a) Visita la biblioteca de tu centro escolar o de tu localidad, hojea algunos libros de poesía y pide en préstamo aquel que más te inspire.

b) Elige un buen momento y un lugar tranquilo y cómodo para leerlo.

c) Si puedes, lee los poemas en voz alta para descubrir su ritmo, así como la entonación y la vocalización que requiere cada poema.

d) Selecciona el poema que más te haya gustado y léelo las veces que sean necesarias hasta entenderlo bien y descubrir su belleza.

e) Estudia a fondo tu poema. Conocerlo te ayudará a disfrutar más con él y rapearlo con éxito.

### ANALIZA EL CONTENIDO DEL POEMA

- ¿Cuál es el tema del poema?
- ¿Qué sentimientos se plasman en sus versos, qué emociones ha querido transmitir su autor o autora?
- ¿A quién se dirige la voz poética?
- ¿Cuál es la actitud del yo lírico? ¿Utiliza la primera, segunda o tercera persona?
- ¿Cuáles son las partes en que se divide el poema según su contenido? Analiza su estructura utilizando para ello un organizador visual.

### ANALIZA LA FORMA DEL POEMA

- Determina qué tipo de composición poética se utiliza en tu poema. Para ello, fíjate en:
  - la medida silábica,
  - la rima,
  - la estrofa y su esquema métrico.

  SONETO | ODA | REDONDILLA | COPLA | ROMANCE | LIRA | SILVA

  Realizar un buen análisis métrico es fundamental para descubrir el ritmo de la poesía y facilitar después ponerle música.
- ¿Qué recursos literarios identificas en tu poema? Recuerda:

| FÓNICOS | SEMÁNTICOS | MORFOSINTÁCTICOS |
|---|---|---|
| – Aliteración | – Comparación | – Anáfora |
| – Onomatopeya | – Personificación | – Paralelismo |
| – Paronomasia | – Metáfora | – Epíteto |
| | – Metonimia | – Hipérbaton |
| | – Hipérbole | |

f) Con toda lo que ya sabes sobre el poema que has elegido, redacta un breve comentario de texto que te ayude a ordenar la información.

g) ¿Qué es lo que más te atrae de tu poema? ¿Cómo te hace sentir al leerlo?

UNA COMPETICIÓN RAPERA

# HABLA

Canta un poema a ritmo de rap.

**4** Rapea el poema que has preparado.

a) Entrénate siguiendo estas pautas:

## CONSEJOS PARA RAPEAR

1. Escucha otra vez las canciones de la actividad 2 para familiarizarte con el rap, un estilo musical de origen afroamericano con un ritmo y una letra entre la recitación y el canto.
2. Memoriza los versos del poema elegido, esto aportará fluidez y expresividad a tu interpretación.
3. Pronuncia las palabras con claridad. Puedes darle más fuerza a las consonantes para asegurarte de que se te entiende bien.
4. Enfatiza el ritmo del rap con tu voz, con tu cuerpo y con tu actitud.
5. Graba tu rap previamente para autoevaluarte y corregir aquellos aspectos que consideres mejorables.

b) Rapea tus versos delante del resto de la clase. Escucha después los suyos con respeto, atención e interés.

**5** Elegid por votación las tres interpretaciones que más hayan gustado a la mayoría. Responded:

- ¿Por qué las habéis elegido?
- ¿Qué criterios habéis tenido en cuenta a la hora de darles o no vuestro voto?

**6** Después del concurso, reflexiona:

- ¿Qué es lo que te ha gustado más de esta actividad? ¿Por qué?
- ¿Cómo te has sentido? Comparte tus emociones y sentimientos en voz alta y escucha también al resto de tus compañeros y compañeras.

## Reflexiona sobre este ámbito profesional

¿Has pensado alguna vez en qué profesionales son necesarios para publicar un disco de rap o de cualquier otro estilo musical? En grupos, organizad una tormenta de ideas para averiguarlo. Luego, responded a estas preguntas:

- ¿Qué función desempeña cada profesional?
- ¿Qué formación habrá tenido que seguir para ejercer su profesión?
- ¿Qué habilidades y conocimientos son necesarios para desarrollar las tareas propias de cada oficio?
- ¿Crees que es importante que estos profesionales estén en contacto con otras artes para enriquecer su trabajo? ¿Con qué artes? ¿Por qué?
- ¿A cuál de todas las profesiones mencionadas te sientes más cercano o cercana? ¿Por qué? ¿Cómo te sentirías ejerciéndola?
- ¿Para cuál de todas estas profesiones estás mejor dotada o dotado?

# 3 GRAMÁTICA

## EL ANÁLISIS SINTÁCTICO

**Recuerda**

Las **formas no personales** no tienen desinencias, sino que añaden a la raíz los sufijos *-ar, -er, -ir* para el infinitivo *(hablar, beber, vivir)*, *-ando, -iendo* para el gerundio *(hablando, comiendo)* y *-ado, -ido* para el participio *(hablado, partido)*.

## 3.1 Análisis de sintagmas

### Analiza el sintagma nominal

El núcleo del sintagma nominal (nombre o pronombre) puede estar acompañado por:

- **Determinantes** (Det.): funcionan como determinantes los artículos, los demostrativos, los posesivos, los indefinidos, los numerales, así como algunos relativos, interrogativos y exclamativos: *la moto, esa clase, mi casa, varios invitados, dos caramelos, cuya amiga, ¿qué bicicleta?, ¡qué regalo!...*
- **Complementos del nombre** (CN): funcionan como complementos del nombre un SAdj. *(mi hijo pequeño)*, un SPrep. *(un hotel de Canarias)* o un SN en aposición *(Velázquez, pintor de reyes)*.

Por ejemplo:

| Aquel | veloz | coche | Ferrari | de carreras. |
|---|---|---|---|---|
| DET. | CN (ADJ.) | NÚCLEO | CN (APOS.) | CN (SPREP.) |

### Analiza el sintagma adjetival

El sintagma adjetival consta de un núcleo (adjetivo) que puede estar acompañado de un modificador adverbial y de complementos con preposición:

| muy | lleno | de estrellas |
|---|---|---|
| MODIF. | NÚCLEO | CADJ. (SPREP.) |

### Analiza el sintagma adverbial

El sintagma adverbial está compuesto por un núcleo (adverbio) que puede estar acompañado de un modificador adverbial y de un complemento con preposición:

| Exactamente | antes | de la cena |
|---|---|---|
| MODIF. | NÚCLEO | CADV. (SPREP.) |

### Analiza el sintagma preposicional

El sintagma preposicional está compuesto por una preposición y su término, que puede ser un SN, un SAdj., un SAdv. o un SPrep.

| para | mis | amigos |
|---|---|---|
| | DET. | NÚCLEO |
| PREP. | TÉRMINO | |
| SPREP. | | |

## 3.2 Análisis de oraciones

### Paso 1. Localiza el núcleo del SV predicado

Lo primero que debes hacer para analizar una oración es identificar el **núcleo** del sintagma verbal (SV). Para ello, busca el verbo en forma personal, es decir, la forma verbal que añade a la raíz las desinencias de número, persona, tiempo, modo y aspecto *(cantaba, cantamos, habéis cantado...)*.

## Paso 2. Identifica el sujeto de la oración

El **sujeto** (S) de la oración es un **sintagma nominal** (SN) cuyo núcleo concuerda en número y persona con el verbo y que puede ser sustituido por los pronombres personales tónicos *yo, tú, él/ella/ello, nosotros/nosotras, vosotros/vosotras, ellos/ellas.*

**Cómo localizar el sujeto**

Para saber si un SN es sujeto:

- Modifica el número del núcleo del SN y comprueba si el verbo también modifica su número:

  *La manzana maduraba en el árbol.* → *Las manzanas maduraban en el árbol.*

  *Ella camina rápidamente.* → *Ellas caminan rápidamente.*

- Sustituye el SN por un pronombre. Si el sustituto pertenece al conjunto de pronombres personales tónicos *(yo, tú, él...),* entonces es sujeto. De lo contrario, no será sujeto.

  *Las manzanas maduraban. → Ellas maduraban.*

- Recuerda: delante del sujeto nunca hay una preposición.

## Paso 3. Identifica el predicado de la oración

Una vez localizado el sujeto, el resto de la oración es su **predicado** (P), que es un **sintagma verbal** (SV) cuyo núcleo es siempre un verbo.

| Aquellas personas | realizaban un buen trabajo todos los años. |
|---|---|
| SUJETO (SN) | PREDICADO (SV) |

Ahora es importante que analices si el verbo núcleo del predicado es **copulativo** (verbo con un significado reducido) o **predicativo** (verbo con significado pleno), porque en cada uno de los casos, los complementos que debes buscar son distintos.

## Paso 4. Identifica los complementos del verbo copulativo

Si el verbo es **copulativo** *(ser, estar, parecer),* el complemento que deberás buscar es un **atributo** (Atrib.) El atributo puede ser un sintagma adjetival (SAdj.), un sintagma nominal (SN), un sintagma adverbial (SAdv.) y un sintagma preposicional (SPrep.). Se puede sustituir por el pronombre neutro *lo.*

| El | planeta | parecía | habitado. |
|---|---|---|---|
| DET. | NÚCLEO | NÚCLEO | ATRIB. (SADJ.) |
| SUJETO | | PREDICADO | |

| Su | casa | estaba | lejos. |
|---|---|---|---|
| DET. | NÚCLEO | NÚCLEO | ATRIB. (SADV.) |
| SUJETO | | PREDICADO | |

| El | monstruo | era | mi amigo. |
|---|---|---|---|
| DET. | NÚCLEO | NÚCLEO | ATRIB. (SN) |
| SUJETO | | PREDICADO | |

| Ese | barco | es | de Málaga. |
|---|---|---|---|
| DET. | NÚCLEO | NÚCLEO | ATRIB. (SPREP.) |
| SUJETO | | PREDICADO | |

A veces, pueden aparecer **complementos circunstanciales** (CC).

| Su | habitación | estaba | muy ordenada | siempre. |
|---|---|---|---|---|
| DET. | NÚCLEO | NÚCLEO | ATRIB. (SADJ.) | CC |
| SUJETO | | PREDICADO | | |

**La brújula del español.** Accede a esta guía del uso del español correcto en el banco de recursos de **anayaeducacion.es**.

## Paso 5. Identifica los complementos del verbo predicativo

- El **complemento directo** (CD) es un SN que acompaña a los verbos transitivos y se puede sustituir por los pronombres *lo, la, los, las.*

| Pablo | lee | el | libro. |
|---|---|---|---|
| | | DET. | NÚCLEO |
| | NÚCLEO | CD | |
| | PREDICADO | | |

- El **complemento indirecto** (CI) es un SN al que precede siempre la preposición *a*. El CI puede sustituirse por los pronombres *le, les* o aparecer junto a ellos: *Felipe compró regalos a todas sus sobrinas; Felipe les compró regalos; Felipe les compró regalos a sus sobrinas.*

| Felipe | compró | regalos | a | sus sobrinas. |
|---|---|---|---|---|
| | | | PREP. | SN |
| | NÚCLEO | CD | CI | |
| | PREDICADO | | | |

- El **complemento de régimen** (CR) es un sintagma preposicional compuesto por una preposición exigida por el verbo y un SN. Es muy común con verbos pronominales: *Se reía de sus ocurrencias; Recurrió a su médica.*

| Confiaba | en | sus amigos. |
|---|---|---|
| | PREP. | SN |
| NÚCLEO | CR | |
| PREDICADO | | |

- El **complemento agente** (CAG.) es un sintagma preposicional compuesto por la preposición *por,* que acompaña al núcleo verbal que está formado por el verbo auxiliar *ser* y un participio *(es vendido, fue publicado...).*

| Los | coches | fueron detenidos | por la policía. |
|---|---|---|---|
| DET. | NÚCLEO | NÚCLEO | CAG. |
| SUJETO | | PREDICADO | |

- Los **complementos circunstanciales** (CC) son un SAdv., un SN o un SPrep. que indican las circunstancias en las que se realiza el proceso verbal. En una misma oración es compatible la presencia de varios circunstanciales.

| Montaba | los lunes | en el parque. |
|---|---|---|
| NÚCLEO | CCTIEMPO | CCLUGAR |
| PREDICADO | | |

Se dividen en:

- **Circunstanciales adverbiales,** que expresan nociones de lugar, tiempo, modo o cantidad y son sustituibles por adverbios: *Montaba los lunes en el parque. > Montaba entonces allí.*

| Montaba | entonces | allí. |
|---|---|---|
| NÚCLEO | CCTIEMPO | CCLUGAR |
| PREDICADO | | |

– **Circunstanciales no adverbiales,** que no son sustituibles por adverbios. Se construyen con preposiciones y expresan contenidos como compañía, instrumento, materia, causa, finalidad, medio o beneficiario.

| | | | | | |
|---|---|---|---|---|---|
| Juan | vive | con | su hermana | en | un apartamento. |
| | | PREP. | SN | PREP. | SN |
| | NÚCLEO | CCCOMPAÑÍA | | CCLUGAR | |
| SUJETO | PREDICADO | | | | |

| | | | | | |
|---|---|---|---|---|---|
| Manuel | pinta | con | acrílicos | en | su taller. |
| | | PREP. | SN | PREP. | SN |
| | NÚCLEO | CCMATERIA | | CCLUGAR | |
| SUJETO | PREDICADO | | | | |

- El **complemento predicativo** (Pred.) normalmente, es un SAdj. o un SPrep. que, en condiciones normales, concuerda con un SN que funciona como sujeto *(El caballo llegó cansado)* o como CD *(Mar quería nuevo el informe)*.

| | | |
|---|---|---|
| El caballo | llegó | cansado. |
| | NÚCLEO | PRED. DE SUJETO |
| SUJETO | PREDICADO | |

| | | | |
|---|---|---|---|
| Mar | quería | nuevo | el informe. |
| | NÚCLEO | PRED. DE CD | CD |
| SUJETO | PREDICADO | | |

Para identificar un **complemento predicativo de sujeto,** tienes que comprobar que el verbo es predicativo, es decir, que tiene significado pleno; que el SN con el que concuerda en género y número es sujeto; y que no sea sustituible por el pronombre átono *lo: Las niñas sonríen alegres. > El niño sonríe alegre. > *El niño lo sonríe.*

Para identificar un **predicativo de CD,** tienes que comprobar que el verbo es predicativo, es decir, que tiene significado pleno; que el SN con el que concuerda es el CD; y que el predicativo queda fuera cuando se sustituye el CD por un pronombre átono: *Trae la camisa limpia. > La trae limpia; Trae los calcetines limpios. > Los trae limpios.*

## 3.3 Clasifica el enunciado

Cuando acabes el análisis tienes que identificar el tipo de enunciado. Recuerda que existen dos clasificaciones de enunciados:

- Según la modalidad: enunciativos, interrogativos, exclamativos, desiderativos, imperativos, dubitativos.
- Según la constitución interna: oraciones o frases.

| Ejemplo | Según la modalidad | Según la estructura interna |
|---|---|---|
| *¿Han llegado las naranjas?* | Interrogativo | Oración |
| *Naranjas en la mesa.* | Enunciativo | Frase |
| *¡Qué ricas están las naranjas!* | Exclamativo | Oración |
| *Cómete una naranja.* | Imperativo | Oración |
| *¿Naranjas en verano?* | Interrogativo | Frase |

## 3.4 Clasifica la oración

Según su estructura interna las oraciones se clasifican en personales o impersonales, transitivas e intransitivas, reflexivas, activas o pasivas... En este apartado estudiaremos las que pueden presentar alguna dificultad.

### Identifica y analiza oraciones impersonales

Hay oraciones en las que el sujeto no está presente. Esto puede ser porque el sujeto este elidido o porque no tenga sujeto, en cuyo caso la oración es impersonal.

| Oraciones impersonales | | | | | |
|---|---|---|---|---|---|
| Oraciones con verbos meteorológicos | | Oraciones con verbos *haber* y *hacer* en 3.ª persona | | Oraciones con *se* y el verbo en 3.ª persona del singular | |
| Nevó | todo el día. | Había | mucha gente. | Se cierra | a las 23.00 h. |
| NÚCLEO | CC | NÚCLEO | CD | NÚCLEO | CC |
| PREDICADO | | PREDICADO | | PREDICADO | |

### Identifica y analiza oraciones reflexivas de CD y de CI

Las oraciones reflexivas tienen un CD o un CI con el mismo referente que el sujeto y que se expresa por medio de los pronombres átonos *me, te, se, nos, os, se.*

| María | se | prepara | todos los días | para el examen. |
|---|---|---|---|---|
| NÚCLEO | CD | NÚCLEO | CCTIEMPO | CCFINALIDAD |
| SUJETO | PREDICADO | | | |

| Todos | nos | desinfectamos | las manos | por la mañana. |
|---|---|---|---|---|
| | CI | NÚCLEO | CD | CCTIEMPO |
| SUJETO | PREDICADO | | | |

### Identifica y analiza oraciones pasivas

Las oraciones pasivas constan de un sujeto paciente, de una perífrasis de *ser* + + participio y de un complemento agente, que a veces puede faltar.

| Nuestro equipo | fue derrotado | por | su máximo rival. |
|---|---|---|---|
| | | PREP. | SN |
| | NÚCLEO | CAG. | |
| SUJETO | PREDICADO | | |

### Identifica y analiza oraciones de pasiva refleja e impersonales con *se*

A diferencia de las impersonales con *se*, las oraciones de pasiva refleja tienen un sujeto en tercera persona del singular o del plural. Este sujeto se corresponde con un CD sin preposición de la respectiva oración activa.

| Se busca | camarero. |
|---|---|
| NÚCLEO | CD |
| PREDICADO | |

Para saber si se trata de una oración de pasiva refleja, comprueba si el SN concuerda con el verbo:

- *Se busca camarero. / Se buscan camareros.* → Oración de pasiva refleja.
- *Se evaluó a la alumna. / Se evaluó a las alumnas.* → Oración impersonal.

## Actividades

### Actividad resuelta

**1** Identifica el SN sujeto en esta oración:

*Los jardineros podaron los árboles.*

**Paso 1.** Pon los SN en singular y observa en qué caso cambia el verbo: *El jardinero podó los árboles* (cambia); *Los jardineros podaron el árbol* (no cambia).

**Paso 2.** Sustituye los SN por un pronombre y observa en cuál el pronombre es personal tónico (*yo, tú, él...*): *Él podó los árboles; El jardinero los podó.*

**Solución**

El SN sujeto de la oración es *Los jardineros.*

**2** Identifica el SN sujeto en estas oraciones:

- *Le gusta la playa.*
- *Tu idea me parece interesante.*
- *La impresora no tiene tinta.*
- *Todos los paraguas estaban a la entrada.*
- *Entraron con calma los visitantes.*

**3** Identifica el sujeto y el núcleo del predicado en estas oraciones. Indica el número y la persona en que concuerdan.

- *Me gustan mucho los perros.*
- *Esa alumna contestó bien la pregunta.*
- *Trajeron los adornos los chicos.*
- *La cosecha comenzó en enero.*

**4** Localiza los determinantes y los complementos del nombre de estos sintagmas nominales y di a qué clase pertenecen:

- *La falda roja de lunares.*
- *Un café con leche.*
- *El jersey azul de tu madre.*
- *Todas las páginas del libro.*

**5** ¿A qué clase pertenecen los verbos de estas oraciones: copulativos o predicativos?

- *Su casa está limpia.*
- *El caballo parecía muy asustado.*
- *Amparo es la profesora de matemáticas.*

### Actividad resuelta

**6** Comprueba si los SN subrayados en los siguientes ejemplos son CD o CI: *Lleva gafas; Compré libros a los niños.*

El CD puede sustituirse por: *lo, la, los, las.*

El CI puede sustituirse por: *le, les.*

*Lleva gafas.* → *Las lleva.*

*Compré libros a los niños.* → *Les compré libros.*

**Solución**

*Lleva gafas.* → Es CD.

*Compré libros a los niños.* → Es CI.

**7** Comprueba si los SN subrayados son CD, CI o ninguno de los dos. Recuerda que, cuando se sustituyen simultáneamente el CD y el CI por pronombres átonos, el CI se sustituye por *se.*

- *Se llevaron todas sus pertenencias.*
- *Dedicó un brindis a los asistentes.*
- *Ya no existen los dinosaurios.*
- *María hablaba a las plantas.*
- *Contaba chistes a sus amigos.*

**8** Señala si los siguientes complementos predicativos son de sujeto o de CD:

- *Deja tranquila a tu prima.*
- *La vida pasaba feliz.*

**9** ¿Qué tienen en común estas oraciones? ¿Por qué?

- *Aquí se come bien.*
- *Mañana lloverá toda la tarde.*
- *Había mucho dinero en la cartera.*

**10** Identifica si las siguientes oraciones son pasivas reflejas o impersonales con *se:*

- *Se hablaba alemán.*
- *Se bajó el impuesto.*
- *Se vende madera.*
- *Se habla del político.*

**11** Analiza sintácticamente estas oraciones:

- *Se avisa a la grúa.*
- *Pedro estaba dormido.*
- *Mercedes hablaba con Ángela.*
- *Ha estado nevando toda la noche.*
- *Belén llegó a la habitación muy sonriente.*

# APLICA LO APRENDIDO

## Reflexiona sobre la gramática

### Solución paso a paso

**1** Localiza los predicativos en estas oraciones e indica sin son predicativos de sujeto o de CD:

- *El dueño lanzó el palo al perro divertido.*
- *Él encontró a su amiga desanimada.*

**Paso 1.** Comprueba si los verbos son copulativos o predicativos y modifica su número.

Ambos verbos *(lanzar* y *encontrar)* son predicativos porque tiene significado pleno.

- *El dueño lanzó el palo al perro divertido.* → *Los dueños lanzaron el palo al perro divertidos.*
- *Él encontró a su amiga desanimada.* → *Ellos encontraron a su amiga desanimada.*

Al variar el número del verbo en el primer caso varía el SN *Los dueños* y en el segundo caso varía el SN *Él. Las dueñas y él* son los sujetos de la oración.

**Paso 2.** Observa de nuevo las oraciones del paso 1. Si cambias el género del sujeto, ¿hay algún otro sintagma que cambie de género:

- *El dueño lanzó el palo al perro divertido.* → *La dueña lanzó el palo al perro divertida.*
- *Él encontró a su amiga desanimada.* → *Ella encontró a su amiga desanimada.*

En la primera oración además del sujeto cambia de género el SAdj. *divertida.* En la segunda oración no se produce ningún cambio.

**Paso 3.** Cambia de género el núcleo del SN que funciona como CD *a su amiga*:

- *Él encontró a su amiga desanimada.* → *Él encontró a su amigo desanimado.*

#### Solución

| *El dueño* | *lanzó* | *el palo* | *al perro* | *divertido.* |
|---|---|---|---|---|
| | NÚCLEO | CD | CI | PREP. DE SUJ. |
| SUJETO | PREDICADO | | | |

| *Él* | *encontró* | *a su amiga* | *desanimada.* |
|---|---|---|---|
| | NÚCLEO | CD | PREP. DE CD |
| SUJETO | PREDICADO | | |

**2** Lee este texto y realiza las actividades:

> Brilla el sol y la mañana es azul y alegre… hasta que aparece Nicasi Urgull, con su pelo rojo al viento y toda la pinta de querer meterme en uno de sus líos.
>
> —¡Hey, Gil Abad! ¡Te andaba buscando! Tengo un negocio entre manos. ¡Una oportunidad única! ¿Te acuerdas de mi primo Ismael?
>
> —Ismael, Ismael… ¿Aquel que era domador de fieras en el Circo Americano?
>
> —No.
>
> —¡Ah! ¡El fabricante de ataúdes!
>
> —Tampoco.
>
> —Pues no caigo… ¡Ah, calla…! ¡El escaparatista!
>
> —De escaparatista, nada. ¡Estilista de escaparates! Que es muy diferente.
>
> Con cierto esfuerzo, me viene a la memoria la imagen de un tipo mayor, de unos dieciocho años, con los brazos cargados de pulseras, el pelo teñido de rubio platino recogido en una coleta y una bufanda de muselina blanca al cuello incluso en pleno verano.
>
> Fernando Lalana y José M.ª Almárcegui,
> *El fantasma del Rialto*, SM.

a) Localiza: un enunciado imperativo; un enunciado exclamativo; un enunciado interrogativo; un enunciado enunciativo negativo.

b) Analiza sintácticamente las oraciones subrayadas del texto.

**3** Inventa y escribe un ejemplo de cada una de las oraciones siguientes: una oración transitiva, una oración impersonal con *se,* una oración con sujeto omitido, una oración copulativa con el verbo *estar,* una oración copulativa con el verbo *parecer.*

**4** Indica la función de los sintagmas subrayados:

- *El coche fue reparado por el mecánico.*
- *Pedid la cuenta al camarero.*
- *Completaron los formularios.*
- *Se lo dijeron con mucha delicadeza.*
- *Las golondrinas emigran en otoño.*
- *Recibieron la noticia impasibles.*

**5** Clasifica las oraciones siguientes según su estructura sintáctica y según su modalidad:

- *¿Qué haces?*
- *Luis no saltaba los charcos.*
- *Ojalá ellos trajeran un ordenador nuevo.*
- *¡Qué cantidad de recursos!*
- *Esa mañana los hermanos se enfadaron mucho.*

**Visualiza la gramática.** Comprende los conceptos gramaticales mediante este vídeo disponible en anayaeducacion.es.

**Repaso interactivo.** Accede a este juego interactivo y repasa el contenido de la unidad en anayaeducacion.es.

## Organiza tus ideas gramaticales

Copia el organizador visual en tu cuaderno:

**Paso 1**
Localiza un verbo en forma personal.

**Paso 2**
Identifica el sujeto de la oración.

**Paso 3**
Identifica las palabras que acompañan al núcleo del SN.

**Paso 4**
Identifica el predicado de la oración.

**Paso 5**
Identifica los complementos del verbo copulativo.

**Paso 6**
Identifica los complementos del verbo predicativo.

**Paso 7**
Clasifica el enunciado y la oración.

## Practica la ortografía

**1** Lee el texto y realiza las actividades:

> Gisela volvió de su viaje (de Roma, creo recordar), y se fue casi directamente a El Arenal, para preparar la casa de mis padres. Un atardecer de primeros de agosto, acompañé a mis padres a la estación y los dejé acomodados en su compartimento. De vuelta a casa, siguiendo mecánicamente las costumbres de mi padre, abrí todas las ventanas y me asomé al balcón, envuelta en los ruidos de la calle. Sonó el teléfono. Era Raquel.
>
> —Ya se han ido los padres —le dije—. Los acabo de dejar en la estación. Parecían muy contentos.
>
> —Lo sé. Me llamaron para despedirse.
>
> Su voz sonaba triste, desolada.
>
> —¿Qué te pasa?
>
> —He hecho una cosa espantosa —susurró.
>
> —¿De qué se trata?
>
> —He estado de compras. No puedes imaginarte el dinero que me he gastado. [...]
>
> Se echó a llorar.
>
> —Pero ¿cuánto dinero te has gastado?
>
> —No lo sé exactamente.
>
> Soledad Puértolas, *Queda la noche*, Anagrama.

a) ¿Qué uso del paréntesis se recoge en el texto?
- Para presentar una acotación teatral.
- Para separar un inciso o aclaración.
- Para intercalar otros datos o explicaciones.

b) En el fragmento aparecen dos usos frecuentes de la raya. Explícalos. Luego, escribe un ejemplo de un tercer uso de la raya.

c) Continúa el fragmento con una intervención más de cada personaje. No olvides colocar las rayas cuando sea necesario.

d) ¿Qué significan los signos [...] a mitad de texto?

**2** Copia en tu cuaderno este diálogo literario y complétalo con las rayas y los paréntesis necesarios:

> Faltaban unos cinco minutos para dar las ocho cuando, tomando la mano del paciente, le rogué que le dijera a Mr. Ll. lo más claramente posible si él … Mr. Valdemar … estaba dispuesto a que yo hiciera el experimento de hipnotizarle en esas condiciones. Replicó con voz débil, aunque bastante audible:
>
> …Sí, quiero ser hipnotizado. …Y agregó inmediatamente después…: Me temo que lo ha demorado demasiado tiempo.
>
> Edgar Allan Poe, *El escarabajo de oro y otros relatos*, Anaya.

ORTOGRAFÍA CONSULTA EL ANEXO 11

Accede a más actividades para practicar la ortografía en anayaeducacion.es.

# 9

# MEJOR CON UNA SONRISA

El humor tiene una importante función personal y social, pues no solo sirve para describir la realidad con ingenio y agudeza, sino también, entre otras muchas cosas, para transformarla. El humor nos expone a nuestras propias contradicciones y a las de nuestra época, nos enfrenta a estereotipos y prejuicios, y nos ayuda a superarlos con una actitud crítica, abierta, risueña y divertida. Sin duda, la sonrisa irónica puede ser una poderosa herramienta para reconocer y visibilizar injusticias tales como la desigualdad entre mujeres y hombres.

**Plano abierto.** Accede al vídeo de la unidad en el banco de recursos de **anayaeducacion.es**.

## Intercambia opiniones

EL SENTIDO DEL HUMOR

- ¿Cuáles son los beneficios físicos y psicológicos del sentido del humor?
- ¿Utilizas el humor para expresar tus emociones?
  - ¿De qué forma crees que el sentido del humor te conecta con los demás?
  - ¿Puede el humor ayudarte a resolver conflictos y discrepancias?
- ¿Qué te hace reír a ti?
  - ¿Te gusta hacer reír a los demás? ¿Por qué?

# QUÉ VAS A ENCONTRAR EN ESTA UNIDAD

## 1 LECTURA ODS

El texto teatral que vas a leer en esta unidad es un buen ejemplo de humor al servicio de la denuncia de la injusticia y de las desigualdades, en este caso, las desigualdades de género. Consulta el vídeo en el banco de recursos de **anayaeducacion.es** y reflexiona sobre igualdad de género y empoderamiento de las mujeres y las niñas: metas ONU 5.1., 5.2., 5.5., 5.a. y 5.b.

## 2 LITERATURA

Las historias del teatro y del cine nos hacen reír, nos muestran que no estamos solos en el mundo, que hay otras personas que sufren, aman, son felices o se enfurecen. ¿Te gusta el teatro? ¿Y el cine?

## 3 GRAMÁTICA

Como sabes, en el mundo existe una gran diversidad de lenguas y modalidades lingüísticas. Muchos países, como el nuestro, viven una situación de multilingüismo. ¿Crees que esta realidad nos enriquece como sociedad e individualmente? ¿Por qué?

**ORTOGRAFÍA** Al final de este libro encontrarás un anexo con reglas ortográficas y actividades que te ayudarán a solucionar las propuestas a lo largo de esta unidad: **signos de puntuación (II).**

# 1 LECTURA

## Comprensión oral

Escucha el texto locutado de la lectura y responde a las siguientes preguntas:

- ¿Qué personajes intervienen en estas escenas teatrales?
- ¿Qué alusión a un cuento tradicional aparece reflejada en este fragmento?
- ¿Qué quería ser la princesa?
- ¿A quién contrata para que la ayude?
- ¿Qué hacen con la joven para convertirla en una «auténtica princesa»?

**Hipertexto.** Conoce a las princesas de los cuentos tradicionales y contextualiza su función estereotipadora en el banco de recursos de **anayaeducacion.es**.

## El despertar de la princesa

ESCENA I

*Suena la voz de ABUELA que canta:*

VOZ DE ABUELA.—«Un capitán de marina / siete hijos le dio Dios / y tuvo la mala suerte que ninguno fue varón». *(Pausa).*

PRINCESA.—*(Despertando, al sentir la voz.)* ¡Uf, qué mal he dormido! *(Se despereza).* Había algo debajo... *(Mira debajo del colchón. Saca un guisante. Lo mira sorprendida).* Un guisante. ¡Cómo he podido notar esto! *(Al agacharse, descubre un grueso hilo de lana. Decide averiguar cuál su origen).* Mmmm... Por el hilo... se saca el ovillo.

*(Se descorre uno de los paneles que deja ver a ABUELA, tejiendo. PRINCESA, al tirar del hilo y acercarse a ABUELA, va destejiendo su labor).*

ABUELA.—«Un día la más pequeña / le cayó la inclinación. / Quería servir al rey vestidita de varón...».

PRINCESA.—¿Por qué tuvo mala suerte el capitán?

ABUELA.—*(La mira).* Siempre preguntas lo mismo.

PRINCESA.—Nunca respondes. *(Se sienta a su lado, sobre el suelo).* ¿Por qué «vestidita de varón»? ¿Por qué a escondidas?

ABUELA.—Una verdadera princesa nunca hace preguntas.

PRINCESA.—*(Gratamente sorprendida).* ¿Ya soy una verdadera princesa?

ABUELA.—Sentiste el guisante, por fin. *(Sigue cantando y tejiendo. PRINCESA destejiendo).*

PRINCESA.—*(Canta).* «Si el pelo lo tengo largo / madre, córtemelo usted. / Que con el pelo cortado / un varón pareceré». ¿Cómo sigue?

ABUELA.—No hay tiempo. Tienes que despertar.

PRINCESA.—¿Cómo?

ABUELA.—Encuentra al príncipe.

PRINCESA.—*(Insistente).* Pero yo quiero servir al rey. O, en su defecto, a la Presidenta de la República.

*Oscuro. Cambio de paneles. ABUELA desaparece.*

ESCENA II

*PRINCESA en el centro del escenario.*

PRINCESA.—*(Habla por un móvil).* Sí, ¿sección anuncios? Bien, le dicto: «Princesa que necesita despertar precisa Hada Madrina. Interesadas envíen *curriculum vitae* y foto. Se valorará experiencia. Las candidatas seleccionadas deberán acudir a una entrevista personal». Gracias.

*Caen unos papeles. Es el* curriculum vitae *de HADA BUENA. (También puede traerlo el LACAYO, en una bandeja de plata).*

PRINCESA.—¡Qué eficacia! *(Lee).* «Hada Buena: licenciada en Magia por la Universidad de Mordoc, doctora en Encantamiento por la de Camelot, etc., etc. Entre sus mejores trabajos figuran el madrinazgo de Bella Durmiente y Cenicienta. Garantizado matrimonio con Príncipe Azul o Encantado». *(Reflexiona).* ¡Seleccionada!

ESCENA III

*Se mueven los paneles y aparece un tocador de dormitorio muy barroco en rosa. Le falta el espejo. El tocador debe estar colocado de perfil pero mirando hacia PRINCESA. Esta se sentará a un lado y el HADA candidata al otro lado como si el marco del espejo fuera una ventanilla administrativa. Esta última deberá ir ataviada a la manera clásica en que se representan las hadas, con tocado medieval de pico y varita incluida.*

PRINCESA.—Sus referencias son excelentes...

HADA BUENA.—Le aseguro que quedará muy satisfecha.

PRINCESA.—¿Puede incorporarse de inmediato?

HADA BUENA.—¡Comencemos a trabajar! ¿Podría hablarme de su trayectoria como princesa?

PRINCESA.—Bueno, fue la carrera elegida por mi familia, yo en realidad quería ser «caballera» de la Tabla Redonda. Tenía hasta mi espada y mi armadura; practicaba a diario e iba a presentarme a las oposiciones, pero...

HADA BUENA.—Pero...

PRINCESA.—En casa dijeron un día que ya estaba bien de tonterías, me quitaron la armadura, la espada... y me colocaron un traje de princesa. Luego me pasearon en una carroza por todo el reino. Desde ella podía oír todos los halagos y piropos: «¡Princesa, guapa, Princesa, guapa, Princesa, guapa!». Y «¡bonita, bonita, bonita!». *(Pausa. Un poco avergonzada replica).* Tengo que reconocer que me gustó.

HADA BUENA.—*(Entusiasmada).* ¡Pues claro! No hay nada mejor en la vida para una mujer que ser una hermosa princesa. Pero ¿cómo no ha encontrado príncipe aún?

PRINCESA.—Pues... creo que tiene que ver con lo del guisante... Me ha tomado mucho tiempo debilitarme hasta conseguir que me moleste con colchón y todo.

HADA BUENA.—Lo del guisante es fundamental, claro. Pero, además, creo que tenemos mucho por hacer todavía. *(Hace un gesto con su varita y se descorre un panel a la derecha. Detrás del panel hay un baúl).* [...]

ESCENA V

*Salón del trono. Entra PRINCESA.* [...] *Lleva un palo de equilibrista para no caerse con los tacones.*

PRINCESA.—¡14 horas! He estado 14 horas sometida a torturas varias. He conocido todo tipo de cremas. *(Muy rápido).* Para el entrecejo, los ojos, las patas de gallo, las bolsas, las mejillas, el cuello, el mentón, el lóbulo de las orejas, los hombros, los codos, las manos, el pecho, el culo, las piernas, la pantorrilla, el tobillo... Vamos, hasta para partes de mi cuerpo que yo no sabía ni que existían. Me han arrancado trozos de la piel con tenacillas, cera caliente y rayos láser. Me han quemado el pelo, me han dibujado otra cara que no reconozco; me han reducido el peso y luego me han cargado para este viaje con alforjas que pesan más. ¡Y encima, me han dicho que esto lo voy a tener que hacer todos los días! Entonces no queda tiempo ni para leer, ni para estudiar, ni para entrenar con la espada...

Désirée Ortega Cerpa, *Despertando a la princesa,* en *Mujeres para mujeres. Teatro breve,* Instituto Andaluz de la Mujer.

## Comprende el texto

**Pasión por leer.** Disfruta con la lectura de otros textos teatrales en **anayaeducacion.es**.

### Extrae información

**1** ¿De qué trata la canción que canta la abuela? ¿La entiende la nieta?

**2** ¿Para qué tiene que despertar la princesa?

**3** ¿Qué método utiliza la princesa para contratar al Hada Buena?

**4** ¿Qué experiencia laboral posee el Hada?

**5** ¿De quién es la decisión de que la joven sea princesa y no lo que ella deseaba ser? ¿Qué opina el Hada Buena de esta decisión? ¿Y la princesa?

**6** ¿Qué piensa la princesa de las catorce horas dedicadas a su belleza física?

**7** ¿Qué aficiones son las preferidas de la joven?

**8** Completa la tabla para describir las tres partes en que se estructura el texto:

| | Contenido | Personajes | Intervenciones |
|---|---|---|---|
| Parte 1 | .... | .... | .... |
| Parte 2 | .... | .... | .... |
| Parte 3 | .... | .... | .... |

### Reflexiona sobre la lengua

**9** Indica si las siguientes afirmaciones sobre el estilo del texto leído son verdaderas o falsas:

- Su estilo es claro y sencillo, con frases cortas.
- Su lenguaje es altisonante y elevado.
- Abundan las oraciones interrogativas en boca de la princesa.
- Se alternan tiempos pasados con el presente.
- La adjetivación es muy abundante.

**10** Observa las acotaciones y contesta: ¿que signos de puntuación y tipo de letra se utilizan para marcarlas?

**11** ¿Cómo se marcan las intervenciones de los personajes?

**12** Localiza un ejemplo de cada uno de estos usos de las comillas: para introducir citas o palabras textuales o para dar un sentido especial a una palabra.

**13** Separa en sílabas las siguientes palabras empleando el guion corto. ¿Es el mismo signo el guion corto que la raya de los diálogos?

*averiguar - anuncios - seleccionadas - oír - existían*

ORTOGRAFÍA CONSULTA EL ANEXO 12

### Interpreta y analiza

**14** ¿Qué elementos de los cuentos tradicionales de princesas se parodian en este texto?

**15** ¿Por qué crees que es tan importante despertar y encontrar al príncipe? ¿Y sentir el guisante?

**16** El *curriculum vitae* del Hada Buena mezcla elementos realistas y fantásticos. ¿Cuáles son estos?

**17** Cita los elementos que nos indican que la acción se desarrolla en la época actual.

**18** **Comprobamos.** ¿Qué pretende parodiar la preparación física de la protagonista para convertirse en princesa?:

- La existencia de centros estéticos y peluquerías dedicados a embellecer a las mujeres.
- Lo incómodos que son los cuidados estéticos a los que la someten para embellecerla.
- La imposición a las mujeres de determinados cánones de belleza que no se corresponden con los cuerpos reales.

**19** ¿Qué crees que simboliza el hecho de que la abuela vaya tejiendo y la princesa destejiendo?

**20** Señala algunos ejemplos del texto en los que se evidencie su carácter humorístico.

### Valora y relaciona con tu mundo

**21** ¿Piensas que es conveniente fijar el destino de las personas desde la infancia? ¿Es aceptable que se limite así la libertad de elección? ¿Por qué?

**22** **Rueda lógica.** Describe el papel que suele asignárseles a las princesas de los cuentos.

**23** ¿Qué piensas tú de este refrán?: «Para presumir, hay que sufrir».

**24** **Rastreador de problemas.** ¿Crees que en la actualidad hay mujeres y hombres que sufren las mismas imposiciones estéticas? ¿Qué ocurre cuando esas imposiciones no se cumplen?

**25** **Folio giratorio.** En grupos, elaborad un listado de las imposiciones de belleza que actualmente se marcan para las chicas y los chicos.

**26** Sometida a modelos y estereotipos, la joven de la lectura tiene dificultad para construir una personalidad propia y una autoestima fuerte. Escribe cinco consejos que podrías darle.

Amplía tu vocabulario

## EL HUMOR

La lectura de la unidad muestra cómo, a través del **humor** y la parodia, se puede visualizar y cuestionar la imposición de determinados roles y estereotipos sociales que, a veces, pueden mermar nuestra autoestima y obstaculizar la construcción de una personalidad propia.

**1** Ordena las letras en tu cuaderno para encontrar tres sinónimos de *humor:*

RGACAI GUAEDZA OINGNEI

**2** ¿Qué palabra derivada o compuesta de *humor* se corresponde con cada una de estas definiciones?

- Profesional cuyo oficio consiste en hacer reír al público.
- Persona que manifiesta un ánimo negativo o irritado.

**3** Clasifica las siguientes palabras en dos grupos, según sean sinónimos o antónimos de la palabra *humorístico:*

| | | | |
|---|---|---|---|
| cómico | serio | jocoso | socarrón |
| solemne | burlesco | dramático | chistoso |

**4** Infórmate sobre lo que es el humor negro y el humor blanco, y relaciona cada concepto con su definición:

Humor basado en una idea sana o limpia, libre de crudeza o negatividad.

Humor caracterizado por la ironía, el sarcasmo y la sátira, que tiene como esencia el pesimismo y lo dramático de la vida.

**5** ¿Cuál de estas expresiones se relaciona con *estar* de *mal humor?:*

- *No estar para muchos trotes.*
- *No estar para fiestas.*
- *No estar para nadie.*

**6** Encuentra en la nube tres sinónimos de *parodiar* y escribe oraciones con cada uno:

OMITIR · CARICATURIZAR · REMEDAR · EMULAR · COPIAR · ENCUBRIR · NOTIFICAR · RIDICULIZAR · PLAGIAR · MENTIR

**7** ¿Es lo mismo una *imitación* que una *parodia* o una *burla?* Completa estas oraciones y explica la diferencia:

- *La ... es la diversión de los ignorantes.*
- *El* Quijote *es una ... de los libros de caballería.*
- *El cómico hizo una buena ... de la voz de la cantante.*

2 LITERATURA

# EL GÉNERO TEATRAL Y EL CINE

**Recuerda**

- En la **tragedia,** las protagonistas son héroes, reyes, nobles... que encarnan diferentes pasiones (venganza, odio, amor, piedad...) y el conflicto se deriva de tales pasiones. Los personajes luchan contra un destino adverso y el final es trágico.
- En la **comedia,** los protagonistas no son de elevada condición social y destacan por sus defectos o manías. El conflicto se deriva de estas obsesiones, pero su objetivo es divertir y criticar estos vicios. El final es feliz.

Teatro romano de Mérida (Badajoz).

## 2.1 Origen y evolución del teatro

El **teatro** es uno de los géneros literarios más antiguos y universales. Desde la Antigüedad, el ser humano ha sentido la necesidad de representar las historias narradas utilizando diálogo y espectáculo.

### El teatro griego

El género teatral nace en la Grecia clásica (siglo V a.C.), donde surgen la **tragedia** y la **comedia.**

La **tragedia griega** nace como parte de las fiestas religiosas dedicadas al dios Dioniso (Baco, entre los romanos).

Al principio las representaciones se hacían en los templos, después en teatros de madera y, finalmente, en los grandes **teatros** de piedra con forma semicircular. En el centro se situaba el **coro** (un conjunto de actores encargados de resumir el argumento). En escena, los **actores** usaban **coturno** (calzado con suelas gruesas) y llevaban una máscara.

Las tragedias griegas más relevantes son las de **Esquilo, Sófocles** y **Eurípides.**

**Características del teatro griego**

- Tajante **separación** de comedia y tragedia.
- Respeto a las **tres unidades:**
  - **Unidad de lugar,** que exige que la acción se desarrolle en un único espacio.
  - **Unidad de tiempo,** que exige que la historia no supere las veinticuatro horas.
  - **Unidad de acción,** que exige que la historia desarrolle un solo tema.
- División en **cinco actos,** que a su vez se dividen en escenas.

### El teatro romano y latino

El **teatro romano** es, fundamentalmente, imitación del teatro griego. También cultiva la tragedia y la comedia, y mantiene las características del modelo griego.

Los autores más importantes fueron **Plauto** y **Terencio,** por sus comedias, y **Séneca,** por sus obras trágicas.

### El teatro medieval

El **teatro medieval** tiene su origen en los actos litúrgicos de la religión cristiana.

En un primer momento, estas obras asociadas a una celebración especial (como el nacimiento de Cristo, la Resurrección o la Pasión) se representaban dentro de los templos. Posteriormente, se trasladaron a las plazas de los pueblos donde, sobre unos tablados que tenían una decoración fija, se representaban los textos.

En España, estas obras se llamaron **autos,** breves piezas de un solo acto y argumento sagrado. En Francia se denominaron **misterios,** piezas breves que escenifican pasajes bíblicos, y **moralidades,** sermones representados. Estos últimos también se cultivaron en Inglaterra.

## El teatro en el siglo XVII

El **teatro español** del siglo XVII rompió con la tradición grecolatina, rechazando las normas clásicas. **Lope de Vega** fue el creador de esta nueva fórmula dramática que continuó y perfeccionó **Calderón de la Barca.** Ambos nos dejaron obras muy conocidas como *Fuente Ovejuna* y *El alcalde de Zalamea,* respectivamente.

En el **ámbito hispanoamericano,** fue famosa la mexicana **Sor Juana Inés de la Cruz** (1651-1695) que, además de publicar tratados sobre filosofía, música o moral, fue también poeta y dramaturga, con obras de teatro como *Los empeños de una casa.*

El teatro **francés** y el **inglés** o isabelino tenían muchas características parecidas al español, pero también bastantes diferencias; por ejemplo, las obras se escribían en cinco actos, mezclaban la prosa y el verso, y en ellas no podían actuar las mujeres. El dramaturgo inglés más importante fue **William Shakespeare** y en Francia destacaron **Racine, Corneille** y **Molière.**

**Características del teatro español del siglo XVII**

- Mezcla de lo trágico y lo cómico.
- Temas principales: el amor y el honor.
- Rechazo de las tres unidades.
- Abundancia de apartes.
- División de la obra en tres actos o jornadas.
- Obras en verso.

## Actividades

**1** Lee este fragmento de la obra de teatro *Los empeños de una casa,* de Sor Juana Inés de la Cruz, y responde a las preguntas:

> ESCENA I. *(Salen Doña Ana y Celia.)*
>
> DOÑA ANA
>
> Hasta que venga mi hermano,
> Celia, le hemos de esperar.
>
> CELIA
>
> Pues eso será velar,
> porque él juzga que es temprano
> la una o las dos; y a mi ver,
> aunque es grande ociosidad,
> viene a decir la verdad
> pues viene al amanecer.
> Mas, ¿por qué ahora te dio
> esa gana de esperar,
> si te entras siempre a acostar
> tú, y le espero sola yo?
>
> DOÑA ANA
>
> Has de saber, Celia mía,
> que aquesta noche ha fiado
> de mí todo su cuidado:
> tanto de mi afecto fía.
> Bien sabes tú que él salió
> de Madrid dos años ha,
> y a Toledo, donde está,
> a una cobranza llegó,
> pensando luego volver,
> y así en Madrid me dejó,
> donde estando sola yo,
> pudiendo ser vista y ver,
> me vio Don Juan y le vi,
> y me solicitó amante,
> a cuyo pecho constante
> atenta correspondí. […]
>
> CELIA
>
> Señora, nada me admira;
> que en amor no es novedad
> que se vista la verdad
> del color de la mentira.

Sor Juana Inés de la Cruz,
*Obras escogidas,* Bruguera.

a) ¿Qué características del teatro del siglo XVII se le pueden aplicar al fragmento que has leído?

b) Por lo que leemos en estos versos, ¿crees que el tema de la obra será amoroso? Explica por qué con ejemplos tomados del texto.

c) Infórmate en Internet sobre la autora, Sor Juana Inés de la Cruz, y resume en tu cuaderno, en cuatro o cinco líneas, la información que has obtenido.

**2** Explica las diferencias entre un monólogo, un diálogo y un aparte en teatro.

**3** En grupo, dibujad un mapa de España donde localicéis los teatros romanos que se conservan. Podéis añadir fotografías y vuestros comentarios.

# 2 LITERATURA

## El teatro del siglo XX

En todo el mundo, el teatro ha experimentado desde principios del siglo XX profundas transformaciones destinadas a alterar la forma de representación convencional. Habría que destacar:

- El **teatro épico,** que defiende el compromiso entre la literatura y la sociedad. El creador de esta nueva concepción teatral es el dramaturgo y poeta alemán **Berthold Brecht** (1898-1956). Con su teatro pretende hacer reflexionar al público y despertar su conciencia crítica sobre la situación del ser humano y las injusticias sociales.
- El **teatro del absurdo** sorprende al espectador por el planteamiento de situaciones sin sentido. Nació en Francia en los años 50 de la mano del franco-rumano **Eugène Ionesco** (1909-1994) y del irlandés **Samuel Beckett** (1906-1989). Los personajes se plantean su propia existencia y se preguntan por los temas que preocupan al ser humano: el amor, la felicidad, las relaciones humanas, la guerra... El autor recurre al disparate, a las incoherencias de acciones y diálogos, y a la risa.
- El **teatro de la crueldad** busca provocar al público. En la representación teatral la mímica, los gestos, las luces... adquieren una gran importancia. La frontera entre el escenario y los espectadores desaparece, de modo que el público puede ser invitado a subir al escenario. El creador de esta nueva concepción teatral es el francés **Antonin Artaud** (1896-1948).

A la vez que estas novedosas tendencias se cultivaban en otros países europeos, en España siguió escribiéndose y representándose un tipo de teatro más entroncado con nuestra realidad. Fueron grandes dramaturgos españoles de la primera mitad del siglo XX **Federico García Lorca, Ramón María del Valle Inclán** y **Jacinto Benavente.** No faltó tampoco en los primeros decenios del siglo un teatro pensado en la infancia y juventud, de matices moralizadores, fantásticos, e incluso con reivindicaciones feministas, como fue el caso del matrimonio **Martínez Sierra (María Lejárraga** y **Gregorio Martínez Sierra)** con obras como *El palacio triste* (1911) o *Canción de cuna* (1911).

Federico García Lorca (1898-1936), poeta y dramaturgo español.

## Teatro experimental e independiente

El teatro reciente y actual no olvida la representación de los clásicos, pero también pretende abrir nuevos caminos por la vía de la experimentación y a través de las compañías teatrales independientes.

Entre los grupos más representativos del teatro experimental se han de citar los siguientes:

- **Living Theater.** Fue el primer grupo de teatro experimental, pues se inició en la década de 1940, en Estados Unidos. Basado en la improvisación y en la participación del público.
- **Open Theater.** Grupo teatral fundado en 1963, también en Estados Unidos, fusionó teatro, danza y música.
- **Odin Teatret.** Fundado en la década de 1960, en Dinamarca, es un teatro de calle en el que es fundamental la relación entre los miembros del grupo, y entre el grupo y el público.
- En España también tuvo su expresión el teatro experimental con grupos como **Los Goliardos, Els Joglars, Els Comediants, Tábano** o **Ditirambo.**

**Características del teatro experimental**

- Mayor participación del público: los actores se mezclan con el público y estimulan su implicación.
- Se otorga una mayor importancia a la representación y la improvisación, y menor al texto, que sigue siendo un elemento teatral, pero no el principal.
- Da protagonismo a más elementos de la puesta en escena, como: música, mimo, danza, luz; y, en la actualidad, el recurso a las nuevas tecnologías.

## Actividades

**4** Indica a qué clase de teatro pertenece este fragmento y justifica tu respuesta:

POZZO.—[...] ¿dónde he metido mi reloj? *(Hurga).* ¡Qué pesadez! *(Levanta la cabeza, desencajado).* Un verdadero canalla. Señores, con segundero. Me lo dio mi compadre. *(Hurga).* Se me habrá caído. *(Busca por el suelo, igual que Vladimir y Estragón. Pozzo con el pie da vuelta a lo que queda del sombrero de Lucky).* No es posible.

VLADIMIR.—Quizá lo haya sacado del bolsillo del chaleco.

POZZO.—Un momento. *(Se dobla en dos, acerca la cabeza al vientre, escucha).* ¡No oigo nada! *(Les indica que se acerquen).* Vengan a ver. *(Estragón y Vladimir van hacia él y se inclinan sobre su vientre. Silencio).* Creo que se debería oír el tictac.

VLADIMIR.—¡Silencio!

*(Todos escuchan).*

ESTRAGÓN.—Oigo algo.

POZZO.—¿Dónde?

VLADIMIR.—Es el corazón.

POZZO.—*(Decepcionado).* ¡Mierda!

VLADIMIR.—¡Silencio!

*(Escuchan).*

ESTRAGÓN.—Tal vez se haya parado.

*(Se incorporan).*

POZZO.—¿Quién de los dos huele mal?

ESTRAGÓN.—A él le huele el aliento, a mí, los pies.

POZZO.—Voy a dejarles.

ESTRAGÓN.—¿Y su canalla?

POZZO.—Lo habré dejado en el castillo.

Samuel Beckett, *Esperando a Godot,* Tusquets.

**5** Lee este texto y responde a las preguntas:

SRA. TEPÁN.—Bueno, vamos a comer.

SR. TEPÁN.—Sí, vamos, que tengo un apetito enorme. A mí este tufillo de pólvora me abre el apetito. [...]

ZAPO.—¿Como con el fusil?

SRA. TEPÁN.—Nada de fusiles. Es de mala educación sentarse a la mesa con fusil. *(Pausa).* Pero qué sucio estás, hijo mío. [...]

ZAPO.—*(Avergonzado).* Me he tenido que arrastrar por el suelo con eso de las maniobras. [...]

SRA. TEPÁN..—Qué, hijo mío, ¿has matado mucho?

ZAPO.—¿Cuándo?

SRA. TEPÁN.—Pues estos días.

ZAPO.—¿Dónde?

SRA. TEPÁN.—Pues en esto de la guerra.

ZAPO.—No mucho. He matado poco. Casi nada.

Fernando Arrabal, *Pic-Nic, Antología del teatro español,* Espasa-Calpe.

a) La situación de esta escena es absurda. ¿Por qué?

b) En el texto se mezcla un hecho extraordinario y dramático con un hecho cotidiano. Indica en qué consiste cada uno.

c) ¿Qué crees que se denuncia en este texto?

**6** Lee este texto y responde a las preguntas:

AUGUSTO.— No te habrás muerto. Es que estarías encantada en un bosque y ahora te habrá desencantado un príncipe con un talismán.

MARTA.— No.

AUGUSTO.— ¿Por qué?

MARTA.— Porque no hay talismanes ni bosques encantados. Todo eso son cuentos.

AUGUSTO.— ¿Que no hay talismanes?

JUAN.— Entonces, ¿cómo se las arregla uno cuando quiere hacer una cosa muy difícil?

MARTA.— ¡Toma! Haciéndola.

REINALDO.— ¿Y si no se puede?

MARTA.— Siempre se puede; el caso es empeñarse en hacerla. [...]

AUGUSTO.— ¡No hay sirenas...! Entonces tampoco habrá ninfas en las fuentes ni dentro de los árboles, ni hadas en los bosques y por las sendas para guiar a los niños perdidos, ni duendes que esconden tesoros dentro de la tierra.

MARTA.— No hay duendes, no, pero en el corazón de la tierra están guardados los tesoros; no hay ninfas en las fuentes ni dentro de los árboles, pero los árboles dan sombra y buen olor, y muchos, fruta para comer, y esencias, y flores que sirven de adorno y remedio. [...] ¿Creéis que yo podía ser feliz sin vosotros? Chiquillos de mi alma, en el pueblo donde vivo yo todos los hermanos viven juntos. ¡Y su madre con ellos! ¡Y se quieren tanto, que hasta las penas parecen alegrías partidas entre todos! Vosotros venís ahora mismo conmigo. ¡No faltaba otra cosa! Conmigo, a trabajar mucho, a aprender en las cosas, a soñar en los libros, a vivir con los ojos abiertos y las puertas de par en par, a saber lo que vale un pedazo de pan para que siempre os pida el corazón partir el vuestro con quien no lo tenga, a despertar alegres todas las mañanas, pensando que la tierra es grande, grande, y que para vosotros son todos los caminos.

María Lejárraga y Gregorio Martínez Sierra, *El palacio triste,* en E. Fernández Cambria, *Teatro español del siglo XX para la infancia y la juventud,* Edit. Escuela Española.

a) Suele decirse que en las palabras de Marta se esconde el pensamiento de la autora, María Lejárraga, que había sido maestra. ¿En qué frases y expresiones puede reflejarse ese modo de pensar de la autora?

b) ¿Te parece moralizante o didáctica la obra? Justifica tu respuesta.

## 2.2 Cine y teatro

Desde sus orígenes a finales del siglo XIX, el **cine** ha tenido mucha relación con el **teatro** y las influencias mutuas son innegables.

Como ocurre en el teatro, la realización de una película empieza con la creación de un texto escrito, que en el caso del cine se denomina guion. El guion cinematográfico contiene el plan detallado de lo que sucede en la historia, así como los diálogos y acciones de los personajes y todas las indicaciones técnicas necesarias para el rodaje que se realizará posteriormente.

Además, el cine toma del teatro y de la literatura en general no solo muchos temas y argumentos, como ya has visto en la unidad 6, sino también muchas de sus técnicas y procedimientos narrativos:

- El **punto de vista** desde el que se cuenta la historia, y la posición del autor o de la autora ante los hechos, cómo los enfoca, cómo los expone.
- La **estructura** de la historia; por dónde se empieza, cómo avanza o retrocede, y cómo finaliza.
- La **presentación y análisis de los personajes,** a los que conoceremos por sus actos, por los diálogos, por la vestimenta, por sus gestos...
- La **representación de épocas y de ambientes** para situar y entender los hechos, los pensamientos y reacciones de los personajes.

La diferencia fundamental entre ambas artes es que, mientras que en el teatro la historia es representada por actores y actrices en directo, sobre un escenario y ante un público, el cine narra la historia mediante imágenes y sonido grabados previamente y proyectados ante los espectadores.

Además del oficio de guionista, en una película participan, entre otras muchas, las siguientes profesiones:

- **Producción,** que se ocupa de los aspectos financieros, legales, organizativos y de difusión de la película.
- **Dirección,** que consiste en llevar a la pantalla el guion cinematográfico, organizando la historia en planos e imprimiendo un estilo y un lenguaje personal.
- La **interpretación** de actores y actrices que dan vida a los personajes.

### Teatro llevado al cine

La lista de piezas teatrales clásicas llevadas al cine es inagotable. Por ejemplo: *Un tranvía llamado deseo,* película dirigida por Elia Kazan y basada en una obra teatral de Tennessee William; *Bodas de sangre,* de Carlos Saura, adaptación al cine del drama de García Lorca; *Muerte de un viajante,* dirigida por Laszlo Benedeck a partir de una obra de Arthur Miller; o *El perro del hortelano,* dirigida por Pilar Miró a partir de la comedia de Lope de Vega.

### Actividades

**7** Lee este fragmento de un guion cinematográfico y responde a las preguntas:

*PABELLÓN CARABANCHEL. INTERIOR. ATARDECER.*

*En un lateral de la cancha, de pie y muy serios, están los ocho componentes del equipo. Cada uno viste con ropa deportiva de lo más variada. Físicamente son lo más alejado a un deportista, pero tampoco tienen ningún rasgo especialmente distintivo que pueda hacer pensar que sufren una discapacidad mental. Miran a Marco con desconfianza.* [...]

*Marco está frente a ellos, con un balón de básquet bajo el brazo.*

MARCO

*Sin ninguna pasión.*

Bueno, pues yo soy Marco Montes y voy a ser vuestro entrenador durante los próximos tres meses. Vamos a hacer una cosa. En parejas, dos calles, trenzado de pases, finta y tiro al aro. Luego, cambiamos de posición. ¿Estamos de acuerdo?

*Los chicos no han entendido nada. Ni pestañean.*

MARCO

Bueno, venga, vamos a ver cómo os movéis.

*Marco le lanza la pelota a Juanma para que la coja, pero este no reacciona y recibe un balonazo en la cara. Juanma se toca la nariz, entre extrañado y dolorido. Marco, sorprendido, se disculpa con la mano y recoge el balón que ha vuelto a llegar a sus pies. Cuando se incorpora, todos los jugadores, excepto Román, hacen ademán de cubrirse y taparse la cara como esperando un balonazo. Román se separa del resto, recoge el balón de las manos de Marco, llega hasta la canasta y empieza a encestar tiro tras tiro. Marco le observa y luego mira al resto del grupo.*

En el banco de recursos de **anayaeducacion.es** encontrarás una actividad de orientación académica y profesional.

## Actividades

MARCO

Vamos a ver, chicos. Elegid una pareja.

*Sergio levanta la mano.*

SERGIO

Yo tengo novia.

*Marco no sabe qué decir.*

JESÚS

Es mentira, no tiene.

SERGIO

Sí que tengo novia. Tengo dos.

JESÚS

No tiene dos, es la misma que a veces se hace una coleta. [...]

MARCO

A ver, por partes. Vosotros dos, los de las novias. Coged un balón y venid aquí.

*Jesús y Sergio cogen un balón cada uno.*

MARCO

No, solo uno.

*Jesús y Sergio sueltan los balones.*

MARCO

No, hombre... el de rojo, coge tú un balón.

*Fabián, de rojo, va a por la pelota.*

MARCO

No, espera, tú no. Tú *(A Sergio).*

*Sergio no se mueve, se ha quedado empanado.*

MARCO

¿Qué pasa?

JESÚS

Que le ha dado una ausencia.

MARCO

¿Cómo que una ausencia?

JESÚS

Que se queda empanado. Hay que esperar.

*Sergio se desempana.*

JESÚS

Ya está. Que te ha dicho que cojas tú la pelota.

SERGIO

¿Cuándo me lo ha dicho?

JESÚS

Ahora, cuando no estabas.

David Marqués y Javier Fesser, *Campeones, Cuando ganar no es lo más importante,* Galobart.

a) Además de los diálogos, en un guion hay indicaciones para el rodaje de la película. Señala en este texto varias indicaciones sobre el lugar y el tiempo donde sucede la escena; y otras sobre reacciones de los personajes. ¿Para qué crees que son necesarias estas indicaciones?

b) Señala las semejanzas y diferencias que observas entre este fragmento de un guion cinematográfico y los fragmentos teatrales que has leído en páginas anteriores.

**8** Encuentra las películas que son adaptaciones de las siguientes obras de teatro; indica su director o directora y el año en el que se estrenaron: *El rinoceronte, Romeo y Julieta* y *Cyrano de Bergerac.*

**9** Busca en el diccionario y explica en qué consisten los siguientes términos teatrales:

telón · libreto · platea · acto · apuntador · escena · tramoya

**10** ¿Cuáles de los elementos anteriores pertenecen al texto teatral, y cuáles, a la puesta en escena?

**11** ¿Qué significa en el lenguaje del teatro el término inglés *backstage*? Escribe su definición en tu cuaderno.

**Webquest.** Accede a esta actividad en el banco de recursos de **anayaeducacion.es** e investiga sobre el flamenco.

# UN CLUB DE TEATRO

¿TE ANIMAS A PARTICIPAR EN UN CLUB DE TEATRO Y DESCUBRIR TU POTENCIAL PARA LA INTERPRETACIÓN Y LA IMPROVISACIÓN?

## UN CLUB DE TEATRO

### LEE

Obtén información sobre las actividades de un club de teatro.

**1** Lee el texto y responde a estas preguntas:

a) ¿Qué tipo de texto es?

b) ¿En qué partes se estructura?

c) ¿Qué modalidades textuales predominan? Justifica tu respuesta.

d) ¿Cuál es el objetivo de este correo electrónico? ¿A quién va dirigido? ¿Por qué?

e) ¿Crees que la información que aporta es completa y clara?

f) ¿Qué significa «hacer mutis por el foro»?

g) ¿Te gustaría pertenecer a un club como este? ¿Por qué?

h) Indica si las siguientes afirmaciones son verdaderas o falsas:

- El correo electrónico explica en qué consiste la improvisación teatral.
- El Club de Teatro se reúne diez veces al año.
- Los miembros del Club de Teatro harán una fiesta de fin de curso.
- El tono del texto es formal y serio.

Bandeja de entrada

**Para:** clubdeteatro@correo.es

**De:** Jaime-López@correo.es

**Asunto:** Última sesión del club de teatro

Estimadas y estimados miembros del Club de Teatro:

El curso ya está casi terminado y, después de nueve magníficas sesiones, no nos queda más que una última ocasión para reunirnos en el Club de Teatro. Como broche final, en esta décima sesión de nuestro club abordaremos en profundidad un tema divertido y emocionante: el de la improvisación teatral.

Lo aprenderemos todo sobre el conjunto de técnicas de improvisación teatral, nos acercaremos y estudiaremos ejemplos concretos y practicaremos algunos ejercicios que activarán nuestra imaginación y nuestra intuición. Será un buen entrenamiento y una excelente herramienta para actuar en situaciones inesperadas y solucionar cualquier imprevisto sobre el escenario.

Esta última sesión del Club de Teatro tendrá lugar el día 25 de mayo, como siempre en el salón de actos del centro escolar, a las 17.00 h. Con ella concluirán las actividades del club y nos despediremos hasta el nuevo curso.

Si alguien va a hacer «mutis por el foro» el día de la reunión, se ruega que avise con antelación respondiendo a este correo.

¡Que continúe el espectáculo!

Hasta pronto,

Jaime López.

UN CLUB DE TEATRO

# ESCUCHA

Infórmate sobre lo que es la improvisación.

**2** Escucha y responde a las preguntas:

*El Club de los Poetas Muertos* es una película de 1989 dirigida por Peter Weir con guion de Tom Schulman. Cuenta la historia de un profesor de literatura que emplea métodos poco convencionales para inspirar la vida de sus estudiantes.

a) Al principio del audio, la profesora habla sobre una escena de la película representada en la foto. ¿Conoces esta película?

b) ¿Te parece que los chicos y las chicas de ese club de teatro han hecho una buena improvisación?

c) ¿Crees que el tema de la improvisación se corresponde con la escena representada en la foto? ¿Y con la película?

d) ¿Cómo la hubieras interpretado tú?

e) En el audio que has escuchado, la profesora utiliza una expresión muy teatral. Averigua su origen.

f) En nuestra vida cotidiana utilizamos muchas expresiones procedentes del teatro. Aquí tienes algunas. Busca su significado y describe algún contexto en que podrías utilizarlas. ¿Conoces alguna otra expresión teatral?

- Entre bambalinas
- Tener muchas tablas
- Hacer mutis por el foro
- Ser como el perro del hortelano
- Estar en el candelero
- Murió hasta el apuntador

UN CLUB DE TEATRO

## HABLA

Prepárate para improvisar a partir de una imagen.

En una improvisación teatral no hay un guion ni ensayos previos. Los actores y las actrices deben contar con su imaginación y su espontaneidad.

**3** Es hora de que llevéis a cabo vuestra propia improvisación.

a) En grupos, observad la escena de la fotografía y describidla con todo detalle.

Escena de la serie de ciencia ficción estadounidense *Stranger Things*.

b) Decidid cuáles serán los elementos mínimos de donde partiréis para desarrollar vuestra improvisación: nombre, características físicas y psicológicas de los personajes, vestuario, elementos del decorado y atrezo, iluminación, etc. Recordad: no se trata de escribir un guion, sino de establecer un punto de partida que resulte atractivo para el público y que pueda dar juego para una divertida historia improvisada, por muy disparatada que parezca.

c) Antes de empezar la improvisación propiamente dicha y pasar a la acción, tened en cuenta estos consejos:

d) Grabad vuestra improvisación.

e) Visionad las interpretaciones de toda la clase.

f) Elegid por votación las dos improvisaciones que más hayan gustado a la mayoría a partir de los siguientes criterios:

MEJOR INTERPRETACIÓN

MEJOR HISTORIA IMPROVISADA

### CONSEJOS PARA IMPROVISAR UNA ESCENA TEATRAL

**1.** La improvisación teatral requiere la máxima atención a todo lo que pasa alrededor.

**2.** Es importante escuchar muy bien a tus compañeros y a tus compañeras y estar alerta para responder de forma divertida e inmediata.

**3.** No pierdas el hilo de la historia que se está siguiendo, haz que tus intervenciones vayan acordes con la conversación y encajen bien en la trama.

**4.** Puesto que no hay un guion previo, ¡todo es posible! Acepta con naturalidad las intervenciones y giros de la historia que propicien tus compañeras y compañeros.

**5.** No te olvides de tu cuerpo, ten plena conciencia de él en todo momento. Recuerda que estás sobre el escenario y muévete al mismo tiempo que te expresas con el lenguaje.

**6.** Apóyate también en el tono de voz, en la entonación y en la velocidad adecuada para dar a tus interpretación la intención que deseas.

UN CLUB DE TEATRO

## ESCRIBE

Redacta el texto de la improvisación teatral.

**4** Ahora es el momento de poner por escrito vuestra improvisación teatral anterior. Para ello, debéis volver a visionar la grabación de la interpretación de vuestro grupo.

### PASOS PARA ESCRIBIR UN TEXTO TEATRAL

- Un texto teatral está hecho para ser representado en un escenario, y no solo para ser leído. Por tanto, deberéis incluir las llamadas acotaciones:

  — Indicaciones de interpretación: manera de hablar, tono o intención de los personajes, su estado de ánimo, sus entradas y salidas, sus movimientos sobre el escenario…

  — Indicaciones técnicas para que las distintas escenas que componen la obra se desarrollen adecuadamente. Por ejemplo, luz, sonido, elementos de atrezo y de decorado…

  Recuerda también que las acotaciones han de escribirse en cursiva y entre paréntesis.

- No olvidéis añadir el nombre del personaje delante de cada una de sus intervenciones, en mayúscula y seguido de un punto y una raya de diálogo.

### Reflexiona sobre este ámbito profesional

Cuando vamos a una sala de cine o vemos una película o una serie en televisión, lo que vemos y oímos es a las actrices y a los actores moviéndose en la pantalla, realizando diferentes acciones y manteniendo diálogos en distintas localizaciones o decorados. Pero ¿te has parado a pensar en qué profesionales hay detrás de todo ello? ¿Qué oficios, además del de actor y actriz, hacen que la película se lleve a cabo con éxito?

En grupos, organizad una tormenta de ideas para responder a las siguientes preguntas:

- ¿Qué profesiones son necesarias para hacer una película?
- ¿Qué función desempeña cada profesión?
- ¿Qué estudios habrá que seguir para formarse en cada profesión?
- ¿Qué habilidades crees que son necesarias para dedicarse profesionalmente a cada uno de esos oficios?
- ¿Te gustaría trabajar en el mundo del cine? ¿En qué sección? ¿Cómo te sentirías? ¿Por qué?

# 3 GRAMÁTICA

# EL ORIGEN DE LAS LENGUAS DE ESPAÑA

### El indoeuropeo

El **indoeuropeo** es la lengua común de la que derivan la mayoría de las lenguas habladas en Europa y Asia meridional.

Ruinas de la antigua ciudad romana de Baelo Claudia, en Tarifa, Cádiz.

## 3.1 El origen de las lenguas de España

### La España prerromana

Antes de la llegada de los romanos (218 a. C.), se hablaban en la península ibérica distintas lenguas, que podían distribuirse en dos grupos: las lenguas **no indoeuropeas** (por ejemplo, el tartesio, el ibérico y el euskara) y las **indoeuropeas** (por ejemplo, el celtibérico y el lusitano).

Esas lenguas, en general, fueron desapareciendo paulatinamente al irse imponiendo el latín que traían los conquistadores romanos. De ellas nos quedan algunos restos en palabras y en morfología. Por ejemplo:

- **Léxico:** *vega, barranco, carrasco, lama, abedul, aliso, álamo, beleño, baranda, balsa, arroyo, estepa...*
- **Morfología:** algunos sufijos como *-arro, -urro, -orro, -asco.*

De todas aquellas lenguas, se ha mantenido hasta la actualidad el **euskara** o **vasco.**

### El euskara o vasco

El **euskara** es una lengua prerromana, pervivencia de las lenguas que se hablaban antes de la llegada del latín.

Pertenece a una familia lingüística que en el pasado llegó a tener una gran extensión (las dos vertientes de los Pirineos hasta Cataluña, la mayor parte de Navarra y parte de La Rioja), pero que sufrió un enorme repliegue. Se han conservado algunas variedades: en España (vizcaíno, guipuzcoano, alto navarro...) y en Francia (labortano, bajo navarro y suletino).

El euskara o vasco es lengua oficial en el **País Vasco** y **parte de Navarra,** junto con el castellano. La creación de una norma común **(euskara batúa),** así como el apoyo político, social, económico y educativo han fomentado su recuperación.

### El latín y las lenguas romances

El dominio romano no se limitaba al aspecto militar. Los colonizadores aportaron sus conocimientos sobre agricultura, ganadería y minería, impusieron su propia organización administrativa y jurídica y, a través de la educación, enseñaron la **lengua latina** y la **cultura romana.**

Todo este proceso se conoce como **romanización.**

El latín transmitido no era la lengua de los literatos **(latín clásico),** sino la variedad popular hablada por los soldados, los colonos, los artesanos..., el llamado **latín vulgar.**

Su implantación no fue uniforme, sobre todo porque se aplicó a pueblos que hablaban lenguas muy diferentes. Cuando el Imperio romano se disolvió, ese latín, hablado ya de forma distinta según las zonas de la Península, evolucionó hacia **nuevas lenguas** que se fueron consolidando en la Edad Media (siglos V-XV).

Las nuevas lenguas que se formaron a partir del latín se denominan **lenguas romances.**

Una vez disuelto el Imperio romano, dos grandes influencias fueron dando forma a las lenguas romances:

- La **influencia germánica** que se inició en el año 409 con las invasiones de algunos **pueblos germánicos** procedentes del norte de Europa (suevos, vándalos, alanos...).

  Posteriormente, en el año 427, llegaron a la Península unos nuevos invasores germánicos, los **visigodos.** Los visigodos reunificaron de nuevo el territorio hispano e impusieron su gobierno y sus costumbres, pero adoptaron la lengua latina.

  La herencia germánica en las lenguas romances hispanas se limita a unas pocas palabras. Por ejemplo: *espía, ganar, gavilán, guerra, Álvaro, Elvira, Fernando...*

- La **influencia árabe,** que se inició en el año 711 y se extendió, prácticamente, a todo el territorio hispánico, excepto a unas zonas montañosas del norte.

  El árabe nos ha dejado gran riqueza léxica en diferentes áreas. Por ejemplo: guerra *(adalid, adarga...)*, agricultura *(azafrán, aceituna...)*, comercio *(aduana, almacén...)*, vivienda *(aldea, alcoba, azulejo...)*, instituciones *(alguacil, alcalde...)*, ciencias *(cifra, algoritmo...)*. También se nos han dejado muchos topónimos *(Alcalá, Medina, Guadalajara, Guadalquivir...)*.

En estas zonas del norte los núcleos de población estaban muy dispersos y formaron distintos reinos. Esta separación potenció aún más la fragmentación lingüística y el latín fue dando lugar a las diversas **lenguas romances.**

Las **lenguas romances** son el **gallegoportugués,** el **asturleonés,** el **castellano,** el **navarroaragonés,** el **catalán** y, posteriormente, el **mozárabe.**

En el siglo III, el territorio de la peninsula ibérica estaba dividido en cinco provincias romanas.

## 3.2 El romance occidental: el gallegoportugués

El latín que se habló en Galicia fue dando lugar al romance gallego, lengua que se extendió hacia el sur, en Portugal, y que originó el **gallego-portugués.**

Con la independencia de Portugal, en el siglo XII, se inicia el proceso de diferenciación de las dos lenguas, que finaliza en el siglo XV.

En la Edad Media, esta lengua conoce un período de esplendor literario, fundamentalmente en la lírica.

Durante siglos, la importancia del gallego estuvo condicionada por la expansión del castellano, aunque se mantuvo más vivo en las zonas rurales.

El **gallego** es la lengua oficial de **Galicia,** junto con el castellano, desde la creación de su comunidad autónoma.

Su importancia y su presencia se van incrementando en los ámbitos culturales y sociales. A su vez, el gallego se enseña en todos los niveles educativos y aumenta progresivamente su número de hablantes.

## 3.3 Los romances orientales: el catalán, el valenciano y el balear

En la parte oriental de la península ibérica, el latín también fue evolucionando condicionado por las características de cada zona y dando lugar a distintas variedades: el **catalán,** el **balear** y el **valenciano.**

Numerosos escritores (Ramon Llull, Ausiàs March, Joanot Martorell, Bernat Metge...) dieron prestigio a su lengua durante la Edad Media.

A partir del siglo XIX, se incrementa su recuperación tras un período de decadencia, y en la actualidad, cada variedad es **lengua oficial** en su comunidad autónoma, junto con el castellano: **Cataluña, Islas Baleares** y **Comunidad Valenciana.** Desde entonces, aumenta el número de hablantes, así como su presencia social y cultural.

### Actividades

**1** Lee y observa en el poema las siguientes características de la lengua gallega:

*eu:* diptongo típico gallego

*do:* contracción de preposición + artículo

Ondas do mar de Vigo,
se vistes meu amigo?
E ay Deus, se verrá cedo!

Ondas do mar levado,
se vistes meu amado?
E ay Deus, se verrá cedo!

*Cancionero de Martín Códax.*

a) Infórmate y traduce estas palabras del poema: *verrá - ondas - cedo*

b) ¿Qué conjunción del castellano traduce a *se*?

**2** Copia en tu cuaderno las palabras del catalán subrayadas en el texto y compara sus características de pronunciación, gramaticales y ortográficas con sus correspondientes palabras en castellano:

El català, com totes les llengues romàniques, va néixer com a conseqüència de l'evolució del llatí vulgar local. Aquesta evolució respon a un procés natural, que en aquest cas tenia de referent el llatí classic —el llatí ensenyat a les escoles—, que romangué inamovible al menys com model gramatical.

*Enciclopèdia de la llengua catalana,* Edicions 62.

**3** Traduce al castellano este canción popular catalana:

**El Gegant del pi**

El Gegant del Pi
Ara balla, ara balla
El Gegant del Pi
Ara balla pel camí.
El Gegant de la Ciutat
Ara balla, ara balla
El Gegant de la Ciutat
Ara balla pel terrat.

Canción popular.

## 3.4 Los romances centrales: asturleonés, aragonés y mozárabe

En la parte central de la Península, el latín evolucionó hacia cuatro variedades, según las zonas: el **asturleonés,** el **castellano,** el **aragonés** y el desaparecido **mozárabe.**

- **Mozárabe.** Es la variedad romance hablada por los cristianos que quedaron bajo el dominio político de los árabes y que ya ha desaparecido. Conocemos algunas de sus características a través de la toponimia y las palabras recogidas en textos árabes.
- **Asturleonés.** El antiguo asturleonés tuvo gran vigencia durante la Edad Media. Llegó a extenderse hasta la sierra de Huelva. Se ha mantenido durante siglos en las zonas rurales de Asturias y en el norte de León, donde aún se conservan algunos rasgos de pronunciación y gramaticales, así como suficiente riqueza léxica. Desde la desaparición del reino leonés ha experimentado gran influencia del castellano. Su cultivo literario fue escaso y se mantuvo con gran fragmentación dialectal. En la actualidad, la Comunidad Autónoma de Asturias promociona el estudio, la consolidación y la normalización del **asturiano** o **bable.**
- **Aragonés.** De los antiguos **navarro** y **aragonés** perduraron variedades habladas en los valles pirenaicos (Roncal, Hecho, Ansó...). La influencia del castellano se inicia a finales de la Edad Media. En la actualidad, aunque su número de hablantes es escaso, está protegido por el Gobierno de Aragón.

Paisaje de Fuente Dé desde Picos de Europa.

### Actividades

**4** Lee la siguiente estrofa en mozárabe del poeta Yosef-al-Katib y su traducción al castellano:

Tant'amare, tant'amare,
habib, tant'amare!
enfermiron weyoš [n]idioš,
ya duelen tan male.

¡Tanto amar, tanto amar,
amado, tanto amar!
Enfermaron [mis] ojos brillantes
y duelen tanto.

**5** Identifica en los versos de la actividad anterior estas dos características del antiguo mozárabe:

- Supresión de la vocal final de palabra.
- Conservación de la *e* final de palabra.

**6** Lee esta estrofa en asturiano de Constantino Cabal. ¿Qué características te llaman la atención en ella?

Tou yera de los dos; los que mos víen,
con cubicia emportuna
amiraben pa nos y sonreyíen...
Queríen quitanos un cachín de lluna,
pero non s'atrevíen.

Yera: era. Cubicia: codicia. Emportuna: inoportuna.

**7** Lee este texto en aragonés y su traducción, y realiza las actividades:

¿Qué is a fer, hijos de Almudévar? ¿Con qué enforcaréis a ho ferrero que solo tenemos uno? Y ¿qué faremos después sin ferrero? ¿Quién nos luciará las rellas? ¿Quién ferrará has nuestras mulas? Mirad lo que se mocurre. En vez de enforcar a ho ferrero que enforquemos un teisidor que entenemos siete en ho lugar, e por uno menos o más no hemos dir sin camisa.

En Manuel Alvar, *Textos hispánicos dialectales,* CSIC.

¿Qué vais a hacer, hijos de Almudévar? ¿Ahorcaréis al herrero que solo tenemos uno? ¿Y qué haremos después sin herrero? ¿Quién nos afilará las rejas [de los arados]? ¿Quién herrará nuestras mulas? Mirad lo que se me ocurre. En lugar de ahorcar al herrero ahorquemos a un tejedor que tenemos siete en el lugar, y por uno más o menos no habremos de ir sin camisa.

a) ¿Qué rasgo común tienen las palabras: *fer, ferrero, faremos, ferrará, enforcar?*

b) ¿Qué forma tiene el artículo masculino que se corresponde con el castellano *el?*

## 3.5 El castellano o español

El origen del **castellano** o **español** fue el romance que se hablaba en el condado de Castilla, localizado entre el reino de Asturias y el de Navarra. Se fue extendiendo a medida que se iban conquistando los territorios musulmanes.

La influencia del castellano sobre los otros reinos se inicia a finales de la Edad Media y se intensifica a partir de la unificación de las coronas de Castilla y Aragón en el siglo XV. Por otra parte, la expansión histórica del reino castellano hacia los territorios del sur peninsular y de Canarias hace que se convierta en la lengua común del Estado, por lo que recibe también el nombre de español. Con la conquista de América, se inicia una implantación del castellano, que se acelera a partir de la independencia de las nuevas repúblicas americanas.

Monasterio de Suso, en San Millán de la Cogolla, La Rioja, donde se hallaron los primeros vestigios escritos de lengua castellana.

### Variedades del español

A pesar de su gran cohesión, la lengua española no es uniforme. En el español se diferencian dos grandes bloques que, a su vez, por sus peculiaridades léxicas, gramaticales y de pronunciación, se subdividen en importantes áreas dialectales. Son el **español norteño** y el **español meridional.**

- El **español norteño** es el hablado en la mitad norte de la Península. Se mantiene más cerca del castellano tradicional, pues conserva la diferencia *s/z (casa/caza, losa/loza),* no debilita las consonantes finales *(-s, -r, -l,-d)* y mantiene la *-d-* intervocálica *(salido, quejido).*
- El **español meridional** es el hablado en la mitad sur de la Península (Andalucía, Extremadura, Murcia y parte de Castilla-La Mancha), Ceuta y Melilla, en las islas Canarias y en Hispanoamérica.

CARACTERÍSTICAS DEL ESPAÑOL MERIDIONAL

- **Yeísmo** (no distinción de las consonantes *y* y *ll: malla/maya.*
- **Seseo** o **ceceo:** *sapatos* (por *zapatos); asul* (por *azul).*
- Pérdida, aspiración o asimilación a la consonante siguiente de la **-s final:** *somo amiga* (por *somos amigas); tre' casa'* (por *tres casas); budimmo* (por *budismo).*
- Pérdida de las **consonantes finales:** *comé* (por *comed).*
- Aspiración de la **jota:** *bahá* (por *bajad).*
- Confusión de las consonantes **-r/-l** en final de sílaba: *arma/alma.*
- Pérdida de la **-d-** entre vocales: *casao* (por *casado).*

- En el **español de América** se diferencian, a su vez, distintas áreas, que se hallan en relación con las lenguas indígenas originarias o con los distintos procesos de conquista y colonización.

RASGOS MÁS RELEVANTES DEL ESPAÑOL DE AMÉRICA

- **Rasgos de pronunciación:** seseo *(s* y *z* se pronuncian como *s*); yeísmo *(y* y *ll* se pronuncian como *y);* debilitamiento de la consonante final de sílaba.

- **Rasgos gramaticales:** voseo (conservación de *vos* para la 2.ª persona del singula *(vos cantás),* uso de perfecto simple en lugar del compuesto *(canté por he cantado).*

**La brújula del español.** Accede a esta guía del uso del español correcto en el banco de recursos de anayaeducacion.es.

## 3.6 Variedad y riqueza de las lenguas

La **variedad lingüística** de **España** indica la gran **riqueza cultural** del país y facilita la más compleja y rica expresión de las personas.

Cada persona tiene un cauce de comunicación con los demás en la lengua común, el castellano; y tiene, además, otros cauces de expresión en sus lenguas, dialectos, hablas y variedades locales, con todas las particularidades de cada región y de cada zona.

Para las personas, esta variedad supone una fuente de satisfacción y posibilidades de comunicación. Y para los pueblos y las sociedades, la variedad supone una gran riqueza cultural y un testimonio de nuestro pasado.

Mario Benedetti (1920-2009), escritor uruguayo.

### Actividades

**8** Relaciona en tu cuaderno estas palabras:

| Palabras latinas | Palabras castellanas |
|---|---|
| *morte* | *vida* |
| *vita* | *hacer* |
| *facere* | *mercado* |
| *mercatus* | *muerte* |
| *ferrum* | *herida* |
| *ferida* | *hierro* |

**9** Indica cuáles fueron las diversas lenguas romances (occidentales, centrales y orientales) que aparecieron a partir del latín en la Península.

**10** Busca en un diccionario el significado y la procedencia de las palabras siguientes:

lienzo · parra · falda · alacrán · mezquita · juega · geranio · mudéjar · acequia · arriesgada

**11** ¿Cuáles son las lenguas oficiales de España?

**12** En grupos, buscad información sobre el Instituto Cervantes y elaborad un trabajo en el que tratéis estos puntos:

- ¿Qué es el Instituto Cervantes?
- ¿Cuáles son sus objetivos más importantes?
- ¿Quién ocupa su dirección actualmente?
- ¿Dónde está su sede central?
- ¿En qué países está presente?
- ¿Cuáles son algunas de sus actividades académicas y culturales?

**13** Lee este texto y realiza las actividades:

Mi táctica es
mirarte
aprender como sos
quererte como sos
mi táctica es
hablarte
y escucharte
construir con palabras
un puente indestructible
mi táctica es
quedarme en tu recuerdo
no sé cómo ni sé
con qué pretexto
pero quedarme en vos
mi táctica es
ser franco
y saber que sos franca
[…]

Mario Benedetti,
*El amor, las mujeres y la vida*,
Alfaguara.

a) Identifica la forma de la segunda persona del presente del verbo *ser*. ¿Qué observas en ella?

b) Localiza una forma del pronombre personal tónico de segunda persona del singular propia del español de América.

c) Traduce el poema al español de España.

# APLICA LO APRENDIDO

## Reflexiona sobre la gramática

**1** Todas las lenguas de España (excepto el euskara) son lenguas romances. Busca información y escribe una lista de seis lenguas romances que se hablen en Europa.

**2** Busca información en un diccionario y clasifica estas palabras según sea su origen latino, germánico o árabe:

alcalde · rueca · hostil · pueblo · azúcar · guerra

**3** Observa las palabras de estas dos columnas y explica qué crees que ha ocurrido con los grupos consonánticos *cl, ct* y *pl* latino en el castellano actual:

| Latín | Castellano |
|---|---|
| plorare | llorar |
| octo | ocho |
| nocte | noche |
| clave | llave |

**4** Ahora, observa estas palabras y di en qué se han convertido la *o* y la *e* tónicas latinas en su evolución al castellano actual:

| Latín | Castellano |
|---|---|
| bona | buena |
| forte | fuerte |
| terra | tierra |
| petra | piedra |

**5** Elige uno de estos autores y escribe una breve biografía que incluya el título de una de sus obras: Ramon Llull, Ausiàs March, Joanot Martorell y Bernat Metge.

**6** Algunas letras de la lengua gallega representan sonidos diferentes de los del castellano; por ejemplo, la *x* se pronuncia, aproximadamente, *sh.* ¿Cómo pronunciarías las palabras *fixo, Ánxela* y *Xulián?*

**7** ¿Cuál es el nombre en euskara de las ciudades siguientes: Vitoria, Bilbao, San Sebastián y Pamplona?

**8** Explica el significado de este fragmento de la Constitución española:

> La riqueza de las distintas modalidades lingüísticas de España es patrimonio cultural que será objeto de especial respeto y protección.

**9** Lee y contesta a las preguntas:

> Y durante la última guerra, en Antequera, entraban los parroquianos en una tienda de comestibles y preguntaban esperanzados: «¿Hay café?». El dependiente contestaba con su acento andaluz: «No: sebá tostá». Si se iba a tostar, valía la pena quedarse, y así se formó una larga cola. Al llegar al mostrador reclamaba cada uno: «¡Pero esto no es café!». Y él, sin apearse de su acento, contestaba imperturbable: «Ya se lo dije a usté: sebá tostá». Les daba efectivamente cebá tostá, es decir, cebada tostada.

Ángel Rosemblat, en R. Cano y M.D. González Cantos, *Las hablas andaluzas,* Sevilla. Consejería de edcucación y ciencia.

a) ¿Cuándo sucedió esta anécdota que relata Ángel Rosemblat?

b) Resume lo ocurrido.

c) ¿Cuál ha sido el problema que ha surgido?

Plaza del Castillo, en Pamplona.

**Repaso interactivo.** Accede a este juego interactivo y repasa el contenido de la unidad en anayaeducacion.es.

Recuerda seleccionar el material de trabajo de esta unidad para tu **portfolio.**

Recuerda que en tu banco de recursos dispones de:

- Diversos talleres para gestionar tus emociones y de una diana para evaluarlas.
- Fichas para mejorar tu ciudadanía digital.

## Organiza tus ideas gramaticales

Copia y completa el organizador visual en tu cuaderno:

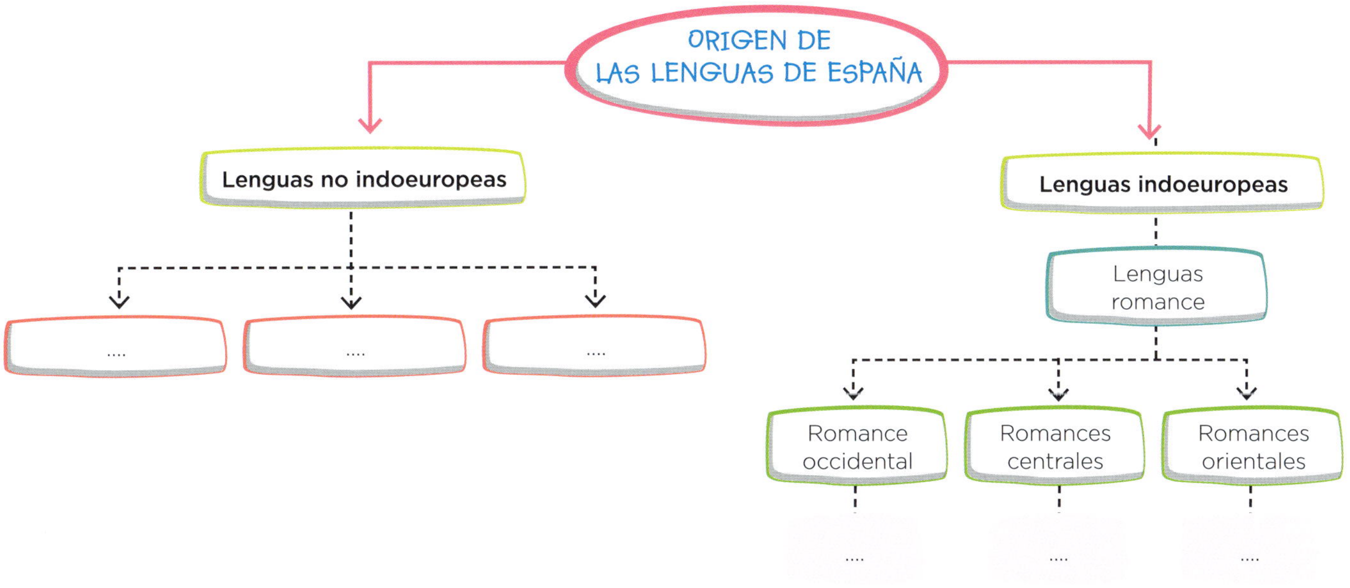


## Practica la ortografía

**1** Lee el texto y realiza las actividades:

La dejaron abandonada en uno de los viejos bancos de azulejos del parque Gasset, en Ciudad Real. Era febrero, hacía frío. La encontró un señor y avisó a la policía. No tenía ningún tipo de documentación: solo una hoja de papel prendida con un imperdible que decía, escrito con bolígrafo y mala letra: «Me yamo Raluca, 15-4-80». Tal cual. Como Raluca es nombre rumano, dedujeron que ella también lo era, sobre todo por esa falta de ortografía. Estaba bien cuidada, hasta gordita, más grande que el percentil de los diez meses que acababa de cumplir. Siempre tuvo suerte, piensa ella. Con tres años la preadoptó un matrimonio español.

Rosa Montero, *La buena suerte,* Alfaguara.

a) Marca los usos que se hace del guion en este fragmento y escribe dos ejemplos más de cada uno de los casos.

- Separa los componentes (días, mes, año) en una fecha.
- Indica intervalos entre números.
- Separa las sílabas de una palabra.

b) Separa en sílabas estas palabras del texto: *viejos - documentación - ortografía - preadoptó.*

c) ¿Para qué se usan las comillas en el texto?

d) Si quisiéramos destacar el sentido de alguna palabra, ¿qué signo utizaríamos?

**2** Lee este texto e indica el uso que se hace en él de las comillas y de la raya:

En un contexto donde cada día se cierran dos librerías en España y el 55 % de la gente no lee nunca o solo a veces —según un informe de los editores—, apostar por la literatura es un reto. Fernando Savater (San Sebastián, 1947) se ha sometido, una vez más, al de incitar a la lectura. Su último trabajo, sobre ilustres escritores, [...] es un acercamiento al disfrute de los clásicos. Es un ensayo para todos los públicos, pero con una mirada enfocada a los jóvenes. «Porque este mundo —el de la literatura— también les corresponde a ellos», dijo el filósofo este miércoles. «La idea fue hacer unas biografías sobre escritores excepcionales en su obra y normales en sus vidas», indicó. Y eso hizo.

Noelia Núñez, *www.elpais.es*

**3** Indica los usos del guion en este texto:

En cambio, aún no he encontrado una máquina digital-electrónica o electro-mecánica que se comporte de un modo que se pudiese calificar de pensante, y no veo pruebas que indiquen que eso pueda ser siquiera posible.

Arcadi Espada, www.elmundo.es

ORTOGRAFÍA CONSULTA EL ANEXO 12

Accede a más actividades para practicar la ortografía en **anayaeducacion.es**.

# ANEXOS

## ANEXO I: ORTOGRAFÍA

1. Reglas generales de acentuación
2. Acentuación de diptongos, triptongos e hiatos
3. Casos especiales de acentuación
4. Las letras *g* y *j*
5. La letra *h*
6. Las letras *b* y *v*
7. Palabras homófonas con o sin *h*
8. Palabras homófonas con *b* y con *v*
9. El dígrafo *ll* y la letra *y*
10. Parónimos con *ll* y con *y*
11. Signos de puntuación (I)
12. Signos de puntuación (II)

## ANEXO II: CONJUGACIÓN VERBAL

- Modelo de la 1.ª conjugación: *hablar*
- Modelo de la 2.ª conjugación: *beber*
- Modelo de la 3.ª conjugación: *vivir*
- El verbo auxiliar *haber*
- Los verbos irregulares *ser*, *oler* y *huir*
- Otros verbos irregulares

Accede a más actividades para practicar con la ortografía en anayaeducacion.es.

# 1 REGLAS GENERALES DE ACENTUACIÓN

## LA SÍLABA

La **sílaba** es el conjunto de sonidos que se pronuncian juntos en un solo golpe de voz.

Se diferencian distintos tipos:

→ En una palabra, la sílaba que se pronuncia con más intensidad es la **sílaba tónica** *(pan-ta-lla, mú-si-ca)*. Las demás reciben el nombre de **átonas.**

Según dónde esté colocada la sílaba tónica, se distinguen **palabras agudas, llanas, esdrújulas** y **sobresdrújulas.**

→ Cuando la sílaba termina en vocal se dice que es **abierta** *(li-bro, ca-sa)* y si termina en consonante, se dice que es **cerrada** *(sal-tan, del-fín).*

### La división silábica

- La **vocal** puede formar una sílaba ella sola *(a-vión)*. En otras ocasiones tiene una, dos o más consonantes adheridas *(can-tar):*
- Las letras **gu, qu, ch, ll** y **rr** forman parte de la misma sílaba *(gue-rra, que-so, cha-pa, lla-ma, pe-rro).*
- Las letras **cc** se separan en dos sílabas *(ac-ción).*
- En los grupos de **tres consonantes:**
  - las dos últimas pertenecen a una misma sílaba cuando la tercera es **r** o **l:** *com-pra, tem-blor;*
  - las dos primeras pertenecen a una misma sílaba en los demás casos *(trans-por-tar, cons-ti-par).*
- En los grupos de cuatro consonantes, se separan dos y dos *(cons-truir).*

## LAS PALABRAS AGUDAS

Las **palabras agudas** son las que tienen la sílaba tónica en la última sílaba. Llevan tilde cuando acaban en **vocal, *-n*** o ***-s:*** *sofá, balón, autobús.*

No llevan tilde las palabras agudas que acaban en *-s* precedida de otra consonante *(robots).*

## LAS PALABRAS LLANAS

Las **palabras llanas** son las que tienen la sílaba tónica en la penúltima sílaba. Llevan tilde cuando acaban en **consonante,** que no sea ni ***-n*** ni ***-s:*** *lápiz, árbol, móvil.*

Llevan tilde las palabras que acaban en *-s* precedida de otra consonante *(fórceps).*

## LAS PALABRAS ESDRÚJULAS Y SOBRESDRÚJULAS

→ Las **palabras esdrújulas** son las que tienen la sílaba tónica en la antepenúltima sílaba. Llevan tilde siempre*: cáscara, helicóptero, libélula.*

→ Las **palabras sobresdrújulas** son las palabras cuya sílaba tónica es anterior a la antepenúltima sílaba. También llevan siempre tilde: *cógemelo, tómatelo.*

## Actividades

**1** Copia en tu cuaderno y separa en sílabas las palabras siguientes:

| | | |
|---|---|---|
| *letra* | *cable* | *estanque* |
| *cachito* | *transporte* | *congreso* |
| *construcción* | *perspicaz* | *comprende* |

**2** Escribe el plural de las siguientes palabras y explica el cambio de acentuación que se ha producido en ellas: *resumen, examen, crimen, origen, joven, orden, virgen, carácter, régimen.*

**3** Copia en tu cuaderno estas palabras, ponles tilde cuando sea necesario y clasifícalas en agudas, llanas, esdrújulas o sobresdrújulas:

| | | |
|---|---|---|
| *rubi* | *salon* | *biceps* |
| *cesped* | *latigo* | *Andres* |
| *magrebi* | *consul* | *quimica* |
| *minigolf* | *maceta* | *comico* |
| *complots* | *comentaselo* | *piramide* |

**4** Escribe cinco palabras sobresdrújulas.

# 2 ACENTUACIÓN DE DIPTONGOS, TRIPTONGOS E HIATOS

## DIPTONGOS

Los **diptongos** se acentúan según las reglas generales de acentuación, teniendo en cuenta que:

- Si el diptongo está formado por una vocal abierta y otra cerrada, la tilde se coloca sobre la abierta *(pensión, descendió)*.
- Si está formado por dos vocales cerradas, la tilde se coloca sobre la última vocal *(acuífero, cuídate)*.

## TRIPTONGOS

- Los **triptongos** se acentúan siguiendo las reglas generales de acentuación *(limpiáis, miau)*. La tilde, si la lleva, siempre se coloca sobre la vocal abierta *(atestigüéis)*.
- Si la vocal tónica fuese alguna de las cerradas, no sería un triptongo *(saldrí-ais)*.

## HIATOS

- Los **hiatos** se acentúan según las reglas generales de acentuación *(cré-etelo, fara-ón)*.
- Cuando el hiato lo forman una vocal abierta y una cerrada tónica (o viceversa), la tilde se coloca siempre sobre la vocal cerrada, con independencia de las reglas de acentuación *(pa ís, dú o)*. La *h* no impide la colocación de la tilde *(bú-ho)*.

### Recuerda

- Un **diptongo** está formado por dos vocales seguidas (una abierta y una cerrada, o dos cerradas) pronunciadas en la misma sílaba *(reina, puerta, cuidar)*.
- Un **triptongo** es la unión en una sílaba de tres vocales, siempre una abierta y dos cerradas *(averigüéis)*.
- Un **hiato** lo forman dos vocales abiertas seguidas o la combinación de vocal abierta y vocal cerrada tónica que se pronuncian en sílabas distintas *(caer, tía)*.

## Actividades

**1** Justifica la presencia o ausencia de tilde en las siguientes palabras:

| | | |
|---|---|---|
| *rehén* | *ibais* | *averigüéis* |
| *rebelión* | *volvían* | *comeríamos* |
| *también* | *puntapié* | *escribiéndote* |

**2** Lee atentamente la información que hay al margen de esta página y clasifica las palabras siguientes según contengan un hiato, un diptongo o un triptongo:

| | | |
|---|---|---|
| *río* | *vaho* | *espiáis* |
| *cantéis* | *poeta* | *canción* |
| *avería* | *roedor* | *cuidado* |
| *peinado* | *cohete* | *apreciáis* |
| *puntuéis* | *piénsalo* | *cooperar* |
| *acuerdo* | *acuático* | *después* |

**3** Separa en sílabas las palabras de la actividad anterior.

**4** Copia en tu cuaderno y acentúa correctamente estas palabras e indica si llevan diptongo o hiato:

| | | |
|---|---|---|
| *pua* | *asiatico* | *pension* |
| *aereo* | *ahinco* | *huesped* |

**5** Explica por qué llevan tilde o no las siguientes palabras destacadas:

- *A Juan le duele un pie.*
- *Raúl tenía todos los libros.*
- *Mañana saldréis hacia Madrid.*
- *Ayer hacía mucho frío en Ávila.*
- *Es extraño que el pájaro no píe.*
- *La tenia o solitaria es un tipo de gusano.*

# 3 CASOS ESPECIALES DE ACENTUACIÓN



## ACENTUACIÓN DE LAS PALABRAS COMPUESTAS

- Las palabras compuestas sin guion se comportan como una sola y siguen las reglas generales de acentuación *(portafotos, duodécimo, ciempiés)*. El primer elemento de la palabra compuesta pierde la tilde si la llevaba como palabra simple:

  *décimo + tercero > decimotercero*

- En las palabras compuestas con guion, cada palabra conserva la acentuación originaria: *teórico-crítico, gallego-portugués.*
- Históricamente, la gramática ha considerado a los adverbios acabados en *-mente* como palabras compuestas: *fácil + mente, ruidosa + mente, ligera + mente.*

  Los adverbios acabados en *-mente* no tienen en cuenta las reglas generales de acentuación, y la tilde depende de si la lleva o no el adjetivo del que procede el adverbio:

  *fácil + mente > fácilmente*    *evidente + mente > evidentemente*

- Cuando a un verbo se le añade uno o más pronombres *(cuenta + me + lo > cuéntamelo)*, la palabra compuesta resultante se acentúa según las reglas generales de acentuación:

  *di + me > dime*    *da + se + lo > dáselo*

## PALABRAS CON DOBLE ACENTUACIÓN

En el léxico castellano existen algunas palabras que pueden acentuarse de dos maneras distintas. La Real Academia Española (RAE) indica cuál es la opción que prefiere colocándola en primer lugar en las entradas de su diccionario.

- Palabras que pueden pronunciarse de dos maneras diferentes:

| | | |
|---|---|---|
| *élite* y *elite* | *kárate* y *karate* | *pentagrama* y *pentágrama* |

- Palabras que contienen **hiatos** y **diptongos:**

| | | |
|---|---|---|
| *reuma* y *reúma* | *cardíaco* y *cardiaco* | *austriaco* y *austríaco* |
| *olimpiada* y *olimpíada* | *período* y *periodo* | *demoníaco* y *demoniaco* |

### Actividades

**1** Escribe en tu cuaderno seis palabras compuestas relacionando las de estas columnas:

No olvides acentuarlas correctamente.

| | | | |
|---|---|---|---|
| *balón* | *vivo* | *quitar* | *araña* |
| *décimo* | *roto* | *mano* | *quinto* |
| *tío* | *tela* | *cesto* | *nieves* |

**2** Busca en el diccionario de la RAE y di cuál de las dos formas prefiere la Academia: *ibero* o *íbero, atmosfera* o *atmósfera.*

**3** Relaciona en tu cuaderno los verbos con los pronombres y forma palabras compuestas.

**Verbos:** cuenta, da, piensa, compra.

**Pronombres:** me, te, se, lo.

**4** Escribe palabras compuestas con guion en las que uno de los términos sea una de estas palabras: *franco, hispano, gallego, teórico, ruso.* ¿Cómo es la acentuación de este tipo de palabras?

**5** Forma adverbios acabados en *-mente* con los adjetivos *densa, ágil, feliz, misteriosa, dulce, rápida.*

# 4 LAS LETRAS G Y J

## SE ESCRIBEN CON G

- Las palabras que empiezan por **geo-** *(geografía)* y **gest-** *(gesto)*.
- Muchas de las palabras que contienen el grupo **gen:** *imagen, gente.*
- Los verbos acabados en **-ger, -gir** (menos *tejer* y *crujir*): *proteger, rugir.*
- Las palabras terminadas en **-gia** *(magia)*, **-gión** *(región)*.
- Las palabras que acaban en **-logía:** *psicología, biología.*

**Recuerda**

La *g* representa dos sonidos, como vemos en ***gato, goma, gusano*** y en ***gente*** y ***gigante.*** Ante *a, o, u* el uso de la *g* no plantea ninguna duda ortográfica. El problema se presenta cuando se escribe ante *e, i,* porque ese mismo sonido puede venir representado por la letra *j:* ***jersey*** y ***jirafa.***

## SE ESCRIBEN CON J

- Las palabras que terminan en **-aje** *(garaje)*, **-eje** *(hereje)* y **-jería** *(mensajería)*.
- Las formas de los verbos cuyo infinitivo no tiene *g* ni *j:* por ejemplo de *producir, produje;* de *traer, trajisteis.*
- Las palabras derivadas de otras que contengan *j:* de *caja, cajero;* de *rojo, rojizo;* de *homenaje, homenajear.*

## Actividades

**1** Completa en tu cuaderno estas palabras con *g* o *j* y explica la regla ortográfica que sigue cada una:

| | | |
|---|---|---|
| *ori....en* | *reli....ión* | *paisa....e* |
| *reco....er* | *....eolo....ía* | *tra....eron* |
| *cerra....ería* | *predi....iste* | *condu....eron* |

**2** Escribe en tu cuaderno el presente de indicativo del verbo *dirigir*.

**3** Busca en el diccionario, si lo necesitas, y explica las diferencias entre *consejería* y *conserjería*. ¿De qué palabra simple deriva cada una de estas palabras?

**4** Completa en tu cuaderno estos infinitivos para formar verbos distintos y escribe una oración con cada uno de ellos:

*....coger* *....coger* *....coger* *....coger*

**5** Explica qué estudian las siguientes disciplinas:

FILOLOGÍA NEUROLOGÍA GEOLOGÍA MINERALOGÍA ASTROLOGÍA BIOLOGÍA ARQUEOLOGÍA CARDIOLOGÍA PSICOLOGÍA SOCIOLOGÍA MITOLOGÍA MORFOLOGÍA

**6** Copia en tu cuaderno y completa esta tabla con las tres primeras personas del singular del pretérito perfecto simple de indicativo:

| Verbo | 1.ª pers. | 2.ª pers. | 3.ª pers. |
|---|---|---|---|
| aducir | *yo aduje* | *tú ....* | *él/ella* |
| reducir | .... | .... | .... |
| conducir | .... | .... | .... |
| producir | .... | .... | .... |

**7** Escribe el sustantivo que se corresponda con los siguientes conceptos. Todos ellos acaban con la terminación *-aje:*

- Acción de viajar: ....
- Acción de herrar: ....
- Acción de arbitrar: ....
- Acción de embalar: ....
- Acción de aterrizar: ....

**8** Completa en tu cuaderno este texto:

**El miedo**

Una mañana, nos re....alaron un cone....o de Indias. Lle....ó a casa en....aulado. Al mediodía, le abrí la puerta de la ....aula.

Volví a casa al anochecer y lo encontré tal como lo había de....ado: ....aula adentro, pe....ado a los barrotes, temblando del susto de la libertad.

Eduardo Galeano, *Libro de los abrazos,* Siglo XXI.

# 5 LA LETRA *H*

## SE ESCRIBEN CON *H*

- Los verbos *haber, hacer, hallar, hablar, habitar* y sus derivados.
- Las palabras que empiezan con **hia-** *(hiato)*, **hie-** *(hierro)*, **hue-** *(huevo)*, **hui-** *(huir)*.
- Las palabras que empiezan por los prefijos: **hecto-** *(hectómetro)*, **hexa-** *(hexámetro)*, **hemo-** *(hemorragia)*, **hemi-** *(hemiciclo)*, **hepta-** *(heptasílabo)*, **hetero-** *(heterogéneo)*, **hidro-** *(hidrofobia)*, **hiper-** *(hipérbaton)*, **hipo-** *(hipócrita)*, **homo-** *(homogéneo)*.
- Generalmente, las palabras que empiezan por **horm-** *(hormiga)* y **hum-** *(humo)*.
- Las palabras con diptongo **ue** tras vocal llevan una *h* intercalada: *cacahuete, alcahuete.*

### Recuerda

A la letra *h* no le corresponde ningún sonido en nuestra lengua. Esto provoca importantes errores ortográficos cuando no se conocen las palabras que la llevan y las que no.

Estas reglas te ayudarán a escribir correctamente las palabras que llevan *h*.

## Actividades

**1** Escribe en tu cuaderno tres palabras que comiencen por *hie-*, *hue-*.

**2** Consulta el diccionario para averiguar el significado de los siguientes prefijos y escribe dos ejemplos:

| | | |
|---|---|---|
| *hexa-* | *hidro-* | *hemi-* |
| *hipo-* | *homo-* | *hiper-* |
| *hemo-* | *hetero-* | *hecto-* |

**3** Consulta el diccionario y busca tres expresiones que contengan estas palabras:

hoja — hierba — hormiga

- Copia el significado de cada expresión en tu cuaderno.
- Escribe una oración con cada expresión.

**4** Escribe en el recuadro central la sílaba que falta para obtener ocho palabras con *h* intercalada. Inventa, después, una oración con cada una de ellas.

| | | |
|---|---|---|
| a | .... | gar |
| a | .... | ra |
| a | .... | rrar |
| al | .... | ja |
| co | .... | te |
| de | .... | sa |
| ex | .... | bir |
| pro | .... | bir |

**5** Relaciona en tu cuaderno las palabras de la izquierda con las de la columna derecha. Utiliza el diccionario si lo necesitas:

| | |
|---|---|
| *ovoide* | |
| *óseo* | *hueso* |
| *oquedad* | *huevo* |
| *orfanato* | *hueco* |
| *osamenta* | *huérfano* |
| *óvulo* | |

**6** Consulta el **Apéndice de verbos** y conjuga el presente de indicativo del verbo *oler* y escríbelo en tu cuaderno.

**7** Escribe con los prefijos *des-* o *a-* antes de la *h* los verbos que corresponden a estas definiciones:

- Quitar las hojas.
- Hacer más hondo.
- Antónimo de *honrar.*
- Llenar de humo.
- Poner hueca una cosa.
- Antónimo de *hacer.*
- No habitado.
- Deshacer el hielo.

# 6 LAS LETRAS B Y V

## SE ESCRIBEN CON *B*

- Las palabras que empiezan por los prefijos **bi-** o **bis-,** que significan 'dos' o 'dos veces' (*bicolor, bisnieto*).
- Las palabras que empiezan por **biblio-** (*biblioteca*) o **bio-** (*bioquímica*).
- Las palabras terminadas en **-ble** (*flexible*) y **-bilidad** (*habilidad*), excepto *movilidad*.
- Los verbos cuyo infinitivo acaba en **-buir** (*distribuir*) y en **-bir** (*recibir*), excepto *vivir, servir, hervir* y sus derivados o compuestos.
- Todas las formas de los verbos **beber, caber, deber, haber, saber** y sus derivados.
- Todas las terminaciones verbales del pretérito imperfecto de indicativo de la 1.ª conjugación (*cantaba, saltabas...*) y las del verbo *ir* (*iba, ibas...*).
- Los palabras compuestas y derivadas de aquellas que se escriben con *b*.

## SE ESCRIBEN CON *V*

- Los adjetivos llanos acabados en las terminaciones **-avo** (*octavo*), **-ava** (*eslava*), **-evo** (*nuevo*), **-eva** (*nueva*), **-ivo** (*relativo*), **-iva** (*negativa*), **-ave** (*suave*), **-eve** (*leve*).
- Las palabras que empiezan por **eva-** (*evasivo*), **eve-** (*evento*), **evi-** (*evitar*), **evo-** (*evocador*), excepto *ébano*.
- Las palabras que empiezan por los prefijos **vice-** (*vicepresidente*), **viz-** (*vizconde*), **vi-** (*virrey*), cuando significan 'en lugar de'.
- Las palabras terminadas en **-voro** (*carnívoro*) y **-vora** (*carnívora*), excepto *víbora*.
- El pretérito perfecto simple de los verbos que acaban en **-uve,** excepto *hube*.
- Los verbos acabados en **-olver** (*volver*).
- Los compuestos y derivados de las palabras con *v*.

### Actividades

**1** Completa en tu cuaderno estas palabras con *b* o *v* y explica qué regla ortográfica concreta sigue cada una de estas palabras:

| | | |
|---|---|---|
| *....ioética* | *de....erás* | *i....an* |
| *escla....o* | *en....uelto* | *e....aporar* |
| *....isnieto* | *resol....er* | *reci....ió* |
| *ha....íamos* | *inscri....ir* | *ha....ían* |
| *mo....ilidad* | *her....í....oro* | *nue....a* |
| *e....acuación* | *....icerrector* | *contri....uyente* |

**2** Escribe en tu cuaderno dos palabras que lleven cada uno de los prefijos siguientes: *biblio-*, *bio-* y *bi-* (recuerda que este prefijo debe significar 'dos').

**3** Anota palabras derivadas de los siguientes verbos: *hervir, servir, vivir.*

**4** Escribe en tu cuaderno al lado de cada uno de estos adjetivos el sustantivo derivado acabado en *-bilidad*.

Observa el ejemplo:

*contable → contabilidad*

| | | |
|---|---|---|
| *posible* | *amable* | *flexible* |
| *potable* | *responsable* | *visible* |
| *estable* | *susceptible* | *culpable* |

**5** Consulta en la web el apartado dedicado a los verbos irregulares y escribe el pretérito perfecto simple de indicativo del verbo *estar.*

**6** Escribe adjetivos acabados en *-ivo* a partir de los siguientes verbos: *nutrir, explotar, pensar, expresar, comunicar, prohibir.*

# 7 PALABRAS HOMÓFONAS CON O SIN *H*

## CON O SIN *H*

| Con *h* | Sin *h* |
|---|---|
| **ha** (del verbo *haber)* | **a** (preposición) |
| **has** (del verbo *haber)* | **as** ('carta de la baraja') |
| **hasta** (preposición) | **asta** ('cuerno') |
| **he** (del verbo *haber)* | **e** (conjunción) |
| **hecho** (del verbo *hacer)* | **echo** (del verbo *echar)* |
| **herrar** ('poner herraduras') | **errar** ('equivocarse' o 'deambular') |
| **hojear** ('pasar las hojas de un libro, revista...') | **ojear** ('mirar de forma rápida y superficial') |
| **hola** (interjección de saludo) | **ola** ('ondulación del agua') |
| **honda** ('profunda') | **onda** ('ondulación') |

**Recuerda**

Las **palabras homófonas** son aquellas que se pronuncian igual, pero se escriben de distinta manera.

## Actividades

**1** Copia y completa en tu cuaderno con la palabra correcta:

- *Voy a* .... (hojear/ojear) *las fotos de la revista mientras te espero.*
- *Yo* .... (habría/abría) *ido contigo .... (hasta/asta) el lugar indicado.*
- *Tienes que* .... (herrar/errar) *al caballo porque yo* .... (he/e) .... (hecho/echo) *el resto del trabajo.*
- *El tsunami produjo una* .... (hola/ola) *gigante y ese* .... (hecho/echo) *fue recogido por la prensa.*
- *Tú* .... (has/as) *ganado la partida con un* (has/as).
- *En el agua apareció una gran* .... (honda/onda) *cuando el niño arrojó la piedra en la parte más* .... (honda/onda) *del estanque.*
- *Después de* .... (herrar/errar) *al potro en el establo, se dirigió a las montañas y le parecía ver un alma* .... (herrar/errar).

**2** No debes confundir la escritura de las interjecciones *¡ah!, ¡eh!, ¡oh!*, con la preposición *a* y las conjunciones *e, o.* Completa con la opción correcta:

- .... (¡Ah!/ha/a), qué bien, me alegro.
- *Voy* .... (¡ah!/ha/a) *ver a tu hermana.*
- *Él* .... (¡ah!/ha/a) *hecho un pastel.*
- .... (¡Eh!/he/e), *tú, no te vayas.*
- *¿Prefieres el blanco* .... *(¡oh!/o) el negro?*

**3** Busca en el diccionario el significado de estas palabras y escribe una oración con cada una: *deshecho* y *desecho; hablando* y *ablando; horca* y *orca; atajo* y *hatajo*.

**4** Copia y completa en tu cuaderno con la forma adecuada: *haber* o *a ver.*

> El verbo *haber* y la expresión *a ver* (prep. + verbo *ver*) son homófonas.
> **Recuerda:** *haber* suele llevar detrás un participio: *haber estado, haber comido, haber caído.*

- *Voy* .... *si Marcos ha llegado.*
- *Tenía que* .... *hablado antes con él.*
- .... *qué organizamos para el fin de semana.*
- *Te dije que habría que* .... *llamado ya.*
- *Tendrías que* .... *estado allí..*

**5** Consulta el **Apéndice de verbos** y escribe el pretérito perfecto compuesto de indicativo del verbo *huir.*

**6** Escribe una oración con cada palabra:

| | | |
|---|---|---|
| *honda* | *ola* | *hola* |
| *hasta* | *ojear* | *asta* |
| *herrar* | *onda* | *errar* |
| *hojear* | *hecho* | *echo* |

# 8 PALABRAS HOMÓFONAS CON *B* Y CON *V*

## CON *B* Y CON *V*

| Palabras con *b* | Palabras con *v* |
|---|---|
| **basto/a** ('sin delicadeza') | **vasto/a** ('extenso/a') |
| **bello** ('hermoso') | **vello** ('pelo corto y fino') |
| **bienes** ('riquezas') | **vienes** (verbo *venir*) |
| **botar** ('saltar') | **votar** ('participar en las elecciones') |
| **cabo** ('extensión de terreno que penetra en el mar') | **cavo** (verbo *cavar*) |
| **hierba** ('planta') | **hierva** (verbo *hervir*) |
| **rebelar** ('desobedecer, sublevar') | **revelar** ('descubrir') |
| **sabia** ('que sabe mucho') | **savia** ('líquido de las plantas') |
| **tubo** ('objeto cilíndrico') | **tuvo** (verbo *tener*) |

**A ver / Haber**

- **A ver:** está formado por una preposición + el infinitivo del verbo *ver.*
  - *¿Podemos ir a ver esa película?*
  - *¿A ver qué vestido te has puesto?*
- **Haber:** es el infinitivo del verbo *haber.*
  - *Debías de haber estudiado más.*
  - *Por haber llegado tarde, nos castigaron.*

## Actividades

**1** Copia y completa con la palabra homófona que corresponda:

- *Yo* .... (cabo/cavo) *el jardín mientras tú arreglas el* .... (tubo/tuvo) *del desagüe.*
- *Marta* .... (botaba/votaba) *alegremente por el campo y* .... (tubo/tuvo) *un accidente.*
- *No* .... (rebeló/reveló) *a nadie los* .... (bienes/vienes) *que poseía.*
- *Es un* .... (bello/vello) *paisaje y muy* .... (basto/vasto).
- *Pedro se* .... (rebeló/reveló) *contra su equipo y publicó su estudio sobre la* .... (sabia/savia) *bruta.*
- *Cuando* .... (hierba/hierva) *el agua, añádele las* .... (hierbas/hiervas) *aromáticas.*

**2** También son homófonos los siguientes pares de palabras. Busca en el diccionario su significado y escribe una oración con cada una de ellas: *balido, valido; nobel, novel; barón, varón.*

**3** Escribe un sustantivo derivado del verbo *rebelar* y otro derivado del verbo *revelar*. Escribe una oración con cada palabra derivada.

**4** El sustantivo *cabo* tiene varios significados. Búscalos en el diccionario y selecciona las tres acepciones que más emplees.

**5** Indica de qué palabras homófonas provienen estas derivadas:

| | | |
|---|---|---|
| *rebote* | *varonil* | *herbáceo* |
| *belleza* | *vastedad* | *votación* |
| *novelería* | *excavación* | *entubar* |

**6** Sustituye las palabras subrayadas por otras que signifiquen lo mismo y que contengan *b* o *v.*

- *Los soldados se han sublevado contra el mando.*
- *Aquella inmensa pradera era muy hermosa.*
- *Mi abuela siempre nos decía: «No saltéis encima de la cama, que os podéis caer».*
- *Era una mujer con muchos conocimientos.*

**7** Copia y completa en tu cuaderno con *a ver* y *haber.*

- *Debe de* .... *una salida cerca.*
- .... *si vienes pronto esta noche.*
- *Vamos* ...., *¿cuántas son cinco por ocho?*
- *Mañana voy a Madrid* .... *el Museo del Prado.*
- *De no* .... *estudiado Medicina, habría sido un buen veterinario.*
- *La próxima semana va a* .... *una barbacoa en casa de los primos.*
- .... *qué dice.*

# 9 EL DÍGRAFO *LL* Y LA LETRA *Y*



## SE ESCRIBEN CON *LL*

- Las palabras que acaban en **-illa, -illo, -ullo** (*colilla, corrillo, arrullo*), excepto *tuyo, suyo, cuyo*.
- Los verbos en **-illar, -ellar, -ullar, -ullir:** *atornillar, querellar, aturullar, escabullir.*
- Las formas verbales que tienen *ll* en el infinitivo, así como sus derivaciones.

**El dígrafo**

El **dígrafo** es un signo ortográfico compuesto por dos letras que representan un solo sonido. La *ll* es un dígrafo.

## SE ESCRIBEN CON *Y*

- La conjunción *y*.
- Las palabras terminadas en el sonido *[i]*, cuando va formando diptongo o triptongo y no está acentuado: *doy, buey, jersey.* También los plurales, si los tienen, de esas palabras (*bueyes, leyes,* pero *jerséis*). Son excepciones *bonsái, saharaui.*
- Las formas verbales con el sonido de la letra *y* como en *yate*, y que en el infinitivo no lo tienen: de *oír, oyó;* de *caer, cayó;* de *atribuir, atribuyeron.*
- Las formas verbales derivadas de verbos que tienen la *y* en el infinitivo; por ejemplo, de *rayar, subrayar.*
- Las palabras con la sílaba **-yec-:** *inyección, proyección, proyecto.*

## Actividades

**1** Copia y completa en tu cuaderno estas palabras con *ll* o *y:*

| | | |
|---|---|---|
| *so....* | *au....ar* | *ceri....a* |
| *tu....o* | *ensi....ar* | *marti....o* |
| *arrodi....ar* | *pro....ectil* | *in....ectar* |
| *ha....aremos* | *ra....adura* | *distribu....ó* |

**2** ¿Cuál de las palabras de la actividad 1 es una excepción de las reglas ortográficas anteriores?

**3** Escribe la tercera persona del singular y del plural del pretérito perfecto simple de indicativo de los verbos:

| | | |
|---|---|---|
| *caer* | *creer* | *leer* |
| *destruir* | *construir* | *huir* |

**4** ¿A qué regla ortográfica de la *y* se atienen las palabras de la actividad 3? Escribe también sus gerundios.

**5** Busca en el diccionario el significado de estos verbos y escribe una oración con cada uno de ellos:

| | | |
|---|---|---|
| *aturullar* | *bullir* | *trillar* |
| *querellarse* | *escabullirse* | *zambullirse* |

**6** Escribe en tu cuaderno las palabras que corresponden a estas definiciones. Todas acaban en *-illo* o *-illa:*

- Conjunto de palabras o versos con que empieza una composición poética y que se repite al final de cada estrofa de un poema o canción: ....
- Articulación en el lugar donde la pierna se une con los huesos del pie: ....
- Hilera de piedras alargadas y estrechas que forman el borde de una acera: ....
- Fruto del membrillero: ....
- Ampolla de cristal en cuyo interior un filamento incandescente produce luz: ....
- Conjunto de platos, vasos, tazas, fuentes .... y otros recipientes para el servicio de mesa: ....
- Lente de contacto: ....

**7** Escribe el plural de: *buey, ley, jersey.*

# 10 PARÓNIMOS CON *LL* Y CON *Y*

## LOS PARÓNIMOS CON *LL* Y CON *Y*

Las **palabras parónimas** tienen una pronunciación muy parecida, por lo que es fácil equivocarse al escribirlas.

Estas actividades te ayudarán a reconocerlas y a escribirlas correctamente.

| | | |
|---|---|---|
| **arrollo** (del verbo *arrollar*)<br>**arroyo** ('riachuelo') | **malla** ('tejido', 'red')<br>**maya** ('pueblo indio') | **pulla** ('expresión irónica dicha para herir a alguien')<br>**puya** ('punta de vara con la que los picadores hieren al toro') |
| **callado** (del verbo *callar*)<br>**cayado** ('bastón') | **olla** ('vasija')<br>**hoya** ('cavidad') | **rallar** ('desmenuzar')<br>**rayar** ('hacer rayas') |
| **calló** (del verbo *callar*)<br>**cayó** (del verbo *caer*) | **hulla** ('clase de carbón')<br>**huya** (del verbo *huir*) | **rallo** (del verbo *rallar*)<br>**rayo** ('descarga eléctrica') |
| **halla** (del verbo *hallar*)<br>**haya** (del verbo *haber* o 'árbol')<br>**aya** ('niñera') | **pollo** ('cría de ave')<br>**poyo** ('banco de piedra') | **valla** ('cercado, panel publicitario')<br>**vaya** (del verbo *ir*)<br>**baya** ('fruto') |

**Recuerda**

Aunque las palabras **parónimas** son parecidas, tienen significados diferentes.

## Actividades

**1** Copia y completa en tu cuaderno con la opción correcta:

- *Después de sacar la pasta de la* .... (hoya/olla), *le pongo salsa y queso* .... (rallado/rayado).
- *La finca estaba cerrada con una* .... (valla/vaya) *y mi compañero se* .... (calló/cayó) *al intentar saltarla.*
- *Cerca del* .... (arrollo/arroyo), *los jóvenes cogían* .... (bayas/vallas/vayas).
- .... (Halla/haya) *la raíz cuadrada de este número y no* .... (hullas/huyas) *de las complicaciones.*
- *No* .... (vallas/vayas) *a* ... (rallar/rayar) *la mesa con ese cristal roto.*
- *Juan se* .... (calló/cayó) *para escuchar el documental sobre el pueblo* .... (malla/maya).

**2** Copia y completa en tu cuaderno con la forma apropiada del verbo *haber:*

- *Quizá tú .... venido para ayudarme, pero deberás demostrarlo.*
- *Es probable que Ana .... llegado hace una hora.*
- *Que yo .... aprobado el examen demuestra que he estudiado.*
- *Tal vez ellos .... entrado por otro lado y no los hemos visto.*

**3** Escribe el gerundio de *callar, caer, ir* y *huir.*

**4** La palabra *raya* es homónima. Busca en el diccionario las dos entradas distintas y copia su significado. Escribe una oración con cada una de ellas.

**5** Escribe en tu cuaderno la palabra parónima que corresponde a cada definición:

- Línea larga: _ _ _ _
- Hondonada: _ _ _ _
- Silencioso: _ _ _ _ _ _ _
- Banco de piedra: _ _ _ _
- Carbón de piedra: _ _ _ _ _
- Árbol de madera oscura: _ _ _ _

# 11 SIGNOS DE PUNTUACIÓN (I)

## SE USA LA RAYA O GUION LARGO (—)

Se utiliza la **raya:**

→ Para separar aclaraciones o incisos del resto del enunciado:

*Madrid —la capital de España— tiene cinco millones de habitantes.*

→ Para indicar las intervenciones de los hablantes en el diálogo. En este caso, se utiliza una sola raya al comienzo del parlamento unida, sin espacio, a la primera palabra de este:

*—Tenemos que llegar a nuestro destino...*
*—¿Cómo?*

→ También, para señalar los comentarios del narrador en las intervenciones de los personajes:

*—Tania —le dijo su padre—, vuelve pronto.*

## SE USAN LOS PARÉNTESIS ( )

Se utilizan los **paréntesis:**

→ Para presentar en las obras teatrales las acotaciones del autor y apartes de los personajes:

FIGURA DE CASCABELES.—*(Tímidamente).* ¿Y si yo me convirtiera en hormiga?
FIGURA DE PÁMPANOS.—*(Enérgico).* Yo me convertiría en tierra.

→ Para separar incisos o aclaraciones del resto del enunciado:

*Este año viajé a la playa (a mí me encanta en verano) y disfruté mucho.*

→ Para intercalar, también, en el enunciado datos u otras explicaciones:

*Federico García Lorca (1898-1936) es uno de nuestros escritores más reconocidos.*

Retrato de Federico García Lorca, por Gregorio Prieto.

## SE USAN LOS CORCHETES [ ]

→ Se utilizan los **corchetes** para incluir los puntos suspensivos que suprimen parte de un texto:

*Había una vez [...]. Y colorín colorado.*

### Actividades

**1** Copia en tu cuaderno y completa con rayas o paréntesis donde sea necesario:

- *En el plano adjunto ....véase figura 2.... puede apreciarse la localización precisa del alojamiento.*
- *....Oye, Juan, ¿puedes prestarme tu libro?*
- *Pablo Neruda ....1904-1973.... obtuvo el Premio Nobel de Literatura.*
- *Ayer fui al cine ....me encantan las películas.... acompañada de toda mi familia.*
- *....Elena ....dijo su primo...., ven a la piscina.*
- *La isla de Menorca ....según cuentan.... es bella.*

**2** Reescribe este texto dándole forma de diálogo y marcando las intervenciones con la raya: *María llamó a Paula por teléfono y le preguntó por la fecha en que se iba de vacaciones y esta le contestó que se iba a Londres el día 1 de julio.*

**3** Coloca los paréntesis necesarios en este fragmento de *Bodas de sangre*, de Lorca:

CRIADA.—El azahar te lo voy a poner desde aquí hasta aquí, de modo que la corona luzca sobre el peinado. *Le prueba un ramo de azabar.*

NOVIA.—*Se mira en el espejo.* Trae. *Coge el azabar y lo mira y deja caer la cabeza abatida.*

# 12 SIGNOS DE PUNTUACIÓN (II)

## SE USA EL GUION CORTO (–)

→ El **guion** indica una separación entre elementos relacionados:

- Separa elementos de una palabra compuesta: *teórico-práctico.*
- Entre números, indica intervalos: *Leed para mañana las páginas 20-50.*
- En la segmentación silábica separa las sílabas: *co-me-dor.*
- En las fechas, separa el día, el mes y el año: *14-02-2012.*
- Divide la palabra cuando no cabe completa al final de línea: *canta-mos.*

## SE USAN LAS COMILLAS (« »)

→ Las **comillas** se usan:

- Para dar un sentido especial (irónico, burlesco, figurado...) a una palabra: *Esa mujer es muy «simpática», ¿no?*
- En las citas textuales: Machado escribió: *«Caminante, no hay camino / sino estelas en la mar».*

## Actividades

**1** Copia en tu cuaderno estos enunciados y emplea el guion corto o las comillas cuando corresponda:

- Sí, por tus gafas veo que eres un ....intelectual.... .
- *Pei....ne* es bisílaba porque tiene diptongo.
- Esa escritora nació un 14....07....1989.
- Ortega y Gasset sentenció: ....Yo soy yo y mi circunstancia.... .
- Tengo que repasarme las páginas 28....35.
- Alberto me dijo: ....Entra, siéntate y cuéntamelo todo.... .

**2** Escribe tres palabras compuestas separadas por guiones con las siguientes palabras:

| | | | |
|---|---|---|---|
| artístico | taller | hispano | astur |
| leones | argentino | escuela | literario |

**3** Escribe oraciones en las que aparezcan:

- Una cita textual.
- Un intervalo de números.
- Una fecha separada por guiones.
- Una palabra empleada en sentido irónico.

**4** Divide en sílabas estas palabras usando guiones: *cautiva, averigüéis, transportar, poesía, constelación, búho.*

**5** Busca información sobre estos personajes y recoge alguna cita famosa de cada uno de ellos:

- Pablo Picasso.
- Albert Einstein.
- Miguel de Cervantes.

# MODELO DE LA 1.ª CONJUGACIÓN: *HABLAR*

**INFINITIVO:** hablar
**GERUNDIO:** hablando
**PARTICIPIO:** hablado

## MODO INDICATIVO

| | FORMAS SIMPLES | FORMAS COMPUESTAS |
|---|---|---|
| | **Presente** | **Pretérito perfecto compuesto** |
| yo | hablo | he hablado |
| tú | hablas | has hablado |
| él/usted | habla | ha hablado |
| nosotros | hablamos | hemos hablado |
| vosotros | habláis | habéis hablado |
| ellos/Uds. | hablan | han hablado |
| | **Pretérito imperfecto** | **Pretérito pluscuamperfecto** |
| yo | hablaba | había hablado |
| tú | hablabas | habías hablado |
| él/usted | hablaba | había hablado |
| nosotros | hablábamos | habíamos hablado |
| vosotros | hablabais | habíais hablado |
| ellos/Uds. | hablaban | habían hablado |
| | **Pretérito perfecto simple** | **Pretérito anterior** |
| yo | hablé | hube hablado |
| tú | hablaste | hubiste hablado |
| él/usted | habló | hubo hablado |
| nosotros | hablamos | hubimos hablado |
| vosotros | hablasteis | hubisteis hablado |
| ellos/Uds. | hablaron | hubieron hablado |
| | **Futuro simple** | **Futuro compuesto** |
| yo | hablaré | habré hablado |
| tú | hablarás | habrás hablado |
| él/usted | hablará | habrá hablado |
| nosotros | hablaremos | habremos hablado |
| vosotros | hablaréis | habréis hablado |
| ellos/Uds. | hablarán | habrán hablado |
| | **Condicional simple** | **Condicional compuesto** |
| yo | hablaría | habría hablado |
| tú | hablarías | habrías hablado |
| él/usted | hablaría | habría hablado |
| nosotros | hablaríamos | habríamos hablado |
| vosotros | hablaríais | habríais hablado |
| ellos/Uds. | hablarían | habrían hablado |

## MODO SUBJUNTIVO

| | FORMAS SIMPLES | FORMAS COMPUESTAS |
|---|---|---|
| | **Presente** | **Pretérito perfecto compuesto** |
| yo | hable | haya hablado |
| tú | hables | hayas hablado |
| él/usted | hable | haya hablado |
| nosotros | hablemos | hayamos hablado |
| vosotros | habléis | hayáis hablado |
| ellos/Uds. | hablen | hayan hablado |
| | **Pretérito imperfecto** | **Pretérito pluscuamperfecto** |
| yo | hablara o hablase | hubiera o hubiese hablado |
| tú | hablaras o hablases | hubieras o hubieses hablado |
| él/usted | hablara o hablase | hubiera o hubiese hablado |
| nosotros | habláramos o hablásemos | hubiéramos o hubiésemos hablado |
| vosotros | hablarais o hablaseis | hubierais o hubieseis hablado |
| ellos/Uds. | hablaran o hablasen | hubieran o hubiesen hablado |
| | **Futuro simple** | **Futuro compuesto** |
| yo | hablare | hubiere hablado |
| tú | hablares | hubieres hablado |
| él/usted | hablare | hubiere hablado |
| nosotros | habláremos | hubiéremos hablado |
| vosotros | hablareis | hubiereis hablado |
| ellos/Uds. | hablaren | hubieren hablado |

## MODO IMPERATIVO

habla (tú)
hablad (vosotros, vosotras)

# MODELO DE LA 2.ª CONJUGACIÓN: *BEBER*

**INFINITIVO:** beber
**GERUNDIO:** bebiendo
**PARTICIPIO:** bebido

## MODO INDICATIVO

| | FORMAS SIMPLES | FORMAS COMPUESTAS |
|---|---|---|
| | **Presente** | **Pretérito perfecto compuesto** |
| yo | bebo | he bebido |
| tú | bebes | has bebido |
| él/usted | bebe | ha bebido |
| nosotros | bebemos | hemos bebido |
| vosotros | bebéis | habéis bebido |
| ellos/Uds. | beben | han bebido |
| | **Pretérito imperfecto** | **Pretérito pluscuamperfecto** |
| yo | bebía | había bebido |
| tú | bebías | habías bebido |
| él/usted | bebía | había bebido |
| nosotros | bebíamos | habíamos bebido |
| vosotros | bebíais | habíais bebido |
| ellos/Uds. | bebían | habían bebido |
| | **Pretérito perfecto simple** | **Pretérito anterior** |
| yo | bebí | hube bebido |
| tú | bebiste | hubiste bebido |
| él/usted | bebió | hubo bebido |
| nosotros | bebimos | hubimos bebido |
| vosotros | bebisteis | hubisteis bebido |
| ellos/Uds. | bebieron | hubieron bebido |
| | **Futuro simple** | **Futuro compuesto** |
| yo | beberé | habré bebido |
| tú | beberás | habrás bebido |
| él/usted | beberá | habrá bebido |
| nosotros | beberemos | habremos bebido |
| vosotros | beberéis | habréis bebido |
| ellos/Uds. | beberán | habrán bebido |
| | **Condicional simple** | **Condicional compuesto** |
| yo | bebería | habría bebido |
| tú | beberías | habrías bebido |
| él/usted | bebería | habría bebido |
| nosotros | beberíamos | habríamos bebido |
| vosotros | beberíais | habríais bebido |
| ellos/Uds. | beberían | habrían bebido |

## MODO SUBJUNTIVO

| | FORMAS SIMPLES | FORMAS COMPUESTAS |
|---|---|---|
| | **Presente** | **Pretérito perfecto compuesto** |
| yo | beba | haya bebido |
| tú | bebas | hayas bebido |
| él/usted | beba | haya bebido |
| nosotros | bebamos | hayamos bebido |
| vosotros | bebáis | hayáis bebido |
| ellos/Uds. | beban | hayan bebido |
| | **Pretérito imperfecto** | **Pretérito pluscuamperfecto** |
| yo | bebiera o bebiese | hubiera o hubiese bebido |
| tú | bebieras o bebieses | hubieras o hubieses bebido |
| él/usted | bebiera o bebiese | hubiera o hubiese bebido |
| nosotros | bebiéramos o bebiésemos | hubiéramos o hubiésemos bebido |
| vosotros | bebierais o bebieseis | hubierais o hubieseis bebido |
| ellos/Uds. | bebieran o bebiesen | hubieran o hubiesen bebido |
| | **Futuro simple** | **Futuro compuesto** |
| yo | bebiere | hubiere bebido |
| tú | bebieres | hubieres bebido |
| él/usted | bebiere | hubiere bebido |
| nosotros | bebiéremos | hubiéremos bebido |
| vosotros | bebiereis | hubiereis bebido |
| ellos/Uds. | bebieren | hubieren bebido |

## MODO IMPERATIVO

bebe (tú)
bebed (vosotros, vosotras)

# MODELO DE LA 3.ª CONJUGACIÓN: *VIVIR*

**INFINITIVO:** vivir
**GERUNDIO:** viviendo
**PARTICIPIO:** vivido

## MODO INDICATIVO

| | FORMAS SIMPLES | FORMAS COMPUESTAS |
|---|---|---|
| | **Presente** | **Pretérito perfecto compuesto** |
| yo | vivo | he vivido |
| tú | vives | has vivido |
| él/usted | vive | ha vivido |
| nosotros | vivimos | hemos vivido |
| vosotros | vivís | habéis vivido |
| ellos/Uds. | viven | han vivido |
| | **Pretérito imperfecto** | **Pretérito pluscuamperfecto** |
| yo | vivía | había vivido |
| tú | vivías | habías vivido |
| él/usted | vivía | había vivido |
| nosotros | vivíamos | habíamos vivido |
| vosotros | vivíais | habíais vivido |
| ellos/Uds. | vivían | habían vivido |
| | **Pretérito perfecto simple** | **Pretérito anterior** |
| yo | viví | hube vivido |
| tú | viviste | hubiste vivido |
| él/usted | vivió | hubo vivido |
| nosotros | vivimos | hubimos vivido |
| vosotros | vivisteis | hubisteis vivido |
| ellos/Uds. | vivieron | hubieron vivido |
| | **Futuro simple** | **Futuro compuesto** |
| yo | viviré | habré vivido |
| tú | vivirás | habrás vivido |
| él/usted | vivirá | habrá vivido |
| nosotros | viviremos | habremos vivido |
| vosotros | viviréis | habréis vivido |
| ellos/Uds. | vivirán | habrán vivido |
| | **Condicional simple** | **Condicional compuesto** |
| yo | viviría | habría vivido |
| tú | vivirías | habrías vivido |
| él/usted | viviría | habría vivido |
| nosotros | viviríamos | habríamos vivido |
| vosotros | viviríais | habríais vivido |
| ellos/Uds. | vivirían | habrían vivido |

## MODO SUBJUNTIVO

| | FORMAS SIMPLES | FORMAS COMPUESTAS |
|---|---|---|
| | **Presente** | **Pretérito perfecto compuesto** |
| yo | viva | haya vivido |
| tú | vivas | hayas vivido |
| él/usted | viva | haya vivido |
| nosotros | vivamos | hayamos vivido |
| vosotros | viváis | hayáis vivido |
| ellos/Uds. | vivan | hayan vivido |
| | **Pretérito imperfecto** | **Pretérito pluscuamperfecto** |
| yo | viviera o viviese | hubiera o hubiese vivido |
| tú | vivieras o vivieses | hubieras o hubieses vivido |
| él/usted | viviera o viviese | hubiera o hubiese vivido |
| nosotros | viviéramos o viviésemos | hubiéramos o hubiésemos vivido |
| vosotros | vivierais o vivieseis | hubierais o hubieseis vivido |
| ellos/Uds. | vivieran o viviesen | hubieran o hubiesen vivido |
| | **Futuro simple** | **Futuro compuesto** |
| yo | viviere | hubiere vivido |
| tú | vivieres | hubieres vivido |
| él/usted | viviere | hubiere vivido |
| nosotros | viviéremos | hubiéremos vivido |
| vosotros | viviereis | hubiereis vivido |
| ellos/Uds. | vivieren | hubieren vivido |

## MODO IMPERATIVO

vive (tú)
vivid (vosotros, vosotras)

# EL VERBO AUXILIAR *HABER*

**INFINITIVO:** haber
**GERUNDIO:** habiendo
**PARTICIPIO:** habido

## MODO INDICATIVO

### FORMAS SIMPLES

| | Presente | Pretérito imperfecto | Pretérito perfecto simple | Futuro simple | Condicional simple |
|---|---|---|---|---|---|
| yo | he | había | hube | habré | habría |
| tú | has | habías | hubiste | habrás | habrías |
| él/usted | ha | había | hubo | habrá | habría |
| nosotros | hemos | habíamos | hubimos | habremos | habríamos |
| vosotros | habéis | habíais | hubisteis | habréis | habríais |
| ellos/Uds. | han | habían | hubieron | habrán | habrían |

## MODO SUBJUNTIVO

### FORMAS SIMPLES

| | Presente | Pretérito imperfecto | Futuro simple |
|---|---|---|---|
| yo | haya | hubiera o hubiese | hubiere |
| tú | hayas | hubieras o hubieses | hubieres |
| él/usted | haya | hubiera o hubiese | hubiere |
| nosotros | hayamos | hubiéramos o hubiésemos | hubiéremos |
| vosotros | hayáis | hubierais o hubieseis | hubiereis |
| ellos/Uds. | hayan | hubieran o hubiesen | hubieren |

## MODO IMPERATIVO

he (tú)
habed (vosotros, vosotras)

**Nota:** En el presente de indicativo, el verbo **haber** tiene una forma especial, **hay,** que no tiene nunca sujeto. Por ejemplo, «¿Hay manzanas?».

# EL VERBO *SER*

**INFINITIVO:** ser
**GERUNDIO:** siendo
**PARTICIPIO:** sido

## MODO INDICATIVO

| | FORMAS SIMPLES | FORMAS COMPUESTAS |
|---|---|---|
| | **Presente** | **Pretérito perfecto compuesto** |
| yo | soy | he sido |
| tú | eres | has sido |
| él/usted | es | ha sido |
| nosotros | somos | hemos sido |
| vosotros | sois | habéis sido |
| ellos/Uds. | son | han sido |
| | **Pretérito imperfecto** | **Pretérito pluscuamperfecto** |
| yo | era | había sido |
| tú | eras | habías sido |
| él/usted | era | había sido |
| nosotros | éramos | habíamos sido |
| vosotros | erais | habíais sido |
| ellos/Uds. | eran | habían sido |
| | **Pretérito perfecto simple** | **Pretérito anterior** |
| yo | fui | hube sido |
| tú | fuiste | hubiste sido |
| él/usted | fue | hubo sido |
| nosotros | fuimos | hubimos sido |
| vosotros | fuisteis | hubisteis sido |
| ellos/Uds. | fueron | hubieron sido |
| | **Futuro simple** | **Futuro compuesto** |
| yo | seré | habré sido |
| tú | serás | habrás sido |
| él/usted | será | habrá sido |
| nosotros | seremos | habremos sido |
| vosotros | seréis | habréis sido |
| ellos/Uds. | serán | habrán sido |
| | **Condicional simple** | **Condicional compuesto** |
| yo | sería | habría sido |
| tú | serías | habrías sido |
| él/usted | sería | habría sido |
| nosotros | seríamos | habríamos sido |
| vosotros | seríais | habríais sido |
| ellos/Uds. | serían | habrían sido |

## MODO SUBJUNTIVO

| | FORMAS SIMPLES | FORMAS COMPUESTAS |
|---|---|---|
| | **Presente** | **Pretérito perfecto compuesto** |
| yo | sea | haya sido |
| tú | seas | hayas sido |
| él/usted | sea | haya sido |
| nosotros | seamos | hayamos sido |
| vosotros | seáis | hayáis sido |
| ellos/Uds. | sean | hayan sido |
| | **Pretérito imperfecto** | **Pretérito pluscuamperfecto** |
| yo | fuera o fuese | hubiera o hubiese sido |
| tú | fueras o fueses | hubieras o hubieses sido |
| él/usted | fuera o fuese | hubiera o hubiese sido |
| nosotros | fuéramos o fuésemos | hubiéramos o hubiésemos sido |
| vosotros | fuerais o fueseis | hubierais o hubieseis sido |
| ellos/Uds. | fueran o fuesen | hubieran o hubiesen sido |
| | **Futuro simple** | **Futuro compuesto** |
| yo | fuere | hubiere sido |
| tú | fueres | hubieres sido |
| él/usted | fuere | hubiere sido |
| nosotros | fuéremos | hubiéremos sido |
| vosotros | fuereis | hubiereis sido |
| ellos/Uds. | fueren | hubieren sido |

## MODO IMPERATIVO

sé (tú)
sed (vosotros, vosotras)

# EL VERBO IRREGULAR *OLER*

**INFINITIVO:** oler
**GERUNDIO:** oliendo
**PARTICIPIO:** olido

## MODO INDICATIVO

| | Formas simples | Formas compuestas |
|---|---|---|
| | **Presente** | **Pretérito perfecto compuesto** |
| yo | huelo | he olido |
| tú | hueles | has olido |
| él/usted | huele | ha olido |
| nosotros | olemos | hemos olido |
| vosotros | oléis | habéis olido |
| ellos/Uds. | huelen | han olido |
| | **Pretérito imperfecto** | **Pretérito pluscuamperfecto** |
| yo | olía | había olido |
| tú | olías | habías olido |
| él/usted | olía | había olido |
| nosotros | olíamos | habíamos olido |
| vosotros | olíais | habíais olido |
| ellos/Uds. | olían | habían olido |
| | **Pretérito perfecto simple** | **Pretérito anterior** |
| yo | olí | hube olido |
| tú | oliste | hubiste olido |
| él/usted | olió | hubo olido |
| nosotros | olimos | hubimos olido |
| vosotros | olisteis | hubisteis olido |
| ellos/Uds. | olieron | hubieron olido |
| | **Futuro simple** | **Futuro compuesto** |
| yo | oleré | habré olido |
| tú | olerás | habrás olido |
| él/usted | olerá | habrá olido |
| nosotros | oleremos | habremos olido |
| vosotros | oleréis | habréis olido |
| ellos/Uds. | olerán | habrán olido |
| | **Condicional simple** | **Condicional compuesto** |
| yo | olería | habría olido |
| tú | olerías | habrías olido |
| él/usted | olería | habría olido |
| nosotros | oleríamos | habríamos olido |
| vosotros | oleríais | habríais olido |
| ellos/Uds. | olerían | habrían olido |

## MODO SUBJUNTIVO

| | Formas simples | Formas compuestas |
|---|---|---|
| | **Presente** | **Pretérito perfecto compuesto** |
| yo | huela | haya olido |
| tú | huelas | hayas olido |
| él/usted | huela | haya olido |
| nosotros | olamos | hayamos olido |
| vosotros | oláis | hayáis olido |
| ellos/Uds. | huelan | hayan olido |
| | **Pretérito imperfecto** | **Pretérito pluscuamperfecto** |
| yo | oliera u oliese | hubiera o hubiese olido |
| tú | olieras u olieses | hubieras o hubieses olido |
| él/usted | oliera u oliese | hubiera o hubiese olido |
| nosotros | oliéramos u oliésemos | hubiéramos o hubiésemos olido |
| vosotros | olierais u olieseis | hubierais o hubieseis olido |
| ellos/Uds. | olieran u oliesen | hubieran o hubiesen olido |
| | **Futuro simple** | **Futuro compuesto** |
| yo | oliere | hubiere olido |
| tú | olieres | hubieres olido |
| él/usted | oliere | hubiere olido |
| nosotros | oliéremos | hubiéremos olido |
| vosotros | oliereis | hubiereis olido |
| ellos/Uds. | olieren | hubieren olido |

## MODO IMPERATIVO

huele (tú)
oled (vosotros, vosotras)

# EL VERBO IRREGULAR *HUIR*

**INFINITIVO:** huir
**GERUNDIO:** huyendo
**PARTICIPIO:** huido

## MODO INDICATIVO

| | Formas simples: Presente | Formas compuestas: Pretérito perfecto compuesto |
|---|---|---|
| yo | huyo | he huido |
| tú | huyes | has huido |
| él/usted | huye | ha huido |
| nosotros | huimos | hemos huido |
| vosotros | huis | habéis huido |
| ellos/Uds. | huyen | han huido |

| | Pretérito imperfecto | Pretérito pluscuamperfecto |
|---|---|---|
| yo | huía | había huido |
| tú | huías | habías huido |
| él/usted | huía | había huido |
| nosotros | huíamos | habíamos huido |
| vosotros | huíais | habíais huido |
| ellos/Uds. | huían | habían huido |

| | Pretérito perfecto simple | Pretérito anterior |
|---|---|---|
| yo | hui | hube huido |
| tú | huiste | hubiste huido |
| él/usted | huyó | hubo huido |
| nosotros | huimos | hubimos huido |
| vosotros | huisteis | hubisteis huido |
| ellos/Uds. | huyeron | hubieron huido |

| | Futuro simple | Futuro compuesto |
|---|---|---|
| yo | huiré | habré huido |
| tú | huirás | habrás huido |
| él/usted | huirá | habrá huido |
| nosotros | huiremos | habremos huido |
| vosotros | huiréis | habréis huido |
| ellos/Uds. | huirán | habrán huido |

| | Condicional simple | Condicional compuesto |
|---|---|---|
| yo | huiría | habría huido |
| tú | huirías | habrías huido |
| él/usted | huiría | habría huido |
| nosotros | huiríamos | habríamos huido |
| vosotros | huiríais | habríais huido |
| ellos/Uds. | huirían | habrían huido |

## MODO SUBJUNTIVO

| | Formas simples: Presente | Formas compuestas: Pretérito perfecto compuesto |
|---|---|---|
| yo | huya | haya huido |
| tú | huyas | hayas huido |
| él/usted | huya | haya huido |
| nosotros | huyamos | hayamos huido |
| vosotros | huyáis | hayáis huido |
| ellos/Uds. | huyan | hayan huido |

| | Pretérito imperfecto | Pretérito pluscuamperfecto |
|---|---|---|
| yo | huyera o huyese | hubiera o hubiese huido |
| tú | huyeras o huyeses | hubieras o hubieses huido |
| él/usted | huyera o huyese | hubiera o hubiese huido |
| nosotros | huyéramos o huyésemos | hubiéramos o hubiésemos huido |
| vosotros | huyerais o huyeseis | hubierais o hubieseis huido |
| ellos/Uds. | huyeran o huyesen | hubieran o hubiesen huido |

| | Futuro simple | Futuro compuesto |
|---|---|---|
| yo | huyere | hubiere huido |
| tú | huyeres | hubieres huido |
| él/usted | huyere | hubiere huido |
| nosotros | huyéremos | hubiéremos huido |
| vosotros | huyereis | hubiereis huido |
| ellos/Uds. | huyeren | hubieren huido |

## MODO IMPERATIVO

huye (tú)
huid (vosotros, vosotras)

# OTROS VERBOS IRREGULARES

## ANDAR

### INDICATIVO

**Pretérito perfecto simple:** anduve, anduviste, anduvo, anduvimos, anduvisteis, anduvieron.

### SUBJUNTIVO

**Pretérito imperfecto:** anduviera o anduviese, anduvieras o anduvieses, anduviera o anduviese, anduviéramos o anduviésemos, anduvierais o anduvieseis, anduvieran o anduviesen.

## CABER

### INDICATIVO

**Presente:** quepo.
**Pretérito perfecto simple:** cupe, cupiste, cupo, cupimos, cupisteis, cupieron.
**Futuro simple:** cabré, cabrás, cabrá, cabremos, cabréis, cabrán.
**Condicional simple:** cabría, cabrías, cabría, cabríamos, cabríais, cabrían.

### SUBJUNTIVO

**Presente:** quepa, quepas, quepa, quepamos, quepáis, quepan.
**Pretérito imperfecto:** cupiera o cupiese, cupieras o cupieses, cupiera o cupiese, cupiéramos o cupiésemos, cupierais o cupieseis, cupieran o cupiesen.

## CAER

**GERUNDIO:** cayendo.

### INDICATIVO

**Presente:** caigo.
**Pretérito perfecto simple:** cayó, cayeron.

### SUBJUNTIVO

**Presente:** caiga, caigas, caiga, caigamos, caigáis, caigan.
**Pretérito imperfecto:** cayera o cayese, cayeras o cayeses, cayera o cayese, cayéramos o cayésemos, cayerais o cayeseis, cayeran o cayesen.

## IR

### INDICATIVO

**Presente:** voy, vas, va, vamos, vais, van.
**Pretérito imperfecto:** iba, ibas, iba, íbamos, ibais, iban.
**Pretérito perfecto simple:** fui, fuiste, fue, fuimos, fuisteis, fueron.

### SUBJUNTIVO

**Presente:** vaya, vayas, vaya, vayamos, vayáis, vayan.
**Pretérito imperfecto:** fuera o fuese, fueras o fueses, fuera o fuese, fuéramos o fuésemos, fuerais o fueseis, fueran o fuesen.

## ESTAR

### INDICATIVO

**Presente:** estoy, estás, está, estamos, estáis, están.
**Pretérito perfecto simple:** estuve, estuviste, estuvo, estuvimos, estuvisteis, estuvieron.

### SUBJUNTIVO

**Presente:** esté, estés, esté, estemos, estéis, estén.
**Pretérito imperfecto:** estuviera o estuviese, estuvieras o estuvieses, estuviera o estuviese, estuviéramos o estuviésemos, estuvierais o estuvieseis, estuvieran o estuviesen.

**IMPERATIVO:** está, estad.

## TENER

### INDICATIVO

**Presente:** tengo, tienes, tiene, tenemos, tenéis, tienen.
**Pretérito perfecto simple:** tuve, tuviste, tuvo, tuvimos, tuvisteis, tuvieron.
**Futuro simple:** tendré, tendrás, tendrá, tendremos, tendréis, tendrán.
**Condicional simple:** tendría, tendrías, tendría, tendríamos, tendríais, tendrían.

### SUBJUNTIVO

**Presente:** tenga, tengas, tenga, tengamos, tengáis, tengan.
**Pretérito imperfecto:** tuviera o tuviese, tuvieras o tuvieses, tuviera o tuviese, tuviéramos o tuviésemos, tuvierais o tuvieseis, tuvieran o tuviesen.

**IMPERATIVO:** ten, tened.

## CONDUCIR

### INDICATIVO

**Presente:** conduzco.
**Pretérito perfecto simple:** conduje, condujiste, condujo, condujimos, condujisteis, condujeron.

### SUBJUNTIVO

**Presente:** conduzca, conduzcas, conduzca, conduzcamos, conduzcáis, conduzcan.
**Pretérito imperfecto:** condujera o condujese, condujeras o condujeses, condujera o condujese, condujéramos o condujésemos, condujerais o condujeseis, condujeran o condujesen.

**IMPERATIVO:** conduce, conducid.

**Suma Piezas** es un proyecto educativo de Anaya para Educación Secundaria.

**COORDINACIÓN EDITORIAL:** Carmen Carrasco.

**EQUIPO DE EDICIÓN:** Maite Vargas, Isabel García, Tulia Guisado, Olivia Melara y Nayeli Rodríguez.

**TALLER DE COMUNICACIÓN:** Teresa Pérez (Spanish Code®).

**MAQUETACIÓN:** Maribel Arnau.

**DISEÑO, GRÁFICOS Y CARTOGRAFÍA:** Patricia G. Serrano, Miguel Á. Castillejos, Miguel Á. Díaz-Rullo, Míriam Arribas, José M.a Gil y Rosario Regaño.

**CORRECCIÓN:** Miguel Ángel Alonso.

**ILUSTRACIONES:** Elena Hormiga.

**EDICIÓN GRÁFICA:** Mar Merino.

**FOTOGRAFÍA:** Agefotostock (Fotosearch LBRF/tannjuska; viewstock); Agencia EFE (Sachs Ron/CNP/ABACA); Alamy Stock Photos (incamerastock; Myron Standret; Victor Watts; Avad; GL Archive; Zoonar GmbH; Dan Tutts; Ian Dagnall Computing; Classic Image; AA Film Archive; Lifestyle pictures); Album (Enrique Cerezo Producciones; TOUCHSTONE PICTURES; sfgp; Granger, NYC; Morena Films/Movistar+/Películas Pendleton; Efe/álbum; Oronoz); Archivo Anaya (Candel, C.; Cosano, P.; Enríquez, S.; García Pelayo, Á; Hernández Moya, B.; Martin, Joseph; Osuna, J.; Valls, Remedios); Dreamstime (Gutaper; Adauto de Araujo); Editorial Renacimiento, Getty Images (Thomas Berwick/Stone; Jin Ti Zhu Ben/EyeEm); Gtres (Panthedemia/Z Jan); Istock/Getty Images (momnoi; Phoytodynamic; Delpixart; atlantic-kid; María Casinos; Masterlu; deymos; IPGGutembergUKLtd; Christine Wolf Gagne; herraez; izikMd; photooalsson; artisteer; ajijchan); Junta de Andalucía, Consejería de Agricultura, Ganadería, Pesca y Desarrollo Sostenible; Museo ABC de dibujo e ilustración, Madrid; 123RF (y colaboradores).

**EDICIÓN DE AUDIO:** Eva Artaechevarría y Guadalupe González Triano.

**COMPOSICIÓN, INTERPRETACIÓN Y PRODUCCIÓN MUSICAL:** Rap de los sonetos «Esto es amor», de Lope de Vega, y «Correspondencias entre amar y aborrecer», de sor Juana Inés de la Cruz: H.KANINO y Mario Olivares.

Fundación Bertelsmann
*Por el empleo juvenil*

**ORIENTACIÓN ACADÉMICA Y PROFESIONAL:** elaborada con el asesoramiento de la Fundación Bertelsmann. Coordinación: Juan José Juárez Calvo. Colaboración como expertas: Sara Lozano Santiago, Belén Pérez Castro y Pilar Vázquez Hernández.

**COMPROMISO** ODS

Nuestras publicaciones mantienen el rigor en el uso y en la selección de los contenidos, en las imágenes y en el lenguaje, para cumplir con la **no discriminación** por razón de género, cultura u opinión.

Grupo Anaya considera la **responsabilidad social** y **medioambiental** como uno de sus valores fundamentales. Por ello, se compromete a:

- mejorar nuestros resultados en materia de medio ambiente,
- reducir nuestras emisiones de carbono,
- hacer uso de los recursos naturales de manera responsable y
- eliminar cualquier impacto negativo de nuestra actividad en los bosques en peligro.

Dichos compromisos, entre otros, hacen que **el 100 % del papel utilizado** en nuestros libros tenga el sello **PEFC.**

**Importante:**

Las **actividades** propuestas en este libro deben ser realizadas en cuadernos u hojas sueltas; nunca en el propio libro.

Los **enlaces** a las páginas web que aparecen en este libro han sido revisados en la fecha de su impresión. La editorial no se hace responsable de las modificaciones o las anulaciones que se produzcan en ellos con posterioridad a dicha fecha.


ISBN: 978-84-698-7868-2 - Depósito Legal: M-1865-2021 - Printed in Spain.



ET039814/1E1I - 8430175